Cine arco-íris

Dados Internacionais de Catalogação na Publicação (CIP)
(Câmara Brasileira do Livro, SP, Brasil)

Lekitsch, Stevan
  Cine arco-íris : 100 anos de cinema LGBT nas telas brasileiras / Stevan Lekitsch. – São Paulo: GLS, 2011.

  Bibliografia
  ISBN 978-85-86755-48-4

  1. Cinema - História 2. Filmes cinematográficos - Guias 3. Identidade de gênero I. Título.

11-00071   CDD-791.436

Índice para catálogo sistemático:
1. Cinema LGBT : Filmes : Guias : Artes 791.436

Compre em lugar de fotocopiar.
Cada real que você dá por um livro recompensa seus autores
e os convida a produzir mais sobre o tema;
incentiva seus editores a encomendar, traduzir e publicar
outras obras sobre o assunto;
e paga aos livreiros por estocar e levar até você livros
para a sua informação e o seu entretenimento.
Cada real que você dá pela fotocópia não autorizada de um livro
financia o crime
e ajuda a matar a produção intelectual de seu país.

Stevan Lekitsch

Cine arco-íris

100 anos de cinema LGBT nas telas brasileiras

edições GLS

CINE ARCO-ÍRIS
100 anos de cinema LGBT nas telas brasileiras
Copyright © 2011 by Stevan Lekitsch
Direitos desta edição reservados por Summus Editorial

Editora executiva: **Soraia Bini Cury**
Editora assistente: **Salete Del Guerra**
Projeto gráfico e diagramação: **Crayon Editorial**
Capa: **Alberto Mateus**
Impressão: **Sumago Gráfica Editorial Ltda.**

Edições GLS
Departamento editorial
Rua Itapicuru, 613 – 7º andar
05006-000 – São Paulo – SP
Fone: (11) 3872-3322
Fax: (11) 3872-7476
http://www.edgls.com.br
e-mail: gls@edgls.com.br

Atendimento ao consumidor
Summus Editorial
Fone: (11) 3865-9890

Vendas por atacado
Fone: (11) 3873-8638
Fax: (11) 3873-7085
e-mail: vendas@summus.com.br

Impresso no Brasil

À minha mãe,
por me apoiar quando eu decidi ser cineasta,
por me apoiar quando eu decidi (assumir) ser gay.

Agradecimentos

André Cervantes
André Fischer
Denerval Ferraro Junior
Marcelo Luiz de Almeida
Marcos Brandão
Orestes Guasco
Rocco Laieta

Sumário

Prefácio › **11**

Abertura › **13**

Do início do cinema até 1949 › **15**

Década de 1950 › **29**

Década de 1960 › **41**

Década de 1970 › **55**

Década de 1980 › **93**

Década de 1990 › **133**

Década de 2000 › **177**

Menção honrosa › **259**

Fontes › **265**

Índice de filmes › **267**

Prefácio

Praticidade, objetividade e uma visão singular do universo LGBT. Essas são algumas das características que reconheci em Stevan Lekitsch assim que começamos a conviver com maior frequência, na passagem para este milênio, quando eu, já então editor da *G Magazine*, tive o prazer de poder contar com seu envolvimento e empenho na formação e no gerenciamento de uma equipe. Homem de múltiplos interesses e facetas, o cineasta, jornalista e escritor que viria a se tornar um amigo trazia em seu currículo um histórico de realizações na comunidade, com colaborações na extinta revista *Ok Magazine* e parcerias com as Edições GLS –, que publicam esta obra –, e que só viria a aumentar ao longo dos últimos anos e em vários campos, incluindo novas incursões na literatura, no teatro e uma vasta gama de trabalhos como jornalista e assessor de imprensa.

A paixão pelo objeto de estudo de sua formação acadêmica, a chamada sétima arte, entretanto, sempre se manteve em destaque em seu cotidiano e, diante da facilidade de promover intersecções entre as temáticas sobre as quais se dedica frequentemente com simultaneidade, confesso não ter me surpreendido ao tomar conhecimento desta nova empreitada: a confecção de um guia com os mais significativos filmes de temática homo, bi e trans do cinema ao longo do último século. Verdade seja dita, a tarefa não é das mais fáceis. Pelo contrário: a essência primeira do livro, a seleção do que "merece" ou não constar no compêndio, por mais imparcial que possa se esforçar em ser, anula por definição qualquer possibilidade de unanimidade. Mesmo princípio se aplica aos resumos e comentários pertinentes e tangentes às obras cinematográficas. Mas Stevan sabe bem disso e, dedicado a cumprir aquilo a que se propõe, enverada claramente por um caminho próprio, definindo de antemão seus critérios de escolha e emitindo pareceres autorais, às vezes contundentes, quando julga necessário, sem temor.

E nem precisaria de fato hesitar, já que o maior mérito deste livro não está no que se diz sobre este ou aquele filme, e sim em sua declarada intenção de seduzir o leitor a conhecer, ou rever, o maior número possível deles e, assim, elaborar e emitir seu próprio julgamento de valor.

Para os amantes de cinema já conhecedores das grandes obras presentes na extensa lista, o apelo para redescobri-las sob a ótica atual é crescente ao se avançar pelos capítulos. Mas é entre o público jovem, já habituado à plural presença da diversidade sexual hoje na grande tela, que muito provavelmente se encontre o alvo maior de sua vocação. Se este é seu caso, utilize o guia com sabedoria e parcimônia. Entre as centenas de filmes citados, há de tudo um pouco, desde preciosidades clássicas que marcaram época (como *Satyricon*, de Federico Fellini, *Querelle*, de Rainer Werner Fassbinder, e *De repente, no último verão*, de Joseph L. Makiewicz, para nomear alguns exemplos), até comédias hilariantes, embora nem sempre próximas ao politicamente correto, passando por sucessos recentes de blockbuster e, inclusive, vários filmes ostensivamente agressivos à nossa imagem. Assim, eventualmente, a escolha por este ou aquele título pode decepcionar. Se isso ocorrer, procure apenas não fazer disso um "bloqueio" e aventure-se por novas e novas sessões, permitindo-se sentimentos e reflexões intensos que algumas delas certamente lhe proporcionarão. Porque os 100 anos de cinema LGBT que Stevan se esforçou para resumir e fazer caber em nossas mãos constituem, acima de tudo, um fio condutor para darmos nossos próprios passos em direção à compreensão, contextual e histórica, da maneira pela qual temos sido retratados ao longo das décadas nesta que se estabeleceu como uma das mais populares formas de expressão artística da contemporaneidade. E, ao deparar entre o ontem e o hoje, encontrarmos, através dos múltiplos espelhos, aquilo que reafirma, orgulhosamente, a nossa identidade.

Marcos Brandão
Jornalista e editor

Abertura

Que os homossexuais gostam de cultura todo mundo sabe. Foi pensando nisso que resolvi juntá-los a um dos maiores difusores de cultura do mundo: a sétima arte, o cinema. E não estou falando só dos gays na frente da tela, mas também dos que ficam fora, atrás e dentro dela.

É claro que filmes com personagens gays (bem ou mal representados) existem aos montes, e a lista de todos daria um livro imenso. Por esse motivo, fiz uma triagem e criei algumas regras para determinar os filmes que fariam parte deste livro.

Os critérios são os seguintes: o filme precisa girar em torno de um tema homossexual. Caso não gire, deve ter um diretor, autor ou personagem importante representado como homossexual, bissexual ou transexual. Além disso, o filme precisa ter entrado em circuito comercial nos cinemas, existir em vídeo/DVD ou pelo menos já ter sido exibido na TV brasileira.

O livro foi dividido em capítulos, por décadas. Em cada capítulo, uma página de abertura relata como era a vida de gays, lésbicas, bissexuais e transexuais na época, para você se situar no tempo e na história.

Os primórdios do cinema, por apresentarem uma produção menor que a contemporânea, constituem o capítulo inicial. A partir dos anos 1950, os filmes são agrupados de dez em dez anos. Eles são listados primeiro pela época de exibição. Depois, em cada década, por ordem alfabética, para facilitar a consulta.

Na linha superior, logo abaixo do título do filme em português, constam em ordem: o nome original do filme, o país (ou países) produtor(es), o ano de produção, o nome do diretor e o tempo de duração.

Mas e os filmes que não seguem essas regras?

Elaborei uma seção chamada "Menção honrosa" para falar de todos os filmes não citados antes.

Tentei reunir o máximo de produções até 2009. Mas, é claro, posso ter esquecido algum filme. Se você assistiu a algum que não está neste livro e acha que deveria ter sido incluído, escreva para mim, para que eu possa acrescentá-lo na próxima edição, pois o livro será sempre revisado. Meu e-mail é: stevanlek@uol.com.br.

Quero deixar bem claro que os comentários a respeito dos filmes são pessoais, baseados em minha formação acadêmica e muita pesquisa, com a intenção de situar o leitor e informá-lo a respeito dos filmes tanto cultural como tecnicamente.

Em nenhum momento quero que minhas opiniões sejam tomadas como certas e definitivas. Fica a critério do leitor concordar ou não com elas, e assistir ou não aos filmes indicados. E um último aviso: em algumas sinopses, fui obrigado a contar certos detalhes dos filmes, antecipando alguns fatos. Mas nada que prejudique sua diversão.

Compre muita pipoca e divirta-se!

Do início do cinema até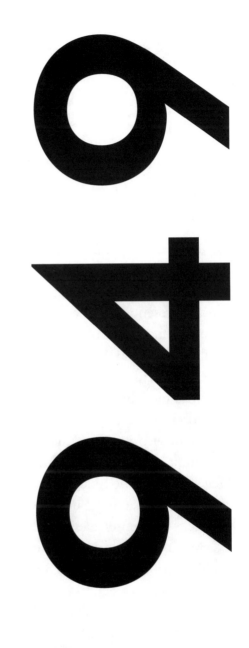

Uma arte infinita

Pode-se dizer que tudo começa numa data específica: 28 de dezembro de 1895. O dia em que os irmãos Lumière (Auguste e Louis) apresentariam em Paris (França), no Salão Grand Café, a sua mais nova invenção: o cinematógrafo. Era a primeira versão de um projetor de cinema na história da humanidade. Seria o nascimento do cinema como entretenimento.

No ato da demonstração, foi exibido o primeiro filme da história, *L'arrivée d'un train à La Ciotat* (A chegada de um trem à estação), que mostrava exatamente o que diz seu título e fez muita gente correr da sala imaginando que o trem rasgaria a tela e invadiria o local.

A apresentação do equipamento e sua demonstração causou furor nos trinta e poucos presentes na sala. Quem saiu de lá começou a espalhar a notícia da invenção. Em pouco tempo, o aparelho faria parte de uma arte, a sétima, que conquistaria todos e faria nascer uma indústria multibilionária.

Ainda na França, um entusiasta das novas invenções, Georges Méliès, mágico ilusionista, ganharia uma "filmadora" e sairia fazendo seus próprios filmes. Ao dominar o equipamento, aos 35 anos de idade, Méliès foi filmando tudo que via pela frente – tanto que, no ano em que ganhou o equipamento, 1896, "produziu" mais de 80 pequenos filmes de paisagens parisienses. E esse número só aumentaria.

Méliès seria o primeiro "cineasta" da história a fazer um filme de ficção científica, com direito a história, elenco, efeitos especiais, animações e alienígenas. Seu filme *Viagem à lua* (*Le voyage dans la lune*, 1902), de apenas 14 minutos, tratava da ida do homem à Lua, 67 anos antes disso acontecer realmente.

O mágico francês pode ser considerado o maior realizador de cinema da história, pois, aos 77 anos de idade, deixou um legado de mais de 550 filmes.

Um ano antes de os irmãos Lumière apresentarem sua invenção, o francês filho de ingleses William K. L. Dickson, fazendo experimentos também com uma câmera, seria o responsável pelo primeiro filme que traz o mote deste livro.

Em 1894, em frente a uma câmera, o próprio Dickson toca um violino que tem o som captado por um fonógrafo inventado por Thomas Edison. Ao som da música clássica, dois homens dançam bem juntinhos, acompanhando o ritmo. Seria o primeiro filme com som sincronizado. E a primeira cena supostamente gay da história do cinema.

Um país

Com o surgimento de tantas invenções, nosso Brasil não ficou atrás. Com a chegada do "Omniographo", dá-se a primeira sessão de cinema do país, em 1896, no Rio de Janeiro, mais precisamente na Rua do Ouvidor – que abrigará a primeira sala comercial de cinema do país. Os proprietários, Paschoal Segretto e José Roberto Cunha Salles, deram-lhe o nome Salão de Novidades de Paris, uma vez que havia em seu interior um "Animatographo", aparelho inventado também pelos irmãos Lumière. Um incêndio – o primeiro, acredito, em um cinema brasileiro – destruiria a sala logo após sua abertura.

O irmão de Paschoal, Afonso Segretto, voltaria de uma viagem à França trazendo um "souvenir" comprado em Paris: uma filmadora. Afonso registra a chegada do navio Brésil na Baía de Guanabara, Rio de Janeiro, no ano de 1898. Este será considerado o primeiro filme do Cinema Brasileiro.

Uma evolução

E a arte do cinema evolui como o foguete-bala de Méliès. Um ano após sua ficção, Edwin S. Porter, o primeiro *cameraman* da história, trabalhando para Thomas Edison, cria a primeira edição elaborada e o primeiro *flashback* do cinema.

No filme *Vida de um bombeiro americano* (1903), Edwin junta duas imagens diferentes na mesma tela, quando um bombeiro tem uma espécie de "visão" da família que salvará logo em seguida. Uma segunda imagem aparece "voando", como sua premonição.

No mesmo ano, no filme *O grande roubo do trem*, Edwin inova mais ainda no quesito edição, chegando mais próximo ao que temos hoje. São mostrados vários cenários e várias ações simultâneas. A câmera deixa de ser fixa e ganha cada vez mais agilidade.

O cinema brasileiro também vai tomando forma. Registros históricos passam a ser feitos em película, como a visita do presidente Campos Salles à Argentina em 1900. Antonio Leal, português de Viana do Castelo, fixa-se como o primeiro produtor de documentários brasileiros, fazendo dezenas deles, desde 1908. Os mais famosos seriam *Os estranguladores*, que conta os crimes de três rapazes, acontecidos no Rio de Janeiro, e *A mala sinistra*, que conta a história de um famoso assassinato ocorrido em São Paulo.

A produção cada vez maior de filmes faz surgir mais locais de exibição. O ingresso vale um níquel (de onde surge a expressão Nickelodeon), e já nas primeiras décadas do século XX existem dezenas de salas de cinema no Rio de Janeiro, como a Sala Rio Branco, o Cinematographo Pathé e o Cine Palace.

O cinema vai crescendo e a duração dos filmes também. No começo, eram tímidos curtas-metragens de seis a dez minutos. Eis que surge *The story of The Kelly Gang* [*A história da Gangue Kelly*] (1906), vindo da Austrália, com 70 minutos. Torna-se então o primeiro longa-metragem do cinema. Anos depois, o italiano *Cabíria* (1914), de Giovanni Pastrone, é lançado com 123 minutos de duração, como os filmes atuais.

E surge também o primeiro *blockbuster* americano. O filme *O nascimento de uma nação* (1915), do diretor D. W. Griffith, tornava-se o filme mais popular de sua época, ainda cinema mudo. O único porém era o fato de fazer apologia à Ku Klux Klan e endeusar a escravatura e a separação racial. Nada bom para um filme de sucesso.

Uma guerra

Além da supremacia americana em produções, Itália e França dividiam o bolo cinematográfico na Europa, com uma produção constante. Porém, no início do século XX a Primeira Guerra Mundial arrasaria os dois países, e também suas produtoras de cinema. Talvez tenha sido aí que os Estados Unidos deram seu grande salto para se tornar a indústria multibilionária que é hoje. A Europa nunca mais recuperaria sua superioridade cinematográfica, apesar de produzir filmes memoráveis para a história do cinema.

Uma fábrica

Sem ser diretamente atingidos pela Grande Guerra, produtores americanos mantiveram sua produção constante de filmes, cada vez melhores. Nova York, a meca cultural americana, espalhava seus produtos por todo o país. Porém, essa hegemonia tinha um preço alto, além de ser limitada pelas constantes alterações climáticas da cidade.

Um grupo de produtores independentes de cinema resolve abandonar esse caldeirão, partindo em busca de um clima mais ensolarado e de paisagens paradisíacas, mais adequadas para suas filmagens. Um pequeno distrito da Costa Oeste americana parecia apropriado. Um letreiro branco em cima de uma montanha anunciava um novo distrito residencial em Los Angeles: nascia Hollywood.

Esses cineastas independentes começariam a fundar nomes que conhecemos até hoje: Fox, Universal, Paramount, MGM, todos estúdios cinematográficos comandados por judeus (Daryl Zanuck, Samuel Bronston, Samuel Goldwyn) que viram no cinema uma fonte enorme de lucro. E não estavam enganados.

Começavam a surgir as memoráveis comédias de Charlie Chaplin, Buster Keaton, os filmes de aventura de Douglas Fairbanks e as histórias açucaradas de Clara Bow.

Enquanto os Estados Unidos faziam cinema para as massas, a Europa mantinha um cinema mais conceitual. A França trazia um estilo chamado Impressionista, ou, como foi definido, *avant garde* (vanguardista, em francês), em meados de 1920. Nas telas da Alemanha figurava o Expressionismo, com obras-primas como *O gabinete do doutor Caligari* (1920), do diretor Robert Wiene, e *Nosferatu*, dirigido por Friedrich Wilhelm Murnau (1922). Na Espanha, surge o cinema surrealista de Luis

Buñuel com *Um cão andaluz* (1929), e o alemão Fritz Lang acompanha o movimento com *Metrópolis* (1927).

Da ainda Rússia, Serguei Eisenstein revoluciona a montagem cinematográfica. Em um dos clássicos do cinema mundial, *O encouraçado Potemkin* (1925), a edição paralela de cenas e reações seria usada pela primeira vez. Os cortes não eram apenas de mudanças de cenário, mas de enfoque em cada personagem, de modo a criar uma narrativa dramática para cada um deles. Planos fechados, detalhes, planos-sequência, com certeza esse filme seria a aula magna acerca de como criar dramaticidade por meio da edição de imagens. O filme traz uma das cenas mais copiadas do cinema: um carrinho de bebê desce desgovernado por uma escada, no meio de pessoas correndo e dos tiros dos soldados, que fuzilam uma multidão desesperada a descer uma imensa escadaria.

Voltando ao tema do nosso livro, surge no Brasil o primeiro filme a tratar da homo e da transexualidade. Na comédia *Augusto Aníbal quer casar* (1923), dirigida por Luiz de Barros, Augusto Aníbal se apaixona por uma moça que, na verdade, é um transformista chamado Darwin.

E estamos ainda na década de 1920!

Infelizmente, muito pouco dessa época do cinema, principalmente o nacional, restou intacto. Os incêndios nas salas de cinema eram constantes, destruindo os acervos – o material utilizado nos filmes, o acetato, era altamente inflamável. Alguns filmes, por sua vez, transformavam-se em pó, pela má conservação. Outros eram derretidos, pois o nitrato de prata, que queimava o filme e dava os contrastes de branco e preto, era um produto químico raro e podia ser vendido por um bom preço.

Um desafio

Apesar de várias tentativas e aparelhos estranhos criados, o cinema não conseguia derrubar sua mais dura barreira: a sincronização do som com a imagem, de modo a colocar músicas e falas nas películas.

Em 1926, a Warner Brothers apresenta uma solução não definitiva, mas um grande passo: o sistema Vitaphone. Tratava-se da primeira versão de um disco de vinil, em que toda música e falas eram gravadas em sincronia com as imagens. Só não poderia haver riscos no disco ou a agulha pular, pois tudo saía de sincronização. Com esse recurso é lançado o filme *O cantor de jazz* (1926), o primeiro musical do cinema com falas e músicas em sincronismo com a imagem. Nascia o cinema sonorizado.

Seria o fim do cinema mudo? Não exatamente. Muitos outros filmes mudos seriam lançados, com grande sucesso, incluindo clássicos de Charles Chaplin.

Um ano marco

O ano de 1929 entraria para a história em vários sentidos. Seria o ano da quebra da Bolsa de Nova York. *O beijo* (1929), que trazia como atriz principal a enigmática sueca Greta Garbo, seria o último exemplar mudo do cinema, marcando o final de uma era e o início de outras duas novas fases do cinema: a criação do prêmio Oscar, cultuado e esperado até hoje, e o surgimento do primeiro filme comercial que falaria para o público deste livro, a comunidade LGBT (lésbicas, gays, bissexuais, transexuais e transgêneros).

Inspirado numa ópera, *A caixa de Pandora* (1929), clássico do expressionismo alemão, mostra uma mulher dominadora e a eterna dualidade entre os sexos masculino e feminino. É o começo da discussão das sexualidades no cinema.

Também surgem os filmes históricos e bíblicos. Destaca-se a versão original de *Os dez mandamentos* (1923), o *Rei dos reis* (1927) e a primeira filmagem de *Cleópatra* (1934), com forte apelo sexual, mostrando outro tipo de mulher dominadora e cheia de libido, cercada de belos soldados e escravos – nem sempre para servi-la apenas em suas necessidades burocráticas.

No Brasil, seguindo o mesmo raciocínio, é feito o filme *Messalina* (1930), baseado na história da esposa de um imperador romano cujo nome, que se tornou até adjetivo, está sempre associado à luxúria e à promiscuidade.

O gênero ficção científica, existente desde o cinema mudo, se desenvolve cada vez mais. São produzidos clássicos, como o sempre ambíguo *Drácula* (1931), que morde tanto pescoços femininos quanto masculinos, imortalizado pelo ator Bela Lugosi. Não há como deixar de fora outro ícone, *Frankenstein* (1931), papel inesquecível do ator Boris Karloff, que traz a história de um cientista que cria um "humano perfeito" para satisfazê-lo em suas ordens, sendo esse também um homem grande e forte, o próprio Frankenstein. Mae West seria protagonista de um filme cheio de duplos sentidos com conotações sexuais em *Uma loira para três* (1933).

Na América Latina se destacam o mexicano Cantinflas e a "brasileira" (nascida em Portugal) Carmen Miranda. Ela estreou no filme *Alô, alô, carnaval* (1936) e atingiria sucesso internacional na década seguinte atuando em Hollywood.

Na Itália é criada a Cinecittà, por ordem de Mussolini, em 1937. E, ainda nessa mesma década, nos Estados Unidos, são filmados dois dos maiores êxitos do cinema mundial: *O mágico de Oz* (com Judy Garland, musa do cinema para os gays) e *E o vento levou* (1939), cujos protagonistas, segundo boatos que circulam até hoje, não eram chegados no sexo oposto.

Infelizmente, mais uma vez, a Segunda Guerra Mundial faz que a Inglaterra e os Estados Unidos produzam vários filmes com apelo patriótico para servir como propaganda de guerra. Entre os filmes que retratam a época, destaca-se o popular *Casablanca* (1942), com uma Ingrid Bergman masculinizada. Hitler, o poderoso ditador alemão, muitas vezes citado em biografias como homossexual reprimido, descobre o cinema como forma de divulgação de suas ideias nazistas, pois sabia do imenso poder de marketing desse veículo.

No início dos anos 1940, o diretor Orson Welles lança *Cidadão Kane*, com inovações nos ângulos de filmagem e uma narrativa não linear, nunca antes empregada. Em 1947, o Comitê de Segurança dos Estados Unidos faz a primeira "lista negra" de Hollywood, acusando diretores e roteiristas de promoverem propaganda comunista, como nos filmes *Missão em Moscou* e *Canção dos acusados* (1943).

Na Itália, o Neorrealismo surge como reação ao cinema fascista do regime de Mussolini. A escola buscava a máxima naturalidade, com o uso de atores não profissionais, iluminação natural e uma forte crítica social. Inauguram o gênero *Roma, cidade aberta* (1945), de Roberto Rossellini, e *Ladrões de bicicletas* (1948), de Vittorio de Sica.

Eis que começa efetivamente a nossa lista. Após esta introdução de pinceladas do cinema, e pequenos passos para a comunidade, os filmes citados a seguir, produzidos entre as décadas de 1930 e 1940, tanto nacionais como internacionais, começam a construir e a contar a história da sexualidade e suas várias orientações na grande tela. Por terem sido filmados em épocas ainda muito conservadoras, tudo é apenas sugerido, nunca explicitamente mostrado. Mas são um bom início.

● ●

FESTIM DIABÓLICO
(Rope, EUA, 1948, Alfred Hitchcock, 80 min.)

Houve uma grande relutância em incluir esse filme como referência ou apenas uma "menção honrosa". Explica-se: na verdade, a homossexualidade dos protagonistas é subliminar, mas, com olhar atento, pode-se enxergá-la por todo o filme. Aliás, essa característica está presente em alguns filmes de Hitchcock.

O filme abre com Shaw (John Dall) e Phillip (Farley Granger, lindo) estrangulando o amigo David (Dick Hogan) com uma corda, remetendo ao título do filme em inglês, baseado em fatos reais e numa peça de teatro.

Em seguida, decidem colocar o corpo numa arca e dispor os pratos da festa, que viria a seguir, em cima dela. Com esse mórbido detalhe, inicia-se o jantar, recheado de convidados exóticos, incluindo o pai e a noiva da vítima, e assuntos excitantes, que giram muitas vezes em torno da morte.

Percebendo algo de estranho no ar, o professor de filosofia Sr. Rupert (James Stewart, ator predileto de Hitchcock), um dos convidados, começa a pressionar os dois rapazes a fim de que revelem o que estão tentando esconder na festa.

A olho nu, nada de mais parece acontecer no filme, mas, para os mais atentos, o motivo do assassinato é a chave do mistério. Durante todo o filme, há uma forte cumplicidade entre Shaw e Phillip, que parecem morar juntos e são um pouco mais que amigos. Por várias vezes, durante as conversas, os dois deixam clara a inveja que sentem de David, inclusive por sua beleza.

E, se quisermos ir mais longe, na cena de abertura há uma indicação de que David teria sido avisado para chegar muito mais cedo que os demais convidados. Pode-se até pensar que Shaw e Phillip tenham-no convidado para um encontro a três antes da festa e, com a recusa dele, decidiram matá-lo para que não revelasse as preferências sexuais dos amigos para os outros.

Não poderíamos deixar de citar alguns dados históricos sobre o filme. Trata-se do primeiro filme colorido de Hitchcock (em Technicolor), e filmado inteiro, sem cortes, como numa peça de teatro. Os rolos dos filmes eram trocados em momentos estratégicos. Além disso, todo o cenário se abria e movimentava atrás das câmeras para que elas pudessem circular (afinal, não eram nem um pouco pequenas). Os atores tinham de filmar uma sequência de 10 minutos inteira sem erros, pois não haveria cortes.

O filme foi baseado em fatos reais de um famoso caso de assassinato em 1924 na cidade de Chicago (EUA), em que um garoto foi raptado e morto por dois adolescentes ricos, Leopold e Loeb, sabidamente homossexuais. Eles alegaram ter feito aquilo "apenas para ver se eram capazes de fazê-lo perfeitamente, sem deixar rastros". Na época das filmagens de *Festim diabólico*, todas as citações sobre a homossexualidade dos protagonistas foram "amenizadas" para não chocar o público. Suspense da melhor qualidade, marco do cinema. Vale a pena conferir.

MATA HARI
(Mata Hari, EUA, 1931, George Fitzmaurice, 89 min.)

Margaretha Geertruida Zelle (nascida na Holanda) iniciou sua carreira como bailarina em Paris após um casamento fracassado. Criou a personagem Mata Hari (que significa "olho do dia" em indonésio), dizia ser uma princesa javanesa (origem de sua mãe) e ficou famosa como bailarina de danças orientais. Suas apresentações nos clubes noturnos da capital francesa atraíram numerosos admiradores.

Nos anos 1940, viajou dançando por toda a Europa e, quando a Primeira Guerra Mundial estourou, Mata Hari se tornou espiã sob o comando do cônsul alemão na França, seduzindo várias personalidades influentes na época. Foi presa quando voltava a Paris, julgada e condenada à pena de morte, sendo fuzilada sob acusação de espionagem pelo governo alemão. Sua vida agitada, principalmente para a época, foi contada em diversos filmes.

Um dos mais famosos foi também um dos primeiros trabalhos da atriz Greta Garbo em solo americano, baseado em um romance inspirado na espiã. Segundo dizem as lendas, Mata Hari seduzia quem lhe interessava, fosse homem ou mulher. Com Greta Garbo, Ramon Novarro, Lionel Barrymore e Lewis Stone.

MESSALINA
(Messalina, Brasil, 1930, Luiz de Barros, sem informação de duração)

O primeiro filme nacional a mostrar mulheres seminuas no cinema, adaptação de Menotti del Picchia do romance *Orgie latine* [Orgia latina], de Felicién Champsaur. Uma recriação da Roma Antiga, tropicalista e antropofágica, com diálogos e músicas. No elenco, Vicenzo Caiaffa, Remo Cesarini, Nélson de Oliveira, Tácito de Souza, Mado Myrka e Greta Walkyria.

RAINHA CRISTINA, A

(Queen Christina, EUA, 1933, Rouben Mamoulian, 97 min.)

Este é considerado um dos melhores filmes de Greta Garbo. Rainha Cristina (Greta Garbo) é uma rainha sueca que abdica de seu trono por amor. Registros históricos denunciam que a rainha tinha uma impressionante fisionomia masculina e era tida como bissexual.

Século XVII. A pequena Cristina ainda é uma criança quando ganha a coroa de rainha, após a morte do pai. Seu reinado é tranquilo e tão liberal quanto o comportamento da moça. Porém, seu posto exige que ela se case. Com vários pretendentes interessantes, Critina resolve descobrir as verdadeiras intenções de um deles, o embaixador espanhol Antonio (John Gilbert). Para se aproximar dele sem ser percebida, ela se disfarça de homem e promove um encontro casual entre os dois na Espanha. Os dois acabam vivendo uma intensa paixão. Mas por qual dos dois o embaixador estaria apaixonado? Pela mulher ou pelo homem?

Com Ian Keith, Lewis Stone, Elisabeth Young, C. Aubrey Smith, Reginald Owen, David Torrence, Gustav von Seyffertitz, Ferdinand Munier.

REBECCA, A MULHER INESQUECÍVEL

(Rebecca, EUA, 1940, Alfred Hitchcock, 97 min.)

Seguindo a trilha de personagens ambíguos de Hitchcock, chegamos a *Rebecca, a mulher inesquecível*, que não foge à regra. Baseado num livro de Daphne Du Maurier, foi vencedor de dois Oscar – Melhor Filme e Fotografia. Em seu primeiro filme feito em Hollywood, Hitchcock conta a história de Joan Fontaine (cujo personagem não tem nome), nova esposa do Sr. de Winter (Lawrence Olivier).

Ela acaba de chegar à sua mansão repleta de empregados prestativos. Logo de entrada, conhece a governanta da casa (numa estupenda interpretação de Judith Anderson), que a trata com hostilidade.

Como se não bastasse, a governanta compara-a o tempo todo com a falecida Sra. de Winter, e faz elogios fortes demais à finada patroa.

Um excesso de paixão é fortemente demonstrado numa cena em que a governanta comenta e põe as mãos sobre as roupas íntimas da falecida guardadas numa gaveta.

Parece que a Sra. Danvers era muito mais do que uma boa governanta. As interpretações são tão pesadas que chegam a ofuscar Lawrence Olivier, bonito como sempre. O subtítulo acrescentado em português deixa a dúvida: inesquecível para quem?

ZERO DE CONDUTA

(Zéro de conduite, França, 1933, Jean Vigo, 41 min.)

Jean Vigo morreu pobre e sempre teve seus filmes mutilados. *Zero de conduta* não fugiu à regra e foi censurado na estreia, permanecendo impedido de ser exibido na França por 14 anos. O subtítulo original era *Jovens diabos no colégio*. O filme conta a história de garotos anárquicos num colégio de educação rígida, retomando um pouco da autobiografia de Vigo, que viveu alguns anos no internato depois do assassinato de seu pai anarquista.

Terminadas as férias, os garotos voltam para o velho e rígido colégio. Recomeçam então os acontecimentos rotineiros, como as bagunças e "guerras de travesseiros" no dormitório, as punições e castigos dolorosos (que beiram práticas sadomasoquistas), os recreios que sempre terminavam rápido demais, as descobertas sexuais entre eles e o eterno conflito entre os adultos e os alunos. Uma bela noite, os garotos decidem se revoltar contra tudo aquilo e se libertar de toda a repressão representada pelos adultos. Está iniciada a rebelião. Com Jean Dasté, Robert le Flon, Du Verron, e Léon Larive.

Década de 1950

A vez das loiras fatais

Terminada a época da Segunda Guerra, que foi de 1939 até 1945, o mundo – e o cinema inclusive – voltava aos poucos ao normal. Para exorcizar os fantasmas da época, surgem novamente as comédias, os pastelões e os filmes de costumes.

É também a época em que Norma Jeane Baker, aos 20 anos de idade, assina contrato com a 20th Century Fox para fazer seu primeiro filme: *The shocking Miss Pilgrim* [*A incrível Miss Pilgrim*] (1947), no qual seu nome sequer aparece. Nascia o mito Marilyn Monroe, a musa loira do cinema.

Seus filmes trazem muito da ambiguidade sexual de sua personalidade. Nunca se sabia onde terminava a ingenuidade e onde começava o erotismo de suas histórias e personagens. Num de seus filmes aparecem dois dos primeiros travestis retratados pelo cinema, interpretados pelos consagrados atores Tony Curtis e Jack Lemmon.

Doris Day, também outra loira cultuada na época, trazia da mesma forma uma ambiguidade intrigante em seus papéis.

Surge, ao mesmo tempo, o polêmico e cruelmente ignorado diretor americano Ed Wood, que traz o tema da mudança de sexo para as telas.

No cinema nacional, a primeira incursão no tema ainda é tímida. Num dos primeiros filmes a abordar sexualidade e os tipos tidos como sexuais, apresenta-se o universo dos garotos de programa do Porto de Santos. Mas, aos poucos, a sexualidade e os estereótipos sexuais entrariam para sempre na história do cinema brasileiro.

• •

ARDIDA COMO PIMENTA
(Calamity Jane, EUA, 1953, David Butler, 101 min.)

A atriz e cantora Doris Day, no melhor momento de sua carreira, e com toda a popularidade, faz o papel da invocada e masculinizada pistoleira Calamity Jane neste filme que é um faroeste musical, um dos poucos do gênero. Calamity quer levar uma atração para sua cidade, uma cantora. Porém, após uma confusão, acaba por levar a empregada da cantora, que, mesmo apesar da troca, se torna uma sensação na cidade. No meio tempo, Calamity tem de lutar contra índios, armada de um chicote – que sabe manejar como ninguém.

CHÁ E SIMPATIA
(Tea and sympathy, EUA, 1956, Vincente Minnelli, 122 min.)

Ao voltar ao campus da faculdade onde estudou para participar de uma reunião, o escritor Tom Lee (John Kerr) visita o quarto em que dormia e começa a relembrar os tempos de colégio.

O filme então volta para aquela época, uma década antes, quando Tom tinha apenas 17 anos. Com pais divorciados, criado longe da mãe, ele tinha gostos refinados. Andava sempre bem-arrumado, gostava de música, de teatro, sabia costurar e cozinhar, entre outras habilidades.

Por causa desse comportamento, ele ganha o apelido de "sister boy", algo como "afeminado". Sofrendo discriminação, chacotas e até agressões, o rapaz vai se tornando cada vez mais fechado e confuso sobre a própria sexualidade.

Vendo seu desespero por não saber lidar com a situação, Laura (Deborah Kerr), esposa do professor de educação física Billy (Leif Erickson), resolve tentar entender o rapaz, mas acaba se apaixonando por ele. Tom, por sua vez, fica confuso com a situação e dá um rumo estranho a sua história. Laura também toma decisões importantes e surpreendentes. Fica a dúvida até o final: Tom é ou não homossexual?

Filme excelente, clássico do cinema, que trata da situação do preconceito e da discriminação contra pessoas diferentes, lidando com o assunto de forma impactante e ao mesmo tempo sutil. O diretor não é ninguém menos que Vincente Minnelli, pai da atriz e cantora Liza Minnelli, que baseou o filme numa famosa peça da Broadway que contou com o mesmo elenco do filme.

DE REPENTE, NO ÚLTIMO VERÃO

(Suddenly, last summer, EUA, 1959, Joseph L. Makiewicz, 112 min.)

O filme, baseado em peça teatral de Tennessee Williams, conta a história de John Cukrowicz (Montgomery Clift), neurocirurgião interessado em conseguir recursos para o hospital onde trabalha em Nova Orleans, no ano de 1937. Eis que conhece a rica Violet Venable (Katharine Hepburn), que pode resolver seus problemas.

A Sra. Violet vai até o hospital, pois quer submeter sua sobrinha (Elizabeth Taylor) a uma lobotomia (cirurgia que danifica parte do cérebro para alterar o comportamento do indivíduo). O objetivo da ousada cirurgia seria fazer a sobrinha esquecer o passado, pois ela sabia de grandes segredos. Um deles seria o real motivo do assassinato do filho de Violet.

Com o desenrolar do filme, descobre-se que o filho teria sido assassinado por rapazes com os quais flertou numa viagem à Espanha, e ele sempre usava a prima como isca para atraí-los. É exatamente tudo isso que Violet quer que seja apagado da memória da sobrinha e de suas vidas.

O jovem médico é interpretado por Montgomery Clift, um dos mais belos atores de Hollywood, que passou toda a carreira ostentando sua homossexualidade, cercado de fofocas, intrigas de bastidores e escândalos. Entre os colegas, além de John Wayne, os casos mais notáveis de Monty (seu apelido) foram com os também galãs Cary Grant, James Dean, Rock Hudson e Tyrone Power, além de repórteres, roteiristas, câmeras e executivos.

Sem saber lidar com a fama, as cobranças e os escândalos em que se envolvia, Clift teve uma carreira curta, recheada de problemas psicológicos, uso de drogas e bebidas. Foi encontrado morto aos 46 anos pelo companheiro em seu apartamento em Nova York, após ter abusado de substâncias químicas. Até hoje não se sabe se foi uma overdose acidental ou proposital. Elizabeth Taylor, presente no filme, era grande amiga de Clift.

De repente, no último verão trata de temas sérios e ousados para a época, como as doenças mentais, homicídio, homossexualidade e até canibalismo. Destaque também para a trilha sonora, a fotografia de Jack Hilgyard e a direção de arte. Indicadas ao Oscar de Melhor Atriz, Elizabeth Taylor e Katharine Hepburn perderam a estatueta para a francesa Simone Signoret.

ESTRANHA COMPULSÃO
(Compulsion, EUA, 1959, Richard Fleischer, 103 min.)

O filme também se baseou no famoso caso de 1924 dos assassinos Leopold e Loeb, homossexuais e amantes, que já dera origem ao filme *Festim diabólico*, de Alfred Hitchcock, em 1948. O caso foi documentado no *best-seller* do jornalista Meyer Levin, que deu origem a este filme.

Chicago, 1924. Arthur (Bradford Dillman), jovem autoritário e displicente, e Judd (Dean Stockwell), sensível e introvertido, são de famílias com muito dinheiro e creem ser superiores intelectualmente a todos os outros humanos. Além disso, consideram-se acima do bem e do mal por terem dinheiro. Para provar que são seres superiores, matam o amigo Paulie Kessler sem qualquer motivo.

Os dois acreditavam que tinham realizado o "crime perfeito", e desafiariam os mais competentes advogados a provar que eram realmente os culpados. Porém, um pequeno deslize faz o "crime perfeito" não ser tão perfeito assim.

Para tentar livrar os jovens assassinos da pena de morte, os familiares de Judd e Arthur contratam o renomado advogado Jonathan Wilk (Orson Welles), que tem a incrível habilidade de sempre convencer os jurados da inocência dos seus clientes.

Tenso e bem roteirizado, o filme consagrou-se também pelo elenco de peso, tornando-se um clássico do cinema americano dos anos 1950.

Uma das curiosidades é que o diretor passou maus bocados com Welles, que ostentava a fama de estrela e muito temperamental, e dessa vez não foi diferente. Welles só entra na última meia hora do filme, mas conduz com maestria o monólogo final no tribunal, em que o advogado de defesa apresenta seus argumentos. O monólogo é tido como a mais longa "defesa" da história do cinema. E, como no filme predecessor, *Festim diabólico*, há uma tentativa, em vão, de amenizar o fato de os assassinos serem homossexuais.

Ainda sobre Welles, devido a seus problemas com o não pagamento de impostos, teve o salário retido pelo Departamento de Polícia de Los Angeles logo após o término das filmagens.

Apesar de todos esses tropeços, Orson Welles, Dean Stockwell e Bradford Dillman ganharam um prêmio especial de interpretação masculina no Festival de Cannes de 1959.

GATA EM TETO DE ZINCO QUENTE

(Cat on a hot tin roof, EUA, 1958, Richard Brooks, 108 min.)

O filme, baseado numa famosa peça de Tennessee Williams, se passa todo numa só noite, em New Orleans, dentro da casa de Harvey (Burl Ives), chamado de Big Daddy, que comemora 65 anos de idade. Ele é pai de Brick (Paul Newman), um ex-jogador de futebol americano, que já foi famoso um dia e é casado com a belíssima Maggie (Elizabeth Taylor), e de Gooper (Jack Carson), casado com Mae (Madeleine Sherwood).

Os irmãos e suas respectivas esposas vivenciam certa rixa, pois Gooper e Mae têm cinco filhos e ela espera um sexto, enquanto Brick e Maggie optaram por não ter nenhum, a contragosto dos sogros.

Brick está com a perna quebrada por tentar jogar bêbado no campo de futebol de sua universidade, para relembrar os velhos tempos. Maggie fica o tempo todo querendo sua atenção, mas ele prefere a bebida. Todos esperam as notícias sobre a saúde de Big Daddy, que acaba de voltar de um intenso check-up e descobre que está com um câncer terminal.

Outro personagem importante, mas ausente, é o melhor amigo de Brick, o também jogador de futebol Skipper. Ele se suicidou após a perda de um importante jogo, e Brick se culpa por isso. Ao mesmo tempo, num sentimento ambíguo, chega a odiar o amigo por descobrir, depois de sua morte, que sua esposa o teria seduzido após uma partida.

Maggie culpa o marido pelo fato, alegando sua falta de atenção e interesse. Percebe-se que existe um estranho e forte apego de Brick pelo seu falecido amigo, por isso ele perdoa e ignora a esposa. Seria ele amante de Skipper? Essa é a grande dúvida do filme.

Tennessee Williams não gostou nada da adaptação de sua peça para o cinema, principalmente pelo fato de o personagem de Brick, na peça representado muito mais explicitamente como homossexual, ter desaparecido no filme, ficando apenas com textos muito subliminares sobre o assunto. Isso se deve à grande censura às questões sexuais que ainda havia na época por parte de Hollywood. Mas o filme vale por suas interpretações e pelo conteúdo de seu texto.

GLEN OU GLENDA?
(Glen or Glenda, EUA, 1953, Edward D. Wood Jr., 68 min.)

Após o suicídio de um famoso travesti, o policial que investiga o caso (Lyle Talbot) resolve procurar um cientista (Bela Lugosi) para descobrir o que leva um homem a se vestir de mulher. Timothy Farrel, que faz o duplo papel do psiquiatra Dr. Alton e do narrador, explica o fenômeno contando duas histórias ao policial.

A primeira conta a vida de Glen (Edward D. Wood Jr., o próprio diretor), que é casado e gosta de se vestir de mulher, mas não sabe como revelar isso para a esposa. A segunda história conta o drama de Alan ("Tommy" Haynes), que decide mudar de sexo graças a uma cirurgia, e enfrenta os riscos da intervenção.

Ed Wood foi convocado a fazer esse filme para aproveitar o alvoroço em torno da transexual Christine Jorgensen, que mudou de sexo na época e se tornou famosa. Ele topou o desafio, embolsou o dinheiro e fez um filme categoria B, autobiográfico, com ele mesmo no papel principal. Ed Wood é Glen, um travesti que sofre por levar uma vida dupla e secreta.

Diretor polêmico, Wood sempre fez filmes considerados de segunda linha sobre temas conturbados. Era um entusiasta da transexualidade, sempre usando o tema em seus filmes, apesar de ser heterossexual. Considerado o pior diretor de cinema de todos os tempos, terminou sua carreira alcoólatra e fazendo filmes pornôs, inclusive com travestis.

O elenco, sem atores famosos, traz apenas uma estrela, no papel do cientista: o ator de filmes de terror Bela Lugosi, grande amigo de Ed Wood, em um dos seus últimos trabalhos. Ele morreria três anos depois.

Curiosamente, esse filme foi relançado com diversos títulos originais alternativos: *Glen or Glenda: Confessions of Ed Wood* [Glen ou Glenda: Confissões de Ed Wood]; *He or she* [Ele ou ela]; *I changed my sex* [Mudei meu sexo]; *I led two lives* [Eu levei duas vidas]; e *The transvestite* [O travesti].

MALVADA, A

(All about Eve, EUA, 1950, Joseph L. Mankiewicz, 138 min.)

Eve Harrington (Anne Baxter) é uma aclamada atriz de teatro, e o filme se inicia exatamente na noite em que ela vai receber o prêmio Sarah Siddons, um dos mais importantes do gênero. Todos os holofotes se voltam para ela, porém, ainda não conhecemos sua história.

Por meio de *flashbacks*, a história de Eve começa a ser revelada, e a sua personalidade, desvendada. Sua vida artística começou nos bastidores, quando conheceu a atriz Margo Channing (Bette Davis), outra grande estrela da Broadway, e foi escolhida para ser sua secretária. Por sua personalidade obsessiva, Eve começa a tomar o lugar de sua contratante, até alcançar a fama e o sucesso, aniquilando sua oponente.

Um filme cheio de intrigas e um amor platônico entre a empregada e sua patroa. Ainda traz a participação da diva Marilyn Monroe. A personagem Margo Channing seria da atriz Claudette Colbert, forçada a abrir mão do papel devido a um acidente. Outros nomes cotados foram Marlene Dietrich e Gertrude Lawrence. O diretor assina também o roteiro.

Como *Titanic*, recordista em indicações para o Oscar, o filme recebeu catorze e ganhou seis deles: Melhor Filme, Melhor Diretor, Melhor Roteiro, Melhor Ator Coadjuvante (George Sanders), Melhor Figurino (em Preto e Branco) e Melhor Som.

Ganhou o Globo de Ouro de Melhor Roteiro, além do Prêmio Especial do Júri e o de Melhor Atriz (Bette Davis) no Festival de Cannes.

Em 1970, o filme foi adaptado para o teatro e se tornou uma peça musical na Broadway com o nome de *Applause* (aplauso, em inglês). Na época, a personagem principal foi representada pela atriz Lauren Bacall.

QUANDO A NOITE ACABA
(Quando a noite acaba, Brasil, 1950, Fernando de Barros, sem informação de duração)

Retrata a prostituição na beira do cais do porto do Rio de Janeiro, tanto de homens quanto de mulheres, e todas as frustrações e angústias das pessoas que faziam disso sua forma de viver. Com Tônia Carrero, Roberto Acácio, Orlando Villar, José Lewgoy e Nídia Lícia.

QUANTO MAIS QUENTE MELHOR
(Some like it hot, EUA, 1959, Billy Wilder, 122 min.)

Chicago, 1929. Joe (Tony Curtis) e Jerry (Jack Lemmon) são músicos e no momento estão desempregados. Vagando pelas ruas, acabam presenciando acidentalmente o cruel (fato real e histórico) Massacre do

Dia de São Valentim. Só para constar, o referido massacre teria sido o extermínio de mafiosos rivais de Al Capone numa garagem de Chicago.

Desesperados para não serem descobertos e reconhecidos pelos gângsters assassinos, eles acham uma solução bem engraçada: vestirem-se de mulher. Na confusão, entram para um grupo musical composto só de mulheres que está indo fazer shows em Miami.

Joe fica encantado com Sugar (Marilyn Monroe), a garota que mais destoa do grupo, enquanto um coroa milionário se apaixona pela mulher feita por Jerry. Tudo isso durante uma reunião de criminosos, que também está acontecendo em Miami.

A atuação dos dois atores, estrelas masculinas do cinema da época, é irrepreensível e divertidíssima. Na cena final do filme, Jack Lemmon está tentando convencer o seu milionário apaixonado de que não é a esposa ideal para ele. Após dezenas de defeitos listados, ele resolve entregar o jogo, arranca a peruca e diz: eu sou homem. Seu milionário, que dirige uma lancha, responde com ar despreocupado: ninguém é perfeito.

Apesar de ter recebido cinco indicações – Diretor, Ator (Jack Lemmon), Direção de Arte, Fotografia e Roteiro Adaptado –, só ganhou o Oscar de Melhor Figurino (em preto e branco). Na Europa, ganhou três Globos de Ouro: Melhor Filme – Comédia/Musical, Melhor Ator – Comédia/Musical (Jack Lemmon) e Melhor Atriz – Comédia/Musical (Marilyn Monroe).

Entre algumas curiosidades, inicialmente o diretor Billy Wilder queria que Frank Sinatra fizesse o papel de Jerry e Daphne, que ficou com Jack Lemmon. Da mesma forma, o papel de Sugar Kane não seria de Marilyn Monroe, mas da atriz Mitzi Gaynor.

Marilyn Monroe queria que a fita fosse em cores, já que, por contrato, todos os seus filmes deveriam ser coloridos. Somente aceitou filmar em preto e branco após ouvir o argumento de Billy Wilder de que a maquiagem utilizada por Jack Lemmon e Tony Curtis para se transformarem em mulheres ficaria verde na tela.

Em uma exibição teste, antes da conclusão do filme, o público gargalhou tanto na cena em que Jack Lemmon diz que vai ficar "noiva" do seu milionário, que as falas foram encobertas pelo riso frenético da plateia. O diretor Billy Wilder, para não perder o diálogo divertido e importante, decidiu então filmar novamente a cena, colocando mais pausas, para que a plateia gargalhasse sem perder os textos, e incluiu o balanço dos chocalhos, feito por Lemmon, que deixou a cena mais engraçada ainda. Coisa de gênio.

Década de 1960

O Regime Militar e a censura

Ainda estávamos na época áurea das grandes produções. Os estúdios se deslumbravam com o cinema colorido e produziam filmes ricos em detalhes e inovações.

Seria também a década dos musicais. Muitos foram transformados em filmes, sem que o assunto dos papéis sexuais fosse eliminado das músicas.

A quantidade de filmes que lidavam com o tema crescia de forma cada vez mais intensa e explícita. Mas ainda era uma época tímida, em que imperavam as insinuações e as mensagens subliminares. Nenhuma cena ia além disso.

Muitos chegaram a ser censurados, como o épico *Spartacus*, que teve sequências inteiras cortadas por conta do forte conteúdo homoerótico que continham. Em compensação, filmes europeus muito explícitos, como *Satyricon*, de Fellini, passaram pela censura, já demonstrando a cabeça mais aberta que os europeus sempre tiveram em relação à arte, incluindo o cinema.

No cinema brasileiro, entra em cena (vindo do teatro) um dos autores mais pragmáticos, que daria origem aos filmes mais inquietantes e polêmicos sobre a sexualidade humana, podendo-se dizer em nível mundial: Nelson Rodrigues.

A partir dessa década, o universo conturbado, de psicologias complexas, incestuoso e ambíguo de Nelson Rodrigues sairia dos palcos e invadiria a tela, gerando filmes inesquecíveis e atuações memoráveis.

Seguindo a mesma tendência, e a característica de nossa sétima arte, outros filmes também foram fundo e mostraram realidades brasileiras como o cinema sempre gostou de retratar, da forma mais realista possível. Nas telas, o Cinema Novo criticava muito a miséria e a pobreza de nosso país.

Seria a década do surgimento do Regime Militar no Brasil, com o Golpe de 1964, responsável por uma triste fase de mutilações e censuras,

Década de 1960

principalmente no cinema. Ao mesmo tempo que impedia certos assuntos de serem tratados, fazia nascer novos tipos de linguagem e formas de driblar a tesoura. A nossa criatividade sempre conseguia contornar as adversidades. Felizmente, muitos filmes bons sobreviveram a essa época difícil, principalmente para o cinema.

ASFALTO SELVAGEM

(Asfalto selvagem, Brasil, 1963, J. B. Tanko, 89 min.)

Baseado na peça teatral de Nelson Rodrigues, o filme conta a relação incestuosa de Engraçadinha (Vera Vianna) e seu primo Sílvio (Jece Valadão), que se apaixonam e ficam juntos. Até o dia em que Engraçadinha engravida e descobre que Silvio é seu irmão. O destaque fica para a personagem lésbica Letícia (Maria Helena Dias), prima de Engraçadinha, que se apaixona por ela.

A montagem é dinâmica, cheia de *flashbacks* (recurso inédito em nosso cinema na época), tornando o filme moderno e bem-narrado. Ele foi exibido para maiores de 21 anos e teve grande sucesso. Porém, foi proibido depois do Golpe Militar de 1964. Seria refilmado em 1981 e transformado em minissérie para a TV em 1995.

COPACABANA ME ENGANA

(Copacabana me engana, Brasil, 1968, Antônio Carlos da Fontoura, 93 min.)

O filme, classificado como comédia, conta a história de um rapaz que mantém relações amorosas com uma vizinha, até que um belo dia ele chega a sua casa e pega a vizinha com seu irmão. O que era sempre uma competição acaba num *ménage à trois*. Bissexualidade e incesto forte. Com Odete Lara, Carlos Mossy, Paulo Gracindo e Cláudio Marzo.

CRIADO, O
(The servant, Inglaterra, 1963, Joseph Losey, 112 min.)

O jovem rico e displicente Tony (James Fox) acaba de comprar uma casa no centro de Londres e contrata um homem, Hugo Barrett (Dirk Bogarde), para ser uma espécie de braço direito. A relação entre os dois é estranha, pois o mordomo é cada vez mais intrometido e abusado. Susan (Wendy Craig), namorada de Tony, não gosta do empregado, pedindo que ele seja demitido.

Hugo traz sua irmã Vera (Sarah Miles) para trabalhar e morar na casa, e Tony começa a ter um romance secreto com ela. Após uma viagem com sua namorada oficial, eles voltam para casa um pouco antes e surpreendem Hugo e Vera no quarto de Tony, num ato de incesto.

Os dois são demitidos, e Susan termina o namoro com Tony. Passado um tempo, ele encontra Hugo num *pub* e resolve readmiti-lo. Tem lugar então uma estranha inversão de papéis e uma submissão intrigante.

Como curiosidade, no filme, Tony tem um insólito projeto profissional, que é vir ao Brasil e devastar parte da selva amazônica para construir cidades onde trabalhariam operários asiáticos. Sobrou até para nós.

DANÇA DOS VAMPIROS, A
(Dance of the vampires, Inglaterra/EUA, 1967, Roman Polanski, 124 min.)

Abronsius (Jack MacGowran) é um professor que resolveu ter como principal foco de estudo os vampiros. Um belo dia ele decide ir até a Transilvânia, local principal onde se reúnem todos eles, e leva seu companheiro de aventuras, Alfred (Roman Polanski, também diretor do filme), que, apesar de muito solícito, morre de medo de vampiros e de qualquer coisa macabra.

Abronsius quer aprender mais sobre vampiros e combatê-los, se possível. Mas suas pesquisas tomam um rumo inesperado. Os vampiros do filme vestem figurinos de época e têm personalidades muito marcantes, tornando a comédia hilariante, um clássico do cinema mundial. Destaque especial para Hebert (Iain Quarrier), um vampiro gay que se apaixona por Alfred.

De forma macabra, o filme tem a participação de Sharon Tate, que conheceu Polanski durante as filmagens e se apaixonou por ele, tornando-se sua esposa. Sharon morreria dois anos depois, grávida de oito meses de Polanski, assassinada pelos seguidores de Charles Manson, um psicopata fanático. A vida imitava a arte da pior forma.

MATOU A FAMÍLIA E FOI AO CINEMA
(Matou a família e foi ao cinema, Brasil, 1969, Júlio Bressane, 80 min.)

O filme é estranho, meio sem pé nem cabeça. Começa com a imagem de duas moças, Regina (Márcia Rodrigues) e Márcia (Renata Sorrah). Então o foco muda para uma casa onde pai e mãe brigam à mesa diante do filho. Depois de pequenas cenas de discussão, vê-se o filho ensaiando golpes com uma navalha. Então, ele vai até a sala e corta o pescoço do pai; saindo de cena, ouve-se o grito da mãe.

Corta para o mesmo rapaz indo ao cinema assistir ao filme *Perdidas de amor*. A película então volta para a mãe de Márcia pedindo a Regina que faça companhia à amiga, que foi para Petrópolis depois de brigar com o marido, Artur, um aficionado por armas.

Entre tomadas das duas amigas trocando carícias na casa em Petrópolis, aparece uma cena (sem nenhum sentido) de um homem ao lado do corpo da mulher morta, repetindo insistentemente que a matou por amor.

Depois surge uma menina (que parece ser a mesma Márcia Rodrigues) discutindo com a mãe por ter uma amizade muito íntima com uma amiga, que também parece ser a mesma Renata Sorrah. Após cenas das duas, a menina mata a mãe enquanto a amiga lixa as unhas.

No meio disso tudo, um homem é torturado até a morte e deixado abandonado num quarto. Aparentemente, a ligação das histórias é o tema da morte.

Por último, assiste-se à história de uma mulher (também Renata Sorrah) casada com um homem que bebe (o mesmo ator que faz o filho do início). Ela tem um bebê que chora o dia todo. O marido chega, ela reclama da falta de dinheiro e ele assassina a mulher e a criança.

Numa das cenas finais, aparecem a mesma Márcia e Regina num parque, com um carrinho de bebê próximo delas. Márcia comenta com Regina que na noite anterior foi assistir a um filme nacional chamado *Perdidas de amor*, no qual duas moças fazem uma farra e depois se matam. Márcia se assusta com a semelhança entre o filme a o que aconteceu em Petrópolis, e Regina teme que o marido de Márcia descubra o que ocorreu.

Voltamos então para a casa em Petrópolis onde Márcia e Regina estão. Elas pegam todos os revólveres que estão expostos e começam a atirar para todo lado, atirando, por fim, uma na outra. Última cena: Márcia e Regina olhando pra câmera e sorrindo juntas.

O filme termina sem que o expectador saiba se o que viu foi real ou se pertencia à película que o rapaz estava assistindo. Vale o registro por ter sido um dos primeiros filmes nacionais a falar de preconceito e a mostrar relações entre mulheres e cenas de carícias e beijos (não na boca) entre elas. Mas fica só nisso, porque o filme é completamente bagunçado.

MENINO E O VENTO, O

(O menino e o vento, Brasil, 1967, Carlos Hugo Christensen, 104 min.)

˅

Ênio Gonçalves, bonito galã da época, faz o papel de José Roberto Nery, um engenheiro que volta para a cidade de Bela Vista, em Minas Gerais, para seu julgamento. Jovem rico e bem-sucedido, ele é acusado do desaparecimento de José Paiva.

Tudo começa quando Nery decide passar férias em Bela Vista, chamada de "capital do vento". Ao chegar à estação de trem, conhece o menino José Paiva, conhecido como Zeca da Curva (o lindíssimo Luiz Fernando Ianelli), que começa a ter uma relação muito próxima com o engenheiro. Zeca é misterioso, pois parece ter poderes especiais, principalmente em relação ao domínio do vento.

Pouco antes da partida do engenheiro, Zeca da Curva desaparece da cidade, assim como o vento. Todos na cidade começam a atribuir seu desaparecimento a Nery, a quem acusam de ter mantido relações sexuais com o garoto. Vale prestar atenção no personagem Mário (Oscar Felipe), que é primo de Zeca e homossexual enrustido.

O filme é interessantíssimo, cheio de insinuações e frases ambíguas, e tem um ritmo lento e contemplativo. Trata de preconceito e discriminação sem dizer nada explicitamente. O roteiro foi adaptado por Millôr Fernandes do conto "O iniciado do vento", do mineiro Aníbal Machado. Millôr também assina os diálogos.

De beleza plástica incomparável (mesmo em preto e branco), dificilmente se acha uma cópia do filme.

NAVALHA NA CARNE
(Navalha na carne, Brasil, 1969, Braz Chediak, 90 min.)

Primeiro filme baseado na famosa peça teatral de Plínio Marcos. Neusa Suely (Glauce Rocha) é prostituta e vive num apartamento de uma pensão vagabunda no subúrbio do Rio de Janeiro.

O rústico e grosso Vado (Jece Valadão) é o cafetão por quem Neusa nutre um amor retraído. Constantemente agredida e humilhada, ela lhe entrega todo o dinheiro que ganha fazendo seus programas.

Quando Vado chega ao quarto de Neusa e descobre que o dinheiro dos programas fora roubado, acusa a prostituta e passa a agredi-la. Para se defender, Neusa acusa Veludo (Emiliano Queiroz), um rapaz gay extremamente afeminado que dorme no quarto ao lado do dela. Vado ordena que ela chame o rapaz no quarto.

Uma vez no local, os três – prostituta, cafetão e homossexual – vão guerrear entre si, disputando atenção, poder e afeto, com diálogos pesados e atuações marcantes, com todo o destaque para Emiliano Queiroz. O filme ainda teve uma nova versão, com Vera Fischer, em 1997.

NOITE VAZIA
(Noite vazia, Brasil, 1964, Walter Hugo Khouri, 93 min.)

Luís (Mário Benvenutti), um empresário casado e bem-sucedido, e seu melhor amigo, o belíssimo Nelson (o italiano Gabriele Tinti) rodam pelas ruas de São Paulo à procura de diversão e mulheres para sexo casual.

Numa dessas saídas, os dois encontram duas lindas prostitutas de luxo: Mara e Regina – Norma Bengell e Odete Lara – ambas em um dos melhores momentos da carreira.

O arrogante Luís convida todos para irem até seu apartamento, onde costuma levar suas mulheres e numerá-las. Uma vez lá dentro, os quatro começam a se entender e a se desentender. Regina não gosta do jeito arrogante de Luís, ao mesmo tempo que Mara se encanta com Nelson, que parece estar longe, com o pensamento em outro lugar. Por vezes ele mostra desconforto por estar naquele lugar. Seria por causa das mulheres?

Em dado momento da noite, Luís sugere a Regina que vá para a cama com Mara e que os homens observem. Regina topa, mas, quando a brincadeira começa, Mara desiste e tem uma crise de choro. Regina afirma estar acostumada a transar com mulheres e diz a Mara que ela precisa se acostumar.

Por fim, Mara volta a se entender com Nelson e ambos são observados por Luís, que parece não gostar da situação. Seriam ciúmes do amigo? Khouri, como sempre, deixa muitas questões em aberto nesse filme polêmico, denso, em preto e branco e com atuações pesadas, no melhor estilo do cineasta.

PECADO DE TODOS NÓS, O
(Reflections in a golden eye, EUA, 1967, John Huston, 108 min.)

Um filme de elenco estelar, recheado de traições, encontros secretos e verdades escondidas. O major Weldon Penderton (Marlon Brando, irretocável) é professor em uma escola militar, onde mora com a esposa, a bela e fogosa Leonora (Elizabeth Taylor).

Weldon e a mulher vivem brigando e não dormem mais no mesmo quarto. Ela, por estar insatisfeita com o casamento e sexualmente, vai encontrar abrigo no vizinho, outro militar, o sedutor Morris (Brian Keith), casado com a traumatizada Alison (Julie Harris) – que ficou neurótica após perder o bebê que teria com o marido. Alison é extremamente carente e só fica feliz na companhia de seu criado filipino, o gay afeminado Anacleto (Zorro David), que a diverte com encenações e histórias.

Tudo vai bem até o dia em que Weldon vê o soldado Williams (Robert Forster), um jovem forte e lindo que cuida dos estábulos dos militares, cavalgando nu por uma floresta dos arredores de sua casa. O major fica obcecado pelo rapaz e começa a segui-lo, buscando chamar sua atenção. Por sua vez, Williams é obcecado pela esposa do major, Leonora, e passa boa parte do tempo rodeando sua casa.

Enfim, uma rede de desejos e de puladas de cerca, num filme totalmente fotografado em sépia. As interpretações são pesadas e o final, surpreendente. Imperdível, com Marlon Brando em sua melhor forma, aos 43 anos de idade.

PERDIDOS NA NOITE
(Midnight cowboy, EUA, 1969, John Schlesinger, 113 min.)

O filme inicia com o delicioso loiro Joe Buck (John Voight, aos 31 anos) tomando banho completamente nu. É o prelúdio do que vamos ver dali para a frente: o sedutor e safado caubói vai deixar a pequena cidade do Texas para tentar ser alguém em Nova York. E a única arma que ele sabe usar é a sua sedução.

Atraindo mulheres (e, por que não, homens também), Joe é cada vez mais engolido pela cidade, e percebe que aquele mundo de sonhos não é tão fácil assim. Sozinho e perdido, acaba por conhecer o esquisito Ratso (Dustin Hoffman, sempre em atuações brilhantes), que decide "agenciá-lo" e fazer dele um nome nas ruas da cidade. Mas nem tudo sai como o esperado. Todos os percalços, porém, vão servir para tornar a amizade entre os dois cada vez mais forte. Filme ganhador de três Oscar: Direção, Roteiro Adaptado e Melhor Filme.

SATYRICON

(Satyricon, Itália/França, 1969, Federico Fellini, 120 min.)

A famosa peça teatral escrita há 2 mil anos pelo romano Petronius, súdito do Imperador Nero (séc. VII), vai para as telas do cinema com o tom fantasioso do italiano Federico Fellini.

O belo e jovem estudante Encolpio (Martin Potter) é apaixonado pelo andrógino Gitão (Max Born), com quem divide com seu melhor amigo Ascilto (Hiram Keller). Porém, ao disputar o amor de Gitão, Encolpio perde, pois este prefere Ascilto. Desiludido, Encolpio foge de um terremoto em Roma e começa a vagar por palácios e reinos diversos, acompanhando o amigo poeta Eumolpo (Salvo Randone).

Devido à sua beleza, Encolpio escapa de ser morto diversas vezes – seja num navio de escravos ou numa luta contra um Minotauro representado. Gitão, sempre por perto, tortura-o se relacionando com vários homens.

Como marca de seus filmes, Fellini usa e abusa de personagens bizarros e situações fantasiosas. Centenas de atores desfilam figurinos e cabelos inusitados em cenários grandiosos. *Satyricon* foi uma das produções mais caras do cinema italiano, só perdendo para o épico *Ben-Hur*.

Vale ressaltar as cenas nas quais aparecem uma infinidade de escravos cobertos com minúsculos pedaços de pano (incluindo os protagonistas), além da preferência constante dos homens mais velhos pelos jovens e de cenas de beijos entre mulheres. Destacam-se ainda: a celebração do casamento entre dois homens (Encolpio e Lica); o *ménage* entre Encolpio, Ascilto e uma escrava negra; a explicação para a origem da palavra "hermafrodita" – junção do deus Hermes (da fertilidade) com Afrodite (do amor) –, quando a dupla de amigos tem de resgatar um hermafrodita cheio de poderes (e albino!) das mãos de um curandeiro; e a questão da impotência, quando Encolpio perde o "poder" da sua espada. E estamos no ano de 1969.

SPARTACUS
(Spartacus, EUA, 1960, Stanley Kubrick, 184 min.)

Como toda superprodução, *Spartacus* teve seus muitos problemas. O primeiro diretor a assumir o filme, Anthony Mann, largou o projeto por seus muitos desentendimentos com o astro principal, Kirk Douglas, que também era o produtor do filme. Entra em seu lugar o ainda desconhecido Stanley Kubrick, no filme que daria início a sua carreira de clássicos do cinema.

Baseado no livro de Howard Fast, o filme conta a história do escravo Spartacus (Kirk), em 73 a.C., que está sempre escapando de ser morto, inclusive nas lutas de arena, uma diversão para os imperadores e populares. Tido como invencível pelos demais escravos, começa a incitá-los e a comandá-los para que lutem contra seus algozes, os controladores de Roma.

O roteiro, assinado pelo perseguido Dalton Trumbo, um dos dez mais odiados e perseguidos profissionais de Hollywood por suas convicções políticas, é um dos mais bem-elaborados da história do cinema, e o primeiro a ser creditado a Dalton depois de anos tendo de se esconder de seus perseguidores. Kubrick só lamentou o fato de não ter tido tempo suficiente para elaborar mais o roteiro antes de filmar. Mesmo assim, o resultado é surpreendente.

O primeiro destaque vai para a reconstituição épica, de figurinos, locais, cenários e adereços, e a presença de um elenco de peso, como Peter Ustinov, Laurence Olivier, Charles Laughton, todos nomes importantes do cinema na época.

E o segundo destaque, para a série de momentos homoeróticos contidos no filme. Gladiadores em roupas ínfimas, demonstrações de afeto entre eles, muitos corpos suados e muito companheirismo. Uma cena inteira, cortada do filme final, mostra Antoninus (o belíssimo Tony Curtis), um "mucamo", dando banho em seu amo Spartacus (Kirk Douglas). Durante o banho, de movimentos lentos, os dois discutem suas preferências "culinárias" entre ostras e lulas. As ostras seriam uma alusão ao órgão sexual feminino, e as lulas ao masculino. É só prestar atenção ao diálogo e perceber que a intenção era mesmo outra. Por tudo isso, os produtores resolveram excluir a cena, que estava explícita demais. Porém, o tom homoerótico ficou mantido em diversos outros momentos.

Vencedor de quatro Oscar: Melhor Ator Coadjuvante (Peter Ustinov), Melhor Fotografia em Cores (na época os prêmios eram divididos entre colorido e preto e branco), Melhor Direção de Arte em Cores e Melhor Figurino em Cores. Foi, ainda, indicado nas categorias de Melhor Edição e Melhor Trilha Sonora.

TEOREMA
(Teorema, Itália, 1968, Pier Paolo Pasolini, 98 min.)

Cidade de Milão, 1968. Numa pequena vila industrial, onde todos se conhecem, uma carta avisa a chegada em breve de um novo morador. Como parte das excentricidades de Pasolini, o novo hóspede não tem nome, é apenas identificado como "o visitante", e começa a se tornar misterioso.

Interpretado pelo jovem e belo Terence Stamp, ele chega e se instala no quarto juntamente com um dos filhos do dono da casa, Pietro (Andrés José Cruz Soublette), também muito jovem.

Numa das noites de muito calor, Pietro começa a observar o visitante e descobre que tem o hábito de dormir nu. Instigado pela curiosidade do que há embaixo dos lençóis, acaba tocando nele e os dois terminam a noite juntos na mesma cama.

Com um livro do poeta Arthur Rimbaud (também homossexual) debaixo do braço, o visitante vaga pela casa silencioso, sempre observado por todos por seus estranhos hábitos.

Seu mistério sedutor não poupa nenhum morador da casa: a empregada Emília (Laura Betti), a esposa do dono da casa, Lucia (Silvana Mangano), a irmã de Piero, Odetta (Anne Wiazemsky), e o próprio dono da casa, Paolo (Massimo Girotti), homem rico e influente na região. A chegada do novo "visitante" vai alterar a vida de todos na casa, e, por que não dizer, na vila inteira.

VIVER DE MORRER

(Viver de morrer, Brasil, 1969, Jorge Ileli, 81 min.)

O filme é uma raridade, porém consta em vários livros e listas. Com um enredo um tanto mórbido, conta a história de um casal com dificuldades financeiras que resolve dar um golpe numa empresa seguradora. O marido mata um mendigo, e este é enterrado em seu lugar para que a esposa fique com o seguro.

Ao receber o dinheiro, ela mata o verdadeiro marido, que já estaria morto, e foge com seu amante, um rapaz bem jovem. Porém, esse jovem é homossexual e na verdade gosta de outro homem. Para ficar com o dinheiro da mulher, acaba por matá-la e foge com o seu real amor.

Nos registros encontrados, não há como saber quais atores desempenham os papéis, mas o elenco é formado por Mário Benvenutti, Alberico Bruno, Dieter Burgel, Yara Cortes, Jorge Dória, Odete Lara e Carlo Mossy.

Década de

Deixe o sol entrar

Começa a guinada do cinema LGBT mundial. A produção aumenta de forma progressiva, havendo mais de cinco filmes sobre o tema por ano. As cenas passam a ser mais fortes, as intenções mais explícitas, e é nessa década que serão filmados ícones do cinema gay, como *Cabaret*, *Morte em Veneza*, *Rocky horror picture show*, *A gaiola das loucas* e *Hair*. É uma das fases mais produtivas e criativas da sétima arte.

Muito dessa criatividade e desse desprendimento se deve à fase pela qual os Estados Unidos, juntamente com a Europa, passam: a liberação sexual, promovida sobretudo pelos hippies. O culto ao amor e ao sexo livre, sem preconceitos, sem regras, é traduzido para as telas do cinema.

É também a fase na qual começa a se formar a indústria do cinema pornô, que explodiu nessa década. Por conta disso, filmes curiosos aparecem nas telas, como o cult-pornô *Calígula*, estrelado pelo incensato Malcolm McDowell e produzido pela revista de nu feminino *Penthouse*. Era uma tentativa de unir o sexo ao artístico, que resultou em filmes bastante ousados, mas estranhos quanto ao seu contexto e conteúdo finais.

Pasolini, famoso diretor italiano, homossexual assumido, também traz pérolas de sua filmografia, bruscamente interrompida: o diretor foi assassinado por um garoto de programa de 17 anos em 1975, sacudindo a discussão sobre o cinema e sobre a homossexualidade. Muitos acreditam que ele teria sido vítima dos fascistas italianos, que odiavam o seu cinema contestador e acintoso para a Itália. Outras raridades do cinema italiano também aparecem com Ettore Scola.

No Brasil, ainda se vivia o auge da Ditadura Militar, que ainda perduraria por longos anos. Com a censura a muitos assuntos, surgem as chanchadas (reflexo do *boom* da pornografia, que também invade o Brasil) e o cinema mais despojado de mensagem, limitado a apelos sexuais, mulheres nuas e pouco conteúdo.

Mas nem tudo se perde. Ainda sobrevive a narrativa de Nelson Rodrigues e de Plínio Marcos, e várias obras literárias são transportadas para as telas. O cinema brasileiro começa a dar sinal de vida.

Essa sim seria a década da abertura, principalmente no cinema europeu. Os demais países ainda se encontravam sufocados pelo moralismo político de seus governantes.

• •

CABARET
(Cabaret, EUA, 1972, Bob Fosse, 124 min.)

A diva gay Liza Minnelli é a protagonista desse filme *cult*, dirigido pelo excelente coreógrafo Bob Fosse. A ação do filme se passa na decadente Alemanha de 1930, que está prestes a iniciar a Segunda Guerra Mundial.

Sally Bowles (Liza) é uma americana que vai tentar a vida na Alemanha como dançarina de um cabaré no centro de Berlim. Na plateia, militares, soldados, empresários e toda sorte de tipos diferentes, que vão até lá se entreter e arranjar, quem sabe, alguma companhia.

Lá Sally conhece o indefinido judeu Brian (Michael York), que vai ser o elo entre ela e o rico Max (Helmut Griem), que se apaixona pelos dois. Sally fica grávida e Brian se oferece para casar com ela. A guerra explode e Brian é convocado a servir.

Tudo isso intercalado pelas famosas músicas e números de dança do cabaré Kit-Kat, comandado pelo andrógino mestre de cerimônias Joel Grey, num personagem igualmente indefinido. Vale ressaltar o degrau entre o nível do cabaré e os seus shows, em que iluminação, figurinos e coreografias são memoráveis, além de contarem com Liza Minnelli cantando. Porém, em musicais vale tudo.

As cenas do triângulo amoroso são extremamente insinuadoras, apesar de jamais aparecer algum beijo entre os homens ou algo parecido. O cabaré é repleto de travestis, tanto em cima quanto embaixo do palco, mas tudo ainda de forma subliminar e insinuante. Porém, já se observa um avanço na ousadia das cenas e da narrativa, com uma abordagem mais intensa do tema da bissexualidade.

CALÍGULA
(Caligola, Itália/EUA, 1979, Tinto Brass, 156 min.)

Uma inusitada empreitada uniu o Diretor Tinto Brass e Bob Guccione, fundador da revista masculina *Penthouse*, para juntos criarem o filme "histórico" Calígula. A intenção era reunir história, arte e sexo num mesmo filme. O resultado foi exatamente esse, num filme muito comentado, criticado e cheio de reveses.

O Imperador Calígula (Malcolm McDowell), de Roma, tinha vários inimigos; entre festas, orgias e atos sexuais, frequentemente tinha de escapar da morte, pois todos queriam ocupar seu lugar no trono. Além de uma mente doentia e perversa, Calígula nutria uma paixão sexual pela própria irmã, Drusilla (Teresa Ann Savoy), com quem mantinha relações incestuosas regularmente. Recheado de cenas de sexo explícito entre homens e entre mulheres, incluindo práticas bizarras e sadomasoquistas, o filme procura retratar como seria a Roma daquela época.

Calígula é historicamente conhecido como bissexual, pois mantinha relações com sua esposa, sua irmã e com escravos, soldados e todos que cruzassem seu caminho. No filme, porém, em nenhuma cena o imperador aparece tendo relações com homens. Segundo os diretores, essa foi uma exigência do ator principal, Malcolm, que se recusou a fazer tais cenas, previstas no roteiro. O famoso roteirista e escritor Gore Vidal escreveu o roteiro, mas não quis seu nome nos créditos por causa das cenas fortes do filme.

Muitas são as curiosidades que rondam a produção, como os vários nomes cogitados para o elenco, como Orson Welles, Maria Schneider, John Huston e Jack Nicholson, que recusaram por causa do conteúdo erótico. Mesmo assim, permaneceram na versão final nomes consagrados como Peter O'Toole, John Gielgud e Helen Mirren.

Em 1992, *Calígula* foi anunciado e começou a ser exibido no Brasil, na TV Gazeta, no horário entre o final da noite e começo da madrugada. O filme seria exibido em dois dias, por conta de sua longa duração. Porém, no final do primeiro dia de exibição, após muitas reclamações e protestos devido às fortes cenas de sexo explícito, o filme foi tirado do ar. A segunda parte nem chegou a ser exibida.

CASA ASSASSINADA, A
(A casa assassinada, Brasil, 1971, Paulo Cesar Saraceni, 103 min.)

Nina (Norma Bengell) acaba de se casar com Valdo Menezes (Rubens Araújo) e os dois se mudam para a mansão da família em Vila Velha (ES). Ao chegar, ela percebe como a família é estranha e desestruturada, e que não existe o dinheiro que imaginava.

Valdo tem um irmão, Demétrio (Nelson Dantas), casado com Ana (Tetê Medina), mulher invejosa e mal-amada, que olha Nina com desprezo e a quer longe daquele lugar.

Mas esse ainda não é o maior enigma daquela família. Trancafiado num quarto, sem poder sair, está o outro irmão de Valdo, Timóteo (Carlos Kroeber). Por ter um comportamento estranho – depois descobrimos que ele apenas é um homossexual que gosta de se travestir –, fica isolado de todos. Maquiado, usando as roupas e as joias da mãe falecida, ele começa a se identificar com Nina, por ambos viverem num mundo de isolamento: ela dentro da casa, e ele dentro do cômodo. Traições, segredos ocultos e até mesmo incestos vão marcar a história daquela família.

Baseado no livro *Crônica da casa assassinada*, do escritor mineiro Lúcio Cardoso, ganhou trilha sonora de Tom Jobim.

CASAMENTO, O
(O casamento, Brasil, 1976, Arnaldo Jabor, 96 min.)

Em mais um dos clássicos de Nelson Rodrigues adaptados para o cinema, o segundo feito por Jabor, vemos seus temas recorrentes: incesto, traição, perversões e indefinições sexuais. Glorinha (Adriana Prieto) está prestes a se casar com Teófilo (ator não creditado, que só aparece na cena final na igreja), e tem de lidar com as neuroses da mãe, Eudóxia (Mara Rúbia), e do pai, Sabino (Paulo Porto), rico dono de uma imobiliária e, aparentemente, muito conservador.

Conservador para a sociedade, pois Sabino tem um caso com sua secretária Noêmia (Camila Amado) e tenta seduzir a própria filha Glorinha, em meio a desejos homossexuais de experiências que teve na adolescência. Enfim, um poço de perversões.

Faltando dois dias para o casamento, em meio a todos os preparativos, Dr. Camarinha (Fregolente), ginecologista e amigo de toda a família, resolve advertir o pai da noiva: vira Teófilo aos beijos com seu assistente de consultório, José Honório (André Valli), que durante a noite se travestia. Sabino, ao contrário do que imaginou Dr. Camarinha, não se abala com a notícia, e passa o tempo todo afirmando que "o importante é o casamento", para que se acabe toda essa palhaçada de que ele faz parte.

O tom crítico e ácido de Jabor é visto em todo o filme, com críticas veladas ao governo e à ditadura militar vigente na época, com cores ainda mais exacerbadas pelo texto sem rodeios de Nelson Rodrigues. Camila Amado é premiada no Festival de Gramado com o Kikito de Melhor Atriz Coadjuvante.

Imitando a arte e as tragédias de Nelson, Adriana Prieto (25) morre num acidente de carro na véspera de Natal, antes de o filme estrear. Numa sequência do filme, Adriana tem um pesadelo e sonha que morre depois de ter um aborto. O sonho foi filmado no mesmo lugar onde ela estaria morta realmente sete dias depois, no hospital Miguel Couto no Rio de Janeiro. Ela seria colocada na mesma mesa do necrotério onde aparece o namorado dela no filme, que também morre num desastre. O próprio Jabor tem medo das coincidências trágicas do filme: vários atores do elenco morreram pouco depois; o dono da casa onde foi filmado faleceu logo após também; o técnico de som morreria aos 28 anos por um ataque cardíaco; e o produtor do filme, Sidney Cavalcanti, suicidou-se aos 27 anos de idade. Um filme com uma aura macabra.

CASANOVA
(Il Casanova di Federico Fellini, Itália/EUA, 1976, Federico Fellini, 164 min.)

Baseado no livro de sua própria autobiografia, Fellini vai pintar novamente com cores fortes a vida de Casanova (Donald Sutherland), um homem sedutor que tem como diversão acumular amantes, sejam eles mulheres ou homens, em meio ao século XVIII na Europa.

Apesar de não ser integrante de nenhum grupo em particular, costumava estar entre a nobreza e entender de política; não por querer fazer parte, mas apenas para satisfazer seus desejos sexuais. Fútil e desinteressado, daqueles que tratam as pessoas como objetos de coleção, começa a mudar depois que, numa de suas aventuras, apaixona-se de verdade.

Sutherland, em atuação afetada, cheia de trejeitos e roupas esquisitas, encontra, como sempre, diversos personagens bizarros constantes nos filmes de Fellini. Oscar de Melhor Figurino.

CONFORMISTA, O
(Il conformista, Alemanha/França/Itália, 1970, Bernardo Bertolucci, 111 min.)

Curioso filme que traça um paralelo muito interessante entre psicologia e política. Conta a vida de Marcello Clerici (Jean-Louis Trintignant), que tem uma família nada fácil. Sua mãe depressiva vive cercada de cachorros, é viciada em morfina e tem um caso com o motorista, que também lhe fornece a droga. O pai é um fascista torturador que está no hospício.

Estamos na época de Mussolini, e Marcello se filia ao partido fascista, tornando-se um matador de aluguel e eliminando os que são contra o regime vigente. Casa-se com a fútil Giulia (Stefania Sandrelli) – que só pensa em viagens e compras e por quem Marcello parece sentir amor e desprezo ao mesmo tempo.

Até que um dia ele recebe a missão de matar um de seus antigos mestres, o professor Quadri (Enzo Tarascio), que combate o regime e distribui jornais clandestinos feitos em sua casa.

Marcello se aproxima de sua próxima vítima, trazendo Giulia. É quando ambos conhecem a moderna Anna Quadri (Dominique Sanda), que se veste de forma ousada para a época, tem atitudes masculinizadas e atrai a atenção de Marcello. Os dois começam a ter um caso, ao mesmo tempo que Anna também se interessa por Giulia.

E é por meio de um *flashback* que descobrimos de onde vem a frieza de Marcello com suas vítimas e até mesmo com as mulheres. Aos 13 anos, ele, que sofre com perseguições na escola por ser muito medroso, é salvo de uma surra pelo motorista Lino, que o leva para casa. Lá Lino tenta abusar do garoto, que atira nele – lembrança essa que vai marcar pra sempre a memória de Marcello e lhe dar a coragem que não tinha antes. Anna não consegue nada com Giulia, e Marcello... só assistindo até o final para saber. Filme excelente com a marca de Bertolucci.

CONTOS DE CANTERBURY, OS

(I racconti di Canterbury, Itália/França, 1972, Pier Paolo Pasolini, 104 min.)

Temos aqui mais um cultuado filme do controverso diretor italiano Pier Paolo Pasolini, segunda parte do que o próprio diretor chamou de "Trilogia da vida".

Um grupo de andarilhos formado por pessoas de diversas camadas sociais está indo para a cidade de Canterbury (Cantuária), no interior da Inglaterra. Ao pararem numa estalagem para descansar, resolvem fazer uma competição de histórias: ganha quem contar a mais erótica e bizarra. Pasolini participa do filme fazendo o papel dele mesmo.

Começam então a desfilar alguns dos contos do livro do escritor inglês Geoffrey Chaucer, do século XIV, cheios de erotismo e sexo. Pasolini os transpõe para a tela com suas marcas reconhecíveis: muitos atores jovens, belos e nus, incluindo o que seria a sua recente descoberta e paixão, o ator Ninetto Davoli. Pasolini era assumidamente homossexual.

Os contos têm relação com o universo de quem os narra, envolvendo cozinheiros, marinheiros, carpinteiros, monges, frades, párocos, e insinuando a inter-relação de classes, como nobres e seus criados, entre outros.

Há muito de fantasioso também, outra marca de Pasolini, com a presença de figuras mitológicas atuando na vida dos personagens. Tudo isso envolvido por cenários maravilhosos e reconstituições de época perfeitas.

Filmado na própria Inglaterra, traz em seu elenco vários atores britânicos famosos na época. O filme é bastante semelhante à obra anterior da mesma trilogia, inspirada no livro *Decamerão*, de Boccaccio, também citado neste livro.

CORTIÇO, O

(O cortiço, Brasil, 1978, Francisco Ramalho Jr., 110 min.)

Baseado no famoso livro do escritor maranhense Aluísio Azevedo, publicado em 1890. João Romão (Armando Bogus) é um português que se instala no Rio de Janeiro logo após o término da monarquia brasileira. Abrindo uma mercearia, começa a juntar dinheiro para construir um casarão e abrigar pessoas pobres, o que seria chamado posteriormente de cortiço. Romão tem a ajuda de Bertoleza, uma escrava que fugiu da fazenda onde trabalhava, e que seduz todos os homens da região.

No cortiço, uma vez inaugurado, outras figuras notórias vão tomar lugar: Rita Baiana (Betty Faria), mulher bonita e atraente que, apesar de casada, também desfruta do prazer com vários homens; Machona, mulher cheia de filhos que não se parecem entre si; Pombinha, a menina pura e inocente que só poderá se casar depois que menstruar, mas isso nunca acontece; e sua madrinha Léonie, a personagem que mais nos interessa, que é apaixonada por Pombinha e lhe apresenta os prazeres de ir para a cama com alguém do mesmo sexo.

Com um final moralista, após tantas traições e seduções, o cortiço pega fogo sem se saber a causa, numa tentativa de "purificar" o local. Mas há de se perdoar, para um livro escrito no final do século XIX.

Essa seria a segunda versão do livro naturalista (a primeira teria sido feita em 1945) assinada pelo diretor, roteirista e produtor Francisco Ramalho Jr., mais tarde responsável por outros filmes de sucesso, como *Das tripas coração*, *O beijo da mulher-aranha* e, mais recentemente, *O casamento de Romeu e Julieta*.

DECAMERON

(Il decameron, Itália/França/Alemanha, 1971, Pier Paolo Pasolini, 112 min.)

O primeiro filme da "Trilogia da Vida", de Pasolini, seria mais belo e inspirador do que o já comentado *Contos de Canterbury*. Desta vez o autor escolhido é o também italiano Giovanni Boccaccio, que tem nove de seus contos vertidos para as telas.

Um grupo de rapazes e moças da alta sociedade resolve se esconder no campo para fugir da "peste negra" que assola a Europa. Instalados numa casa rústica, sem ter muito o que fazer, resolvem começar a inventar contos eróticos.

Freiras insaciáveis abusam de um jardineiro surdo-mudo, até que ele, exausto de ter de dar conta de todo o convento, volta a falar. É o "milagre" do sexo.

Dois jovens amantes são pegos pelos pais da moça dormindo juntos no telhado de sua casa. Enquanto a moça segura no membro do amante que dorme, seus pais discutem as vantagens de os jovens se casarem – afinal, o rapaz é rico. Uma cena absurda, com jogo de interesses e classes sociais, sempre presente nos filmes de Pasolini.

Uma mulher infiel e muito habilidosa nas questões financeiras. Um pintor que descobre estar tuberculoso e tenta enganar a morte. E outras histórias que Pasolini transforma em imagens, sempre de forma pitoresca, com atores desconhecidos e uma naturalidade quase improvisada. Vale uma observação pessoal: os dentes dos personagens masculinos são sempre muito feios, ao contrário dos femininos. Ainda não descobri o motivo. A Globo fez uma minissérie com o mesmo conteúdo e nome dos contos de Boccaccio.

DELÍRIO DE AMOR
(The music lovers, Inglaterra, 1970, Ken Russell, 123 min.)

Numa produção primorosa, tida como uma obra-prima do cinema, Ken Russell traz às telas a vida do compositor russo Tchaikovsky (Richard Chamberlain), homossexual assumido, que não hesita em andar pelas ruas nevadas de Moscou com seus jovens amantes, por vezes alunos, e levar uma vida livre, mesmo estando no século XIX. Apesar de ser um filme europeu, a homossexualidade do protagonista fica resumida apenas a abraços longos em seus amantes, lamentavelmente.

O estilo de vida do compositor começa a lhe cobrar o preço de não conseguir trabalho, ter suas músicas cada vez menos executadas e sua reputação sempre comentada. Além disso, sua música não compreendida é tida como de má qualidade, e em cima de seu piano há sempre bebidas alcoólicas. Para completar, o músico é acometido frequentemente por alucinações, incluindo as que tem com sua mãe (Consuela Chapman), morta por cólera quando ele ainda era uma criança.

Para tentar reverter toda essa situação ruim, por conselhos de amigos e do seu "agente", Tchaikovsky decide arranjar uma esposa. Candidatas não faltam, por sua beleza e talento. Dentre muitas que o desejam, ele escolhe Nina (Glenda Jackson, numa interpretação marcante), que tem o defeito de ser extremamente romântica e sonhadora, obcecada por casar-se e ter filhos; e, para o azar do compositor, é viciada em sexo. Outra admiradora secreta resolve ser sua mecenas, apesar de não querer aparecer, e nutre uma paixão platônica pelo compositor.

Após essa decisão, Tchaikovsky passa a ser atormentado pelo seu ex--amante, o Conde Anton Chiluvksy (Christopher Gable). Enquanto se afasta da mulher para poder compor, sua sogra cafetina a própria filha, que não é satisfeita pelo marido. O ex-amante revela à mecenas que o compositor é homossexual, para vingar-se do abandono, o que a faz terminar com o mecenato.

Com uma vida conturbada, crises de depressão, de carência afetiva e sexual, os delírios de Tchaikovsky vão se refletir em sua música, sempre intensa e pesada, até ele morrer, também de cólera como a mãe, aos 53 anos.

Interpretações corretas num filme bem realizado mas que não chegou a chamar muito a atenção, fato raro para as biografias, talvez por ser um pouco longo e contemplativo, e com um final bem pesado.

DIA DE CÃO, UM

(Dog day afternoon, EUA, 1975, Sidney Lumet, 130 min.)

Dois amigos, Sonny (Al Pacino) e Sal (John Cazale) resolvem assaltar um banco. No meio do assalto, a situação sai do controle e eles acabam passando o dia todo e a noite dentro do banco com alguns reféns, tentando negociar uma fuga segura.

Você pode se perguntar: o que esse filme está fazendo aqui? Um detalhe que pode passar despercebido: o assalto cometido por Sonny visa arranjar dinheiro para pagar a operação de mudança de sexo de seu companheiro Leon. Ou seja, o personagem interpretado por Pacino é homossexual.

E sabe quem faz o papel de Leon, o amante de Al Pacino? Ninguém menos que o lindo Chris Sarandon (ex-marido de Susan Sarandon) – o mesmo irresistível vampiro de *A hora do espanto* – indicado inclusive para o Oscar de Melhor Ator Coadjuvante. Apesar de o filme não ter uma atmosfera leve, a interpretação de Pacino é soberba, assim como a de seu amigo, quase autista, John Cazale. Ganhou o Oscar de Melhor Roteiro Original. O filme foi baseado numa matéria policial de uma revista. Drama pesado.

DIA MUITO ESPECIAL, UM
(Una giornata particolare, Itália/Canadá, 1977, Ettore Scola, 110 min.)

Roma, 1938. Um fato importante vai acontecer: Benito Mussolini e Adolf Hitler vão se encontrar para compor uma união política que, no ano seguinte, vai resultar na Segunda Guerra Mundial. Todos os moradores da cidade correm para a praça principal para presenciar o acontecimento, incluindo o marido de Antonietta (Sophia Loren), um fascista que a trata como se fosse invisível, mantendo-a no monótono trabalho de dona de casa.

Na mesma manhã, um pássaro pousa em sua janela. Poucos minutos depois aparece seu dono para buscá-lo: Gabriele (Marcello Mastroianni), um vizinho que mora no prédio em frente.

Os dois começam a conversar e a se conhecer. Antonietta descobre que Gabriele estava desempregado no momento: acabara de ser demitido da rádio onde trabalhava, pois haviam descoberto sua orientação homossexual.

Antonietta revela que é uma esposa infeliz, sem estímulos por não ter uma formação profissional.

Aos poucos, os dois se abrem e descobrem suas fraquezas, medos, desejos, e um tipo muito especial de amizade surge. Ao longo do dia, vivem uma densa relação humana, compartilhando seus dramas e suas esperanças. Obra-prima de Ettore Scola, com interpretações inesquecíveis de Sophia e Marcello, ícones do cinema italiano.

DIABÓLICOS SEDUTORES
(Something for everyone, EUA, 1970, Harold Prince, 112 min.)

Áustria do pós-guerra. Um jovem muito sedutor e astuto, Konrad Ludwig (Michael York), chega até uma pequena cidade do interior. Num dos seus passeios em busca de oportunidades, vê o castelo da Condessa Herthe von Ornstein (Angela Lansbury), uma nobre viúva que está falindo e perdendo seu glamour.

Ambicioso, ele decide chegar até o castelo, e aos poucos se aproxima da família. Ao mesmo tempo, conhece a linda jovem Anneliese Pleschke (Heidelinde Weis), filha de novos ricos, por quem se interessa.

Intercalando uma família com a outra, Konrad ganha a confiança dos pais de Anneliese e da condessa. Ao mesmo tempo, desperta a paixão do único filho homem desta, o lindo Helmuth (Anthony Corlan – nome usado por Anthony Higgins no início de sua carreira no cinema), e se torna o fiel escudeiro da família. Também interessada no novo empregado da casa está a gordinha, gulosa e estranha Lotte (Jane Carr).

Konrad tem uma ideia para salvar a família do declínio: casar o filho gay com a bela Anneliese, cujos pais dariam um bom dinheiro para manter o castelo funcionando.

Helmuth aceita o plano. Anneliese não sabe da orientação sexual do futuro marido, até que o vê aos beijos com Konrad. Agora o astuto loiro vai precisar tomar providências para tudo não ir por água abaixo.

Filme com um final surpreendente, numa versão mais glamourosa e refinada de *O talentoso Ripley*, com Michael York (muitas vezes só de cueca) mais interessante e malévolo que Matt Damon.

DOIS PERDIDOS NUMA NOITE SUJA
(Dois perdidos numa noite suja, Brasil, 1971, Braz Chediak, 80 min.)

Primeira versão para o cinema de uma das mais famosas peças de teatro do dramaturgo Plínio Marcos. Dois trabalhadores do cais do porto, Tonho e Paco (Emiliano Queiroz e Nelson Xavier, em atuações surpreendentes), dividem o mesmo quarto numa espelunca destinada aos trabalhadores. Tonho é culto e tem mais estofo, enquanto Paco é ignorante e sem modos.

O mais rústico possui um par de sapatos, tudo que o outro mais quer, pois acha que com eles vai subir na vida. A relação ao mesmo tempo amigável e conflitante entre os dois gira em torno de suas diferenças e do par de sapatos.

Por vários momentos, há insinuações sobre a homossexualidade de Tonho, de quem todos tiram sarro pela estranha relação mantida com um negro que controla as atividades no porto. O texto pesado, característico do autor, também reforça as indiretas e os estereótipos. Tonho alimenta mais ainda as desconfianças com seus modos refinados, que não combinam com o lugar e a ocasião. A aproximação com Paco e até seu relacionamento conturbado com o amigo podem apontar para desejos ocultos entre os dois.

Um dia Paco descobre que Tonho tem um revólver, e quer convencer o amigo a realizarem um assalto. Esse fato vai mudar toda a história dos dois.

DOMINGO MALDITO
(Sunday bloody sunday, Inglaterra, 1971, John Schlesinger, 110 min.)

Alex (Glenda Jackson) é uma mulher independente e liberal que leva a vida sem laços afetivos. Porém, gosta muito do artista plástico Bob (Murray Head), que por sua vez mantém um relacionamento com o médico judeu Daniel Hirsch (Peter Finch). Este quer a atenção do jovem médico só pra ele. (Por curiosidade, *hirsch* quer dizer "veado" – o animal – em alemão). Coincidentemente, Alex e Daniel partilham o namorado, o serviço de mensagens fornecido pela companhia telefônica e alguns amigos.

Bob oscila entre um e outro, sem saber ao certo o que quer. Na verdade, ele preza por sua liberdade, e se irrita quando Alex ou Daniel lhe cobram fidelidade ou assiduidade. Ele quer que tudo fique como está, até que toma uma decisão importante que altera a vida de todos os envolvidos com ele.

Apesar do título original e do país de origem, o filme não tem nenhuma ligação com o massacre ocorrido na Irlanda do Norte pouco tempo depois do filme, nem com a música do U2 feita em homenagem ao mesmo massacre. Recebeu quatro indicações ao Oscar em 1972: Melhor Ator (Peter), Melhor Atriz (Glenda), Melhor Diretor e Melhor Roteiro Original (Penelope Gilliatt).

ESTRANHO TRIÂNGULO
(Estranho triângulo, Brasil, 1970, Pedro Camargo, 95 min.)

Durval (Carlo Mossy, aos 25 anos) é um jovem rapaz muito bonito, porém pobre e simples, que veio do interior. Conhecendo os meandros do Rio de Janeiro, ele acaba se envolvendo com um homossexual já mais velho, Werner (José Augusto Branco), que é bastante rico. Usando de sua juventude e beleza, Durval descobre a solução dos seus problemas e é convidado a trabalhar na empresa de exportação de Werner.

Werner está noivo de Suzana (Leila Santos), pois precisa manter as aparências perante a sociedade. Ao conhecer Suzana, Durval se encanta pela moça e é retribuído, deixando de lado a namorada (Lúcia Alves).

O ricaço se casa com Suzana e mantém suas relações com Durval, começando a desconfiar que ele também está transando com sua "esposa". Quando Werner percebe que a relação dos dois está intensa demais e, por ciúme de ambos, resolve se vingar, delata a esposa por adultério, incriminando aquele que seria "seu melhor amigo". Durval acaba perdendo seu posto e consequentemente aquela vida fácil, tendo uma reação inesperada e dando um final surpreendente ao filme.

A película retrata bem a hipocrisia e o falso moralismo dos anos 1960, sempre regidos por regras sociais e pelo dinheiro. Mas não vá com muita sede ao pote, pois o filme mais insinua do que mostra a relação homossexual de Durval e Werner. Afinal, estamos no meio da ditadura militar no país. Destaque para a aparição de José Wilker em seu primeiro filme, como o colega de luta estudantil que divide um quarto com Durval – que por sua vez foi dublado pelo ator Reginaldo Faria.

FIM DE FESTA
(Fim de festa, Brasil, 1978, Paulo Porto, 102 min.)

Márcia (Maria Fernanda) é uma moça rica, educada nas velhas tradições burguesas. Resolveu se casar com Marcelo (Paulo Porto), que acabou se dando bem. Além de ficar com a moça rica, ainda foi trabalhar na empresa do pai dela, se tornando um burguesinho também. Os dois levam uma vida fútil de festas e recepções, e Márcia é cada vez mais insensível, o que causa desentendimentos constantes com Marcelo.

Cansado da vida de fachada que leva, Marcelo abandona Márcia e parte para Angra dos Reis. Lá conhece Lena (Zaira Zambelli), jovem moderna e avançada para a época. Ela tem uma namorada, a escultora Tânia (Denise Bandeira), com quem mora dentro de um barco.

Atraídos um pelo outro, Marcelo e Lena começam um relacionamento, que desperta a fúria e o ciúme em Tânia. A fim de apaziguar a situação, Marcelo acaba dormindo com Tânia e descobre o relacionamento entre as duas mulheres. Para completar, depois de revirar o Rio de Janeiro, Márcia (a ex-mulher) encontra Marcelo no barco das duas. Um acidente vai acontecer, o que vai obrigar todos a seguir rumos diferentes e tomar decisões importantes a partir daquele instante.

GAIOLA DAS LOUCAS, A
(La cage aux folles, França/Itália, 1978, Edouard Molinaro, 110 min.)

Trata-se de um dos clássicos do cinema europeu e mundial. Renato (Ugo Tognazzi), dono de uma boate, tem uma vida cercada de *glamour*, festas e badalações em Saint Tropez, e mantém um romance há anos com o companheiro, e *drag queen* de sua casa de shows, Albin (Michel Serrault), mais conhecido como Zazá.

Um dia, seu filho Laurent (Rémi Laurent) – concebido na época em que Renato se dizia hétero e teve um casamento – resolve visitá-lo para apresentar sua noiva, levando também a família da moça. Está formada a confusão.

Com exceção do filho, ninguém mais sabe que Renato é gay e cuida de uma boate. E muito menos que mantém um relacionamento com uma *drag queen*. A comédia começa quando eles tentam fingir que levam uma vida normal e que seu companheiro Albin é a mãe de Laurent, fingindo ser uma senhora comportada. Detalhe: o pai da noiva é um importante político da região.

Com um final surpreendente, o filme tem atuações memoráveis, com humor fino e situações deliciosas. Foi baseado na peça de Jean Poiret e recebeu três indicações ao Oscar (Figurino, Diretor e Roteiro Adaptado), mas não levou nenhum. Ganhou um Globo de Ouro de Melhor Filme Estrangeiro e um prêmio César. Imperdível. Tanto que mereceu duas continuações com o mesmo elenco. Os americanos tentaram fazer uma versão própria, que não chega nem perto da europeia.

HAIR
(Hair, EUA/Alemanha, 1979, Milos Forman, 121 min.)

Baseado no famoso musical da Broadway, o filme conta a história do jovem Claude Bukowski (John Savage), loiro, lindo, que sai de Oklahoma e vai para Nova York, onde conhece um grupo de hippies, liderado pelo moderno George Berger (Treat Williams), que vaga pela cidade. Num passeio a cavalo pelo Central Park, conhece uma jovem moça rica, Sheila (Beverly D'Angelo), que fica fascinada pelo estilo de vida deles.

Claude, com a ajuda de seus amigos, começa a seguir a moça, e todos fazem as maiores loucuras para trazê-la ao grupo e para que ela e Claude fiquem juntos.

Mas a felicidade dura pouco. Por um viés do destino, Claude é convocado para se apresentar ao exército. Ele vai para o quartel. Morta de saudades, Sheila comenta com Berger, e ele consegue invadir o quartel. Lá, apresenta-se a Claude e propõe ficar em seu lugar para que ele possa ver Sheila por alguns instantes.

Quando pensam que está tudo bem, e que a brincadeira está bem divertida, estoura a Guerra do Vietnã. Berger é enviado para a guerra no lugar de seu amigo e morre em combate.

O motivo de *Hair* estar nessa lista é a quantidade de personagens homossexuais que fazem parte do grupo de hippies, bem como as situações de amor livre citadas durante o filme, um dos lemas dos hippies dos anos 1970. Inclusive, a dedicação de Berger a Claude é extremamente sugestiva.

O filme é uma grande crítica política à Guerra do Vietnã e à quantidade de jovens que nela morreram, além da eterna guerra entre a burguesia e os jovens que lutavam por liberdade e uma vida anárquica. Ao contrário da peça, ninguém aparece nu no filme.

HISTÓRIA DE CHRISTINE JORGENSEN, A
(The Christine Jorgensen story, EUA, 1970, Irving Rapper, 98 min.)

Filme autobiográfico que conta a história da primeira transexual do mundo, George Jorgensen Jr. (John Hansen), que se declarava uma mulher aprisionada num corpo de homem e fez uma cirurgia de mudança de sexo, além de passar por um tratamento com hormônios.

A trama mostra sua infância, período em que George gostava mais de bonecas do que de praticar esportes. Convocado para o exército, aprendeu a esconder seus sentimentos perante os colegas militares.

Na Dinamarca, um grupo de competentes médicos realiza a primeira operação de mudança de sexo da história. Baseado no livro autobiográfico de Christine.

JÚLIA
(Julia, EUA, 1977, Fred Zinnemann, 118 min.)

Anos 20. Lílian (Jane Fonda) e Júlia (Vanessa Redgrave) são amigas de infância que a vida afasta aos poucos para que sigam seus caminhos profissionais. Júlia vai estudar numa renomada universidade na Áustria, enquanto Lílian se torna autora de peças teatrais.

A Segunda Guerra Mundial vai unir as duas amigas novamente. Lílian vai até a União Soviética acompanhar um evento de escritores, e sua amiga Júlia, sempre idealista, resolve lutar contra o regime nazista. As duas se encontram, e Júlia faz um difícil pedido para a amiga: levar uma grande quantia de dinheiro da Rússia para a Alemanha, para ajudar vítimas do nazismo. Esse pedido e seus desdobramentos vão alterar todo o percurso dessas duas mulheres.

Indicado a onze Oscar, levou os de Atriz Coadjuvante (Vanessa Redgrave), Ator Coadjuvante (Jason Robards) e Roteiro Adaptado. O filme foi baseado nas memórias de Lillian Hellman.

LÁGRIMAS AMARGAS DE PETRA VON KANT, AS

(Die Bitteren Tränen der Petra von Kant, Alemanha, 1972, Rainer Werner Fassbinder, 124 min.)

Petra von Kant (Margit Carstensen) é uma estilista de renome. Ao mesmo tempo que é querida e tem muitos amigos, é extremamente depressiva e solitária, fato que se agrava devido a sua arrogância e ao desprezo que sente pelas pessoas que a cercam, pois acredita que todas são falsas.

Tem como sua fiel escudeira sua secretária Marlene (Irm Hermann), com quem tem uma estranha relação de submissão e ódio. Sua melhor amiga é a Baronesa Sidonie (Katrin Schaake), com quem conversa sempre sobre seus desejos. A Baronesa lhe apresenta a pessoa que vai se tornar o grande amor da sua vida e seu grande tormento: a bela Karin (Hanna Schygulla, uma das atrizes mais famosas da Alemanha). Obcecada pela moça, Petra a quer por perto o tempo todo – e a jovem se aproveitar de seu status e de sua carência afetiva.

Durante o filme, beijos, inserções eróticas pelo cenário, discussões sobre o amor, sobre homens e mulheres, relações familiares, posse e submissão – temas preferidos do diretor. A película foi filmada em um só dia, em janeiro de 1972, e é uma adaptação do próprio diretor à sua peça teatral de mesmo nome. Tanto que conserva muito da linguagem teatral, sendo calcada no texto e na interpretação das seis personagens, todas mulheres.

O fato de se passar todo dentro do quarto de Petra é outro resgate do teatro, que tem o palco como limite, apesar de ser também uma característica claustrofóbica de Fassbinder – presente na maioria de seus filmes.

Fassbinder é um dos grandes nomes do cinema alemão, homossexual assumido que sempre traz o tema para suas películas. Conhecido por revelar a transformação intrínseca da sociedade alemã diante do grande impacto causado pela Segunda Guerra Mundial, preferiu compor um drama atemporal, bastante centrado na vertente psicológica de suas personagens, sem qualquer relação direta com o fenômeno histórico.

LUDWIG, O ÚLTIMO REI DA BAVÁRIA
(Ludwig, Itália/França/Alemanha, 1972, Luchino Visconti, 235 min.)

Relato histórico sobre a vida do rei Ludwig (Helmut Berger) da Bavária, desde sua coroação em 1864 até a morte em 1886. Com todo o poder nas mãos, por sua tirania e seus desejos absurdos vai perdendo a capacidade de comando.

Enquanto perde seu governo, vai descobrindo sua homossexualidade e sua insanidade, que o tornarão uma pessoa cada vez mais estranha e isolada. Seus atos questionáveis englobam a construção de teatros, o mecenato ao compositor Richard Wagner (Trevor Howard), a quem paga com dinheiro público, e a construção de diversos castelos (entre eles o mais famoso da Alemanha, o Neuschwanstein).

Ludwing manifesta sua homossexualidade mostrando-se atraído por seu belíssimo irmão, o príncipe Otto (John Moulder-Brown) e envolvendo-se com empregados, soldados e acompanhantes, todos homens e belos. Apaixonado também pela prima, Elisabeth (Silvana Mangano), passa a desejar ainda mais os homens depois que ela se casa com outro.

Filme de época muito benfeito, ainda que muito longo, com ícones de vários países, incluindo a alemã Romy Schneider, que retrata – de forma impactante e sem deixar nada de fora – fielmente a vida de um dos ícones da monarquia europeia.

MACHÕES, OS
(Os machões, Brasil, 1972, Reginaldo Faria, 94 min.)

Escrito, roteirizado, dirigido e estrelado por Reginaldo Faria, esta comédia no melhor estilo chanchada conta a história de três amigos inseparáveis: Didi (Reginaldo Faria), Teleco (Erasmo Carlos) e Chuca (Flavio Migliaccio).

Os três querem pegar o maior número de mulheres do Rio de Janeiro e, observando-as, descobrem uma fórmula. Eles se aproximam de Denise, travesti que na verdade se chama Dênis (Márcio Hathay), e resolvem aprender com ele como se tornar bons cabeleireiros para trabalhar nos salões de beleza badalados da cidade – e, como resultado, se aproximar de mulheres bonitas e ricas.

O plano vai dando certo e eles frequentam as altas rodas, sempre encobertos por seus cômicos disfarces. Porém, para Didi a brincadeira vai se tornando séria e ele descobre sua preferência pelos homens. Mas não se iluda. Isso é comédia, e nada mais sério vai acontecer em relação à descoberta do personagem.

O filme vai mostrar locais emblemáticos do Rio de Janeiro dos anos 1970, além da moda, penteados e maquiagens da época, patrocinados pela – até hoje existente mas não mais tão glamourosa – marca de cosméticos Helena Rubinstein.

No elenco estelar, ícones femininos do cinema na época, como Neuza Amaral, Suzy Arruda, Kate Hansen, Rose di Primo, Monique Lafond, a "viada" Elke Maravilha, entre outras.

MAMÃE FAZ 100 ANOS
(Mamá cumple cien años, Espanha/França, 1979, Carlos Saura, 100 min.)

Continuação do clássico *Ana e os lobos*, é considerada uma obra-prima do diretor espanhol Carlos Saura.

O filme traça um paralelo interessante entre a família e a Espanha da época do regime militarista de Franco. Mamá (Rafaela Aparicio) está numa cama, com a saúde debilitada, mas a percepção continua rápida e aguçada como sempre teve. Prestes a completar 100 anos, ela começa a receber os filhos que vieram para comemorar a data.

Dos cinco filhos, apenas quatro se fazem presentes, até por forças além do filme. O personagem José (do primeiro filme) está ausente e tem-se a informação de que morrera 3 anos antes (o ator, José María Prada, morreu na verdade em 1978). Natalia (Amparo Muñoz) soltou-se das amarras da mãe e se tornou sedutora e ninfomaníaca. Luchi (Charo Soriano), também depois que se afastou da mãe, deixou de ser a garotinha tímida para se tornar uma voraz mulher de negócios. Juan (José Vivó) acabou fugindo com a cozinheira da casa. E Ana (Geraldine Chaplin, filha de Charlie Chaplin), nossa personagem de maior interesse, virou uma mulher masculinizada, na aparência e nos modos, autoritária e com preferências afetivas diferentes das outras irmãs.

Durante o encontro no velho casarão, que desmorona como seus moradores e o país, os filhos começam a articular um ardiloso plano para acelerar a morte da mãe e assim ficar com sua herança.

Ganhador do Prêmio Especial no Festival de San Sebastián, do Prêmio da Crítica no Festival de Bruxelas e indicado ao Oscar de Melhor Filme Estrangeiro.

MANHATTAN
(Manhattan, EUA, 1979, Woody Allen, 96 min.)

Isaac Davis (Woody Allen) escreve programas para a televisão, mas já está saturado do seu trabalho. Ele namora Tracy (Mariel Hemingway), ninfeta de 17 anos, mais para afrontar sua ex-esposa do que por gostar da garota.

A ex-esposa Jill (Meryl Streep), por sua vez, trocou Isaac para viver com Connie (Karen Ludwig), enquanto escreve uma autobiografia em que pretende contar barbaridades sobre o ex-marido.

Nesse meio tempo, Isaac conhece Mary Wilkie (Diane Keaton), que tem um caso com seu melhor amigo Yale (Michael Murphy), casado.

Cansado da situação que vive, Isaac se apaixona por Mary, e bagunça a vida de todos os envolvidos nessa teia de relacionamentos.

Rodado em preto e branco, o filme é tido por muitos como uma autobiografia de Allen, que viveria várias cenas parecidas em sua vida pessoal anos mais tarde. Allen nega e diz que não há nada parecido com ele no filme.

MARÍLIA E MARINA

(Marília e Marina, Brasil, 1976, Luiz Fernando Goulart, 97 min.)

Duas irmãs, Marília (Kátia D'Ângelo) e Marina (Denise Bandeira), após o sepultamento do pai, têm de lidar com a mãe moribunda (Fernanda Montenegro) sofrendo de asma sobre uma cama. Família pobre, a mãe sonha com um casamento para as filhas, a única salvação.

Sem conhecimento da mãe, as irmãs bonitas, jovens e fogosas já têm seu destino traçado. Prostituem-se secretamente, em busca de dinheiro e, quem sabe, do tão sonhado marido rico.

Marina se envolve com Marcelo (Nelson Xavier), um homem casado. Marília, por sua vez, se envolve com o playboy Júlio (Stepan Nercessian), que a leva para corridas de carro e outras rodas de grã-finos. Aos poucos Marília percebe quanto Júlio é fútil, violento e só quer se aproveitar dela. Na noite em que resolve se oferecer finalmente a Júlio, fica com nojo de si mesma e presume que o rapaz não compensa tal sacrifício.

Aos poucos a vida de noitadas torna as duas irmãs cada vez mais próximas, mostrando o quanto aquilo não faz sentido. De forma irreversível, começam a ficar conhecidas e faladas pela sociedade carioca, mais precisamente pelas ruas de Botafogo.

Cada vez mais próximas, e com um sentimento cada vez mais forte uma pela outra, um incesto amoroso começa a surgir. Até que um dia tomam uma decisão: acabar com aquele sofrimento de vida.

O filme e seu roteiro foram baseados no longo poema de Vinícius de Moraes "'Balada das duas mocinhas de Botafogo", que por sua vez foi inspirado num fato verídico ocorrido no Rio, na década de 1950. Primeiro filme do cineasta Luiz Fernando Goulart. Apesar de inserido na fase da pornochanchada, o filme procura manter o tom lírico do poema e mostrar um Rio de Janeiro como cidade bucólica, de valores morais mais clássicos.

A polêmica criada pelas cenas de amor entre as duas protagonistas fez do filme um grande sucesso de público, arrastando mais de 700 mil espectadores aos cinemas, número expressivo para a época. O filme ganharia uma versão curta-metragem em 2006.

MIL E UMA NOITES, AS
(Il fiore delle Mille e Una Notte, Itália/França, 1974, Pier Paolo Pasolini, 130 min.)

Terceiro filme da chamada "Trilogia da Vida" de Pasolini, diretor italiano assumidamente homossexual, tem como base o famoso livro árabe *As mil e uma noites*, compilação de vários contos originários do Oriente Médio, dos quais muitos inspiraram filmes igualmente conhecidos.

Nur Ed Din (Franco Merli), jovem de 18 anos de muitas posses, decide comprar uma escrava. Num mercado persa, conhece Zumurrud (Inês Pellegrini), que se torna sua escrava e posteriormente grande paixão.

Numa tarde, Nur sai para vender os primorosos tecidos que Zumurrud faz, quando ela é levada por ladrões. Ao voltar, Nur encontra a casa vazia e começa sua busca desesperada por sua apaixonante escrava.

Durante essa busca, ele vai conhecer personagens inusitados, que sempre vão colocá-lo em situações que envolvam amor e sexo, ou vai ouvir histórias (muitas baseadas no livro) que também envolvem amor, sexo, vida e morte.

Como em todos os filmes de Pasolini, não faltam homens jovens e bonitos, gente nua, cenas explícitas e cenas de amor entre pessoas do mesmo sexo. O filme é considerado o mais bonito (e o mais longo também) da trilogia do cineasta, com tomadas feitas no Irã, Nepal, Etiópia, Índia, Iêmen do Norte e Iêmen do Sul. Ganhou o Grande Prêmio do Júri do Festival de Cannes em 1974. Há uma versão anterior, de 1942, e outra posterior, de 2000. Foi barrado pela censura brasileira e só chegou aqui cerca de dez anos após sua produção.

MORTE EM VENEZA

(Morte a Venezia, Itália/França, 1971, Luchino Visconti, 130 min.)

Um compositor e músico alemão de meia-idade, Gustav von Aschenbach (Dirk Bogarde), referência ao compositor Gustav Mahler, resolve se recolher a um hotel na costa de Veneza (Itália) em meio a uma crise criativa. Ele sabe que a região está infestada por uma grave doença, a peste asiática, e que todos podem se contaminar a qualquer momento.

Durante sua estada ele avista a figura quase andrógina de Tadzio (Björn Andrésen, ator sueco com 16 anos na época). Loiro, magro, de cabelos longos e com um olhar cativante, o menino passa a ser o objeto de desejo do compositor, que, entre devaneios e tentações, tenta de tudo para perder o medo e se aproximar dele, como um de seus últimos desejos. Para Gustav, Tadzio é a representação perfeita da beleza e da inocência, como a arte.

Clássico do cinema europeu, foi um marco na carreira do ator, porém motivou grande polêmica e foi muito criticado por mostrar a relação de desejo (mesmo que platônica) entre um homem mais velho e um adolescente. Adaptado da novela do alemão Thomas Mann.

MULHER PARA SÁBADO, UMA

(Uma mulher para sábado, Brasil, 1970, Maurício Rittner, 84 min.)

Um final de semana vai ser decisivo para o destino de quatro amigos. Doriane (Adriana Prieto) é pretendente de Loco (Flávio Porto), que convida o amigo Nando (Miguel di Pietro) e outra amiga, sem nome no filme (Inês Knaut), para ir à casa de Ilhabela (SP). Doriane e Loco são jovens ricos, porém Nando e a outra amiga vivem em outra realidade.

Durante o final de semana, um *ménage* entre os quatro acontece, e as consequências começam a aparecer. Nando, apesar de ter uma namorada (Júlia Miranda), apaixona-se por Doriane, que é apaixonada por Loco. Na volta a São Paulo, Nando resolve procurar Doriane, mesmo sabendo que isso pode destruir a amizade de infância que tem com Loco. Seu objetivo é ter a moça e livrar-se da vida medíocre que leva.

O filme enfoca bem as diferenças sociais entre ricos e pobres na fase de incertezas dos anos 1970, e a relação de disputa entre os homens, seja na cama ou fora dela. Baseado no livro *As regras do jogo*, de Mário Kuperman.

NOS EMBALOS DE IPANEMA
(Nos embalos de Ipanema, Brasil, 1978, Antônio Calmon, 100 min.)

Toquinho (André de Biase, lindo, aos 22 anos, com seu famoso cabelo Pequeno Príncipe) é um jovem pobre que vive em Marechal Hermes, bairro do subúrbio do Rio de Janeiro, com a mãe (Yara Amaral) e uma irmã mais nova. Ele é ambicioso e sonha em mudar de vida.

A maior parte do tempo passa surfando na Pedra do Arpoador, na praia de Ipanema, pois um dos seus sonhos é se tornar um surfista famoso.

É na praia que ele vai conhecer Patrícia (Zaira Zambelli), moça rica e liberal, que resolve se envolver com o belo rapaz, que finge ser rico, apesar de ele já namorar a também pobretona Verinha (Angelina Muniz), com quem se encontra às escondidas numa casa abandonada ao lado da sua. Para impressionar Patrícia e atender aos seus caros desejos, decide aceitar o "agenciamento" de Das Bocas (Roberto Bonfim) e ceder às propostas de um gay rico, André (Paulo Villaça), que, em troca de seus encontros sexuais, promete ao rapaz uma viagem ao Havaí para um campeonato de surfe. Aos poucos André se apaixona por Toquinho, que arranca dele rios de dinheiro.

Verinha também quer mudar de vida e resolve ceder às cantadas de seu chefe (Stepan Nercessian), pelos mesmos motivos de Toquinho. O imbróglio amoroso está formado.

Apesar do foco temático forte, não há cenas de nu, nem beijos entre o garoto e seu mecenas. Tudo é dito no texto, mas fica só no texto. E o final, para variar, é um tanto moralista.

Muitos gays são retratados no filme, como os que ficam na Pedra do Arpoador "agenciando" garotos para os coroas, o gerente de um motel que Toquinho frequenta, entre outros. Classificado como comédia, é uma realidade verdadeira demais para risadas. E, passados 30 anos, nada mudou.

PAIXÃO SELVAGEM
(Je t'aime moi non plus, França, 1976, Serge Gainsbourg, 89 min.)

Numa lanchonete caída de beira de estrada trabalha a masculinizada Johnny (Jane Birkin). Os frequentadores do local são em sua maioria caminhoneiros, e entre eles o loiro e belo Krassky (Joe Dallesandro). Johnny se interessa por ele, mas seu chefe, Boris (René Kolldehoff), joga um balde de água fria: Krassky é gay e comprometido com Padovan (Hugues Quester).

Mas um fato curioso acontece. Por seu jeito e seu nome, Krassky começa a se interessar por Johhny, pensando que é um rapaz. E pior, seu namorado fica sabendo e não gosta nada da história, jurando tomar providências.

Para constar, Joe Dallesandro foi um dos ícones gays nos anos 1960 e 1970. Aos 18 anos, trabalhou como modelo das famosas revistas de fisiculturismo – que nada mais eram do que revistas de nu masculino disfarçadas, pois na época não podiam ser declaradamente gays. A *Physique Pictorial* e a *Athletic Model Guild* eram do famoso fotógrafo Bob Mizer, célebre por descobrir rapazes bonitos e com corpos perfeitos. Nem o ator Arnold Schwarzenegger escapou de sua lente.

Um dia, em 1967, Joe andava pelo Greenwich Village quando parou para ver uma filmagem pela fresta de uma porta semiaberta. Ao ser visto, foi convidado pelos cineastas a participar da cena: uma luta entre homens só de cuecas. Os cineastas eram ninguém menos que Andy Warhol e Paul Morrissey. Isso é o que se pode chamar de espiada de mestre!

PANTERA NUA, A

(A pantera nua, Brasil, 1979, Luiz de Miranda Corrêa, 102 min.)

Este filme conta a história de Norma (Rossana Ghessa), menina de família de classe média, cujo pai trabalha de terno e gravata numa empresa e a mãe é costureira. Imaginando dar um salto na vida, Norma decide posar nua para uma revista – sem contar ao pai, é claro.

Seu pai descobre da pior maneira, quando vira chacota entre os colegas de trabalho, que babam nas fotos de sua filha.

O plano de Norma quase dá certo. Pensando que suas fotos atrairiam ricaços interessados em seu corpo, ela atrai a atenção de Marcelinho (creditado apenas como Amândio), um jovem gay que, para ter direito à herança do pai, precisa se casar.

Norma aceita a proposta, e os dois marcam o casamento por conveniência. Ela para ficar com o dinheiro dele; ele para ficar com a herança do pai.

Sabendo que terá de procurar amor e sexo em outros braços, Norma conhece o então "ricaço" Lincoln (Roberto Pirillo), um belo rapaz que finge ser rico e dono de fazendas. Ele pensa que Norma é rica, e não sabe do acordo com Marcelinho. Norma pensa o mesmo do rapaz, que não passa de um golpista. Os dois se juntam, achando que estão se dando bem, até que uma ex-amante de Lincoln aparece para revelar todas as farsas.

O filme tem um argumento fraco. Apesar de incluir um gay na história, o objetivo principal era mostrar o máximo de mulheres nuas possível. Até as clientes da mãe de Norma tiram a roupa ao experimentar suas costuras. Enquanto alguns filmes primavam por conteúdo, outros, no sentido oposto, apenas ocupavam o vazio das telas, visto que mulheres nuas não atingiam a censura, principalmente no final dos anos 1970, quando a rigidez já estava se desmantelando.

PINK FLAMINGOS
(Pink flamingos, EUA, 1972, John Waters, 108 min.)

Trata-se de um achado cinematográfico que lidera uma lista de filmes nonsense (sem sentido), ou os chamados trash (lixo) ou filmes B, ou seja, tudo que foge do convencional comercial. Mas esse vai além.

Babs Johnson (Divine) é uma criminosa e assassina de Baltimore que vive com sua família bizarra num trailer caindo aos pedaços. Sua mãe, Mama Edie (Edith Massey), tem o estranho hábito de engolir ovos inteiros. Seu irmão Crackers (Danny Mills) é esquisito e tem cara de astro de rock. Sua amiga Cotton (Mary Vivian Pearce) é uma perua que destoa completamente dos demais.

Esses personagens são perseguidos por uma dupla igualmente bizarra, o casal Marble: Raymond (David Lochary) e Connie (Mink Stole), outra perua deslumbrada. Num dia em que a família deixa o trailer vazio, ateiam fogo nele. Tudo por vingança pelo fato de Babs saber de atividades ilícitas, como vender drogas para crianças na porta de escolas e sequestrar mulheres grávidas para, após o nascimento dos bebês, entregarem-nos para casais de lésbicas.

Babs, ao chegar, encontra o trailer e sua moradia destruídos. E promete vingança, que irá fazer num julgamento tão hilário quanto todo o resto do filme.

O filme foi rodado com dez mil dólares emprestados. Algumas cenas foram filmadas no apartamento do diretor, outras em uma fazenda e no trailer comprado por 100 dólares para queimar depois. Como curiosidade e bizarrice, o final do filme inclui a famosa cena em que Divine, rainha do trash, come cocô de um cachorro, cena esta feita sem cortes ou montagens.

Waters se tornou ícone desse estilo de filme não comercial, que misturava comédia, dramas absurdos e muita bobagem, com orçamentos baixos, câmeras na mão e tudo o mais que fugisse do convencional. Era o reinado da contracultura, do contracapitalismo. Estranhamente, seu estilo de cinema arrebatou uma legião de fãs que compartilhavam dessa mesma ideia. Um certo "hippismo" cultural, conceito muito presente na década de 1970.

Divine, nome artístico de Harris Glen Milstead, era uma *drag queen* famosa nos anos 1970, principalmente pelos filmes de Waters. Gorda (com 150 quilos), com maquiagem inconfundível e careteira, chegou a inspirar dezenas de outras drags, incluindo a brasileira Kaká Di Polly. Tornou-se um ícone do mundo gay e de caricatas de todo o planeta, morrendo precocemente por causa do excesso de peso aos 43 anos, após um currículo de 13 filmes.

POR UM CORPO DE MULHER

(Por um corpo de mulher, Brasil, 1979, Hércules Breseghelo, 90 min.)

Vítor (Armando Bogus) é um famoso fotógrafo que se especializou em retratar belas mulheres. Todas querem ser clicadas pelas lentes dele. Todas passam por seu estúdio, menos a sua esposa, Mônica (Sílvia Salgado), que também quer ser modelo, mas Vítor a proíbe.

Júlio (Roberto Miranda), assistente ambicioso de Vítor, sonha em ser tão famoso quanto seu chefe. Para atingir seus objetivos, resolve fotografar Mônica e Vanda (Helena Ramos), a irmã lésbica de Carlos (Carlos Fróes), o agenciador das modelos. Isso, claro, sem que ninguém fique sabendo.

Até que modelos começam a aparecer mortas, sempre após posarem para Vítor, o que o torna o principal suspeito dos assassinatos. Numa trama bem bolada e cheia de suspense, todos começam a se tornar suspeitos, até que o final surpreendente vem à tona.

Com um elenco estelar, o destaque fica para as cenas de sexo entre Vanda, a famosa atriz de pornochanchadas Helena Ramos, e Mônica, interpretada por Sílvia Salgado.

RAINHA DIABA, A
(A Rainha Diaba, Brasil, 1974, Antônio Carlos Fontoura, 100 min.)

Na Lapa do Rio de Janeiro, no quarto dos fundos de um prostíbulo, o chefe do tráfico de drogas, homossexual, apelidado de Rainha Diaba (Milton Gonçalves), decide criar um bode expiatório para ajudar seu amante a fugir da cadeia por tráfico com estudantes.

Sua gangue, sob o comando de Zeca Catitu (Nelson Xavier), usa o jovem Bereco (Stepan Nercessian) como laranja, mas ele escapa da polícia e decide se tornar ele próprio um vendedor de drogas, desafiando o comando da Rainha Diaba e iniciando uma guerra entre traficantes.

O filme foi livremente inspirado na figura de Madame Satã, personagem real da história do Rio de Janeiro, e teve seu argumento escrito pelo excelente dramaturgo Plínio Marcos. Um dos raros filmes brasileiros da década de 1970 que faz menção à tortura, assunto proibido pela ditadura na época. A atuação magistral de Milton Gonçalves, um gay cercado de plumas, paetês, bandidos e traidores, rendeu vários prêmios ao filme e participação em vários festivais.

RAPAZES DA BANDA, OS
(The boys in the band, EUA, 1970, William Friedkin, 118 min.)

Anos 70. Michael (Kenneth Nelson) resolve abrir sua cobertura em Manhattan para receber os amigos e comemorar o aniversário de Harold (Leonard Frey). Começam a chegar os convidados, todos gays já na faixa dos 35 a 40 anos e de diferentes tipos: uma mais pintosa, Emory (Cliff Gorman), um negro, os mais comportados, os mais elegantes, os solteiros e os "com caso", como se diria na época. E o aniversariante não chega.

No meio da festa, aparece um ex-colega de faculdade de Harold, o belo e elegante Alan (Peter White), hétero e casado. Ao deparar com aqueles tipos, Alan fica extremamente deslocado, tanto quanto o anfitrião Michael. Enquanto conhece os convidados, ciúmes começam a rolar entre os presentes. Após uma tentativa de ir embora, ele se desentende com Emory e sua saída é adiada.

Nesse meio tempo, aparece na porta de Michael um loiro lindo (Robert La Tourneaux), um michê vestido de caubói, presente de Emory para Harold, que aparece à meia-noite – referência ao filme *Perdidos na noite (Midnight cowboy*, 1969), também neste livro. O caubói beija Michael achando que ele é o aniversariante.

Quando a briga ainda está rolando e o caubói está tentando entender quem é quem, chega o esperado Harold: um gay mais velho, com um visual de Reginaldo Rossi e um humor ácido e ferino. A festa está completa.

Harold passa a festa admirando e desdenhando o caubói – que é lindo, mas burro. Emory vai se estranhar com Alan o resto da noite, enquanto Hank (Laurence Luckinbill), um dos companheiros do único casal da festa, tenta abordá-lo. Troca de farpas e insultos vão aumentando conforme a festa passa e todos bebem a mais.

Uma chuva começa e todos entram. Michael propõe um jogo: cada um vai pegar o telefone, ligar para a pessoa que ama e falar para ela. Ganha pontos quem tiver coragem de ligar e, mais ainda, de falar. Para quem cada um vai ligar? O jogo, os telefonemas, a tensão e as revelações começam.

Por ser baseado numa famosa peça teatral *Off-Broadway* (de Mart Crowley, 1968), o filme mantém muito de sua linguagem, ou seja, se passa num único cenário, e toda a ação está focada no texto ácido, inteligente e rápido dos nove personagens fixos e verborrágicos.

Curiosidades rondam o elenco: o mais afetado, Cliff Gorman, era hétero na vida real. Por uma coincidência trágica, dos nove atores do elenco, cinco deles (Kenneth, Frederick, Keith, Robert e Leonard) morreram em decorrência da aids, entre os anos 1980 e 1990, incluindo o lindo caubói.

A peça teve uma versão no Brasil, com direitos adquiridos por John Herbert, e ganhou uma montagem com elenco de peso, com nomes como Walmor Chagas, Raul Cortez, Dennis Carvalho e Benedito Corsi. Porém, a censura a tirou de cartaz logo após sua estreia.

ROCKY HORROR PICTURE SHOW
(Rocky horror picture show, Reino Unido/EUA, 1975, Jim Sharman, 100 min.)

Janet (Susan Sarandon) acaba de ser pedida em casamento pelo seu noivo Brad (Barry Bostwick). Decididos a ir para bem longe de Denton, Ohio, o casal entra no carro e segue pela estrada. Eis que anoitece e começa a chover, como no melhor estilo dos filmes de terror. No meio da jornada o carro quebra. Com medo de ficar na estrada, e na chuva, eles vão procurar um lugar para se abrigar. Até que encontram um castelo macabro.

Seu dono é o Dr. Frank-N-Furter (Tim Curry), um meio cientista maluco, meio travesti, meio cantor, meio drag, que acolhe os dois em sua casa. Ao entrar, descobrem que acabaram de chegar a um evento de peso: o encontro anual dos alienígenas do Planeta Transexual, da Galáxia de Transilvânia.

E é no meio desse evento que o Dr. Frank vai apresentar sua mais nova invenção: um protótipo meio homem, meio robô, que tem a figura de um loiro lindo, jovem e forte, batizado como Rocky Horror (Peter Hinwood). Criado com partes de outros homens, ele tem o objetivo de satisfazer a fome sexual de seu criador. Com certeza, Janet e Brad terão uma lua de mel inesquecível.

Esse poderia ser considerado o primeiro besteirol americano, como os atuais, que fazem paródias de diversos filmes. Com uma mistura de musical (as músicas são famosas até hoje), filme de ficção e de terror, ele faz uma série de referências a outros clássicos, como Frankenstein, Star Trek, entre outros. Vale lembrar que na época os filmes de ficção científica estavam em alta. São várias também as citações de obras de arte famosas da humanidade.

Tudo é muito absurdo, a começar pelos figurinos e os efeitos visuais, toscos e mal-acabados. Só não se sabe se devido à falta de dinheiro ou intencionalmente.

O papel principal foi desejado por Mick Jagger, que ficaria perfeito, mas Tim Curry levou a melhor. É a primeira aparição relevante de Susan Sarandon na grande tela.

O filme não fez nenhum sucesso em sua estreia, nem quando chegou ao Brasil, cinco anos depois, nos anos 1980. Aos poucos, foi arrebatando uma legião de fãs, que cultuam o filme trash até hoje. Um cinema na Alemanha exibe o filme há 35 anos, desde a sua estreia, em uma sugestiva sessão à meia-noite. Grupos no Canadá, EUA e Inglaterra imitam as músicas e coreografias do filme até hoje. É daquelas febres inexplicáveis.

SALÓ OU OS 120 DIAS DE SODOMA
(Salò o le 120 giornate di Sodoma, Itália/França, 1975, Pier Paolo Pasolini, 145 min.)

O gênio Pasolini, neste seu último filme, deixou a mais incômoda obra do cinema mundial até hoje.

Filmado em uma mansão no interior da Itália, ele se passa na época do nazismo. Dezesseis jovens, garotas e rapazes, começam a ser sequestrados na cidade de Saló. Em comum, o fato de serem, ou de terem, pais que são contra o regime nazista. Os pais muitas vezes são mortos pelos soldados, e os filhos levados à revelia. Quem se rebelasse seria morto pelo caminho.

Os jovens então chegam à mansão, controlada por ricaços, homens e mulheres, que resolvem fazer um misto de festa, sarau, orgia, tudo a fim de saciar seus desejos artísticos e sexuais.

Numa crítica à sociedade italiana na época, que parece estar à parte do que acontece em toda a Europa, os anfitriões estão sempre bem-vestidos e se comportam como se sequestrar jovens para satisfazer seus desejos fosse a coisa mais normal do mundo.

Entre recitais de piano, de poesia e interpretações de cenas teatrais, intercalam-se atos sexuais feitos com os jovens presos, quase sempre nus. Eles são obrigados a transar entre si, com os senhores e senhoras que lhes ordenam, com os soldados, e qualquer negação resulta na morte.

E para regerem seus desejos, os mandantes (e o diretor) utilizam os livros de Marquês de Sade como referência, como o *Círculo de manias*, *Círculo da merda* e *Círculo do sangue*. A cena em que um banquete de fezes é servido aos prisioneiros, em rechôs de prata, é uma das mais marcantes e asquerosas da sétima arte.

O tom político do filme acaba se tornando muito datado e regional. Só quem viveu ou estudou a época vai entender toda a crítica ao nazismo, ao fascismo, e a submissão e degradação da Itália na época. Fora desse contexto, o filme se torna uma sequência de cenas sádicas, bizarras e até mesmo despropositadas, com atuações questionáveis.

Em entrevistas feitas logo após as filmagens, os atores, amadores em sua maioria, marca registrada de Pasolini, contam que desconheciam detalhes do roteiro, e suas reações são fruto legítimo das surpresas que apareciam à sua frente.

Como referência histórica, Saló foi a cidade italiana que sediou a capital da República Social Italiana quando Roma foi tomada pelos aliados, e Mussolini teve de se render aos alemães para não ser banido do cargo.

Vale lembrar que em 1975 o mundo ainda via resquícios da ditadura e da censura de regimes rígidos. Esta seria a obra final de Pasolini, encontrado morto num terreno baldio após colocar em seu carro um garoto de programa. Até hoje se especula se o garoto o teria matado inconscientemente ou se teria sido enviado por militares na época para dar fim ao incômodo diretor. Muitos atribuem sua morte à extrema ousadia do filme, que estava sendo montado quando o fato ocorreu.

Sua estreia causou comoção em todo o mundo, pois culminou com a notícia do assassinato do diretor; ao mesmo tempo, seu conteúdo reuniu extremistas que queriam destruir os negativos e colocar fogo nas salas de cinema. Em alguns países, o filme está proibido até hoje. No Brasil, só foi exibido em 1989, 24 anos depois de terminado.

TODA NUDEZ SERÁ CASTIGADA
(Toda nudez será castigada, Brasil, 1973, Arnaldo Jabor, 102 min.)

Certo dia, Herculano (Paulo Porto) vai pra casa, onde espera encontrar a esposa e o filho. Ao chegar, depara com um gravador de rolo ligado. Intrigado, ele começa a ouvir a gravação. Nela, sua esposa Geni (Darlene

Glória), ex-prostituta, começa a contar vários segredos de sua vida. É nesse ponto que o filme volta, em *flashback*, para o início da história.

O então viúvo Herculano passa dias e noites bebendo, enquanto chora a morte da esposa rodeado pelas três tias e pelo irmão. Até que todos se cansam dessa situação, e seu irmão Patrício (Paulo César Pereio) apresenta – por intermédio de uma foto – a prostituta Geni a Herculano.

Os dois se apaixonam loucamente, e Herculano promete casar com ela. Só há um problema: quando da morte da esposa, Herculano prometera a seu filho de 18 anos, Serginho (Paulo Sacks) que jamais teria outra mulher.

Serginho, um menino tímido, de cabelos compridos, fica sabendo da entrada de Geni na vida do pai e volta do interior para interferir no casamento. Ao chegar, flagra os dois aos beijos e foge para as ruas, indo parar num bar, onde se envolve em confusão e acaba sendo preso.

Na cadeia, Serginho é estuprado pelo chefe da cela, conhecido como "Ladrão Boliviano" (Orazir Pereira). Ao parar no hospital, conhece Geni e se apaixona por ela, sendo correspondido. Daí para a frente, serei castigado se contar mais. Destaque para a pequena participação de Sérgio Mamberti, que faz um gay que cuida do bordel onde Geni trabalha.

Cheio de reviravoltas e com um final surpreendente, é um clássico do cinema nacional, baseado na famosa peça de Nelson Rodrigues escrita em 1965. Depois de dois meses de exibição, foi tirado dos cinemas pela censura, que alegava que a película incitava o "homossexualismo". Ao mesmo tempo, ganhava o Urso de Prata no festival de Berlim.

Darlene Glória se entregou tanto ao papel que nunca mais conseguiu desvincular sua imagem dele. No teatro, o mesmo papel foi de Cleyde Yáconis, e alcançou tanto sucesso que originou a famosa música de Chico Buarque.

Década de 1980

Cores de Frida Kahlo

Finda-se de vez a censura. Os regimes autoritários caem por terra. Em 1985 acaba o último governo militar do Brasil. Um novo presidente é eleito pelo Colégio Eleitoral, o primeiro presidente da nova era democrática. Tancredo Neves é escolhido, mas falece antes de tomar posse. Assume o cargo José Sarney.

O povo vai às ruas para pedir as diretas-já, para escolher seus representantes, mas só é atendido em 1989, quando elege seu primeiro presidente por meio das urnas do povo: Fernando Collor de Mello.

Com tantas grades sendo quebradas, é uma época profícua para o cinema em geral, e mais ainda para o cinema gay. Agora o assunto não é mais subliminar, e as cenas são ousadas, explícitas e fortes. Homens e mulheres gays saem dos papéis secundários e tristes para viverem protagonistas felizes, bonitos e amados.

Dos Estados Unidos surgem clássicos como *Essa estranha atração* e *Minha adorável lavanderia*. E a continuação dos musicais, sempre com a presença forte de gays, como *Fama*.

Na Europa, surge um dos maiores ícones do cinema gay europeu, Pedro Almodóvar, que traz filmes inesquecíveis vindos da Espanha. Com um estilo oposto, Fassbinder vem da Alemanha com o seu marcante *Querelle*. Da Inglaterra, o clássico *Maurice*, com um Hugh Grant ainda desconhecido.

No panorama nacional, Nelson Rodrigues ainda é o autor da vez, com os pesadíssimos *Os sete gatinhos*, *Engraçadinha* e *Beijo no asfalto*. Sônia Braga faz carreira internacional no complicado *Beijo da mulher-aranha*. E as mulheres estão mais presentes nos clássicos *Tessa*, *A gata* e no sombrio *Vera*.

A presença dos transexuais e travestidos, assunto meio renegado até então, é forte nessa década. *Tootsie* questiona esse ponto fortemente, seguido por *Victor ou Victória?*, uma deliciosa comédia musical. Lilica, personagem meio marginal e meio travesti do filme *Pixote*, torna-se um dos mais marcantes do cinema nacional.

No sentido inverso, *Yentl* traz a mesma proposta, uma mulher que tem de se travestir de homem para poder sobreviver numa sociedade machista. *A gaiola das loucas* europeia traz duas excelentes continuações. Uma leva de mais de cinquenta filmes notáveis ilumina as telas dessa fervilhante década.

● ●

AMOR DE SWANN, UM
(Un amour de Swann, França/Alemanha, 1984, Volker Schlöndorff, 110 min.)

Versão para o cinema do primeiro livro da saga do francês Marcel Proust (1871-1922), *Em busca do tempo perdido: no caminho de Swann*, de enorme sucesso no início do século passado.

Ambientado na Europa pré-Primeira Guerra Mundial, conta a história do jovem Swann (o inglês Jeremy Irons), que conhece a prostituta de luxo Odette de Crecy (a italiana Ornella Muti) e resolve se casar com ela. Odette tem algo que desperta toda a curiosidade de Swann: seu passado promíscuo. Ao mesmo tempo que lhe causa asco, por saber que muitos homens da alta sociedade já dormiram com ela, também o excita, por reconhecer sua capacidade sexual.

Quando ele vai aos locais onde ela trabalhava a fim de conhecer mais sobre sua vida pregressa, descobreque Odette não só frequentava a cama de homens como a de mulheres também.

Ainda no elenco, os franceses Alain Delon e Fanny Ardant, dirigidos por um alemão (Volker Schlöndorff) e filmados por um sueco (Sven Nkyvist), famoso diretor de fotografia. Uma verdadeira comunidade europeia.

AMOR MALDITO

(Amor maldito, Brasil, 1984, Adélia Sampaio, 76 min.)

A bela empresária Fernanda Maia (Monique Lafond) conhece a ex-miss Suely (Wilma Dias), iniciando um romance tórrido numa época não tão aberta assim. Fernanda gosta só de mulheres, mas Suely gosta da fama, e vê na estabilizada Fernanda uma forma de resolver seus problemas.

Suely se muda para o apartamento de Fernanda e não desiste de ser famosa. Conhece o jornalista Jorge (Mário Petraglia) e vê nele mais uma chance de se dar bem, começando um caso com o rapaz nas barbas da namorada.

Um belo dia Suely descobre que está grávida de Jorge e vê sua carreira de modelo destruída pela gravidez. Ao mesmo tempo, Jorge se apavora com o deslize e a abandona. Arrependida pelos erros cometidos, Suely volta ao encontro de Fernanda e, por fim, acaba por se suicidar pulando pela janela do apartamento.

Sem que todos saibam do verdadeiro relacionamento entre as duas, Fernanda acaba sendo acusada como assassina da moça, por sua estreita ligação com ela. A hipótese de suicídio é deixada de lado, num tom moralista, como se duas moças não pudessem viver juntas sem que isso envolva algum crime.

O filme segue nos tribunais, onde advogados de defesa (Tony Ferreira) e de acusação (Vinicius Salvatori) vão se digladiar para inocentar ou não a moça. Nesse teatro jurídico, muito julgamento de valor e muito moralismo, que ainda imperava naqueles anos 1980 – pós-revolução sexual, mas não para as pessoas do mesmo sexo. Estariam eles julgando Fernanda ou a própria homossexualidade?

Por fim, a moça é absolvida da morte da namorada, e o filme termina numa cena piegas em que Fernanda escreve "só eu te amei" no túmulo da amada.

A tentativa de falar sobre o tema é boa, ousada, principalmente pelo empenho das atrizes, que não tiveram medo de ficar marcadas. Mas o filme ainda é amarrado, cheio de "mensagens" subliminares. E a morte de uma delas parece vir sempre como um "castigo divino" por elas se gostarem.

Fora das telas, fica o registro macabro de que Wilma Dias, a atriz que se suicida no filme, morreria de um infarto aos 37 anos de idade, 7 anos após o filme.

AMOR NÃO TEM SEXO, O
(Prick up your ears, Reino Unido, 1987, Stephen Frears, 111 min.)

Filme baseado na história da vida espetacular do teatrólogo britânico Joe Orton e em sua morte violenta. Narrado pela ótica de sua melhor amiga, Peggy Ramsay (Vanessa Redgrave), o filme retrata a vida de Orton (Gary Oldman), que sempre foi assediado por homens mais velhos. Durante os estudos, conhece o reservado ator Kenneth Halliwell (Alfred Molina) e os dois começam um relacionamento que não é claramente baseado em sexo, pois ambos têm muito em comum.

Paralelo ao relacionamento, e com o conhecimento de Halliwell, Orton adora os perigos das saunas e das paqueras em locais e banheiros públicos. Halliwell por sua vez é careca, não é tão charmoso nem atraente quanto Orton e não gosta desses tipos de brincadeira. Quando os dois começam a escrever peças teatrais, Orton logo atinge a fama com textos que se tornam grandes sucessos na Londres dos anos 1960.

Ele é então cogitado para escrever um roteiro para os Beatles. Mas o sucesso e as aventuras de Orton acabam por levar Halliwell à loucura, tornando-o responsável por tirar tanto a vida de Orton como a sua. Baseado na biografia escrita por John Lahr.

ANJOS DA NOITE
(Anjos da noite, Brasil, 1987, Wilson Barros, 110 min.)

Homenageando o cinema e o teatro, esse filme mistura realidade e ficção na história entrelaçada de vários personagens. Mauro (Chiquinho Brandão) é ator numa peça de teatro dirigida por Jorge (Antonio Fagundes), na qual faz o papel de um transformista assassino. Depois do espetáculo se transforma na *drag* Lola, que canta pelas boates de São Paulo.

Ted (Guilherme Leme, estreando no cinema) é um garoto de programa que vai se encontrar com um antigo namorado e agora cliente, Guto (Marco Nanini), amigo da atriz decadente Marta Brum (Marília Pêra). A aluna universitária Cissa (Bé Valério) vai fazer um trabalho com vídeos na casa da rica Malu (Zezé Motta), onde conhece sua assistente Milene (Aida Leiner) e seu empregado Bimbo (Aldo Bueno) e acaba transando com os dois.

Bimbo foi chamado por Malu para assassinar um rico empresário a mando de Fofo (Cláudio Mamberti), mas acaba matando o homem errado, numa cena que não sabemos se é real ou se faz parte te um filme. O mesmo acontece com o rapaz morto na banheira por Lola: ora pensamos ser uma cena de peça, ora parece ser uma morte real.

Trata-se do único filme de Wilson Barros, que demonstrava um futuro promissor no cinema, mas infelizmente faleceu em decorrência da aids. História contada quase em ordem cronológica, mostra diversos locais gays de uma São Paulo que não existe mais, como a lendária boate Corintho, no Ibirapuera, a Val Improviso, o bar 266 West, na Marquês de Itu, o Bar Cheguey e os michês do Parque Trianon, entre outros. Excelente pedida para quem quer relembrar a noite paulistana dos anos 1980.

APARTAMENTO ZERO
(Apartment zero, Reino Unido/Argentina, 1988, Martin Donovan, 124 min.)

O filme conta a história de Adrian LeDuc (Colin Firth), um britânico que mora em Buenos Aires e é obrigado a alugar um quarto de seu apartamento, que era ocupado por sua mãe, internada por problemas psicológicos, quando sua situação financeira começa a ficar complicada. Dono de um cinema de arte, ele precisa de dinheiro para não fechar as portas.

Jack Carney (Hart Bochner), o novo locatário, americano, parece ser normal no início. Aos poucos, no entanto, percebe-se que ele esconde algo. Conforme a amizade dos dois vai se consolidando, Adrian começa a suspeitar de que Jack seja um *serial killer* que tem aterrorizado a cidade.

Os outros excêntricos moradores do edifício começam a ficar preocupados quando Adrian parece herdar os problemas psicológicos de sua mãe. O americano, muito sedutor, começa a conquistar o coração do inglês, e a relação dos dois passa a chamar a atenção dos vizinhos. Uma grande vitrine do lado obscuro da psique humana.

BEIJO DA MULHER-ARANHA, O
(O beijo da mulher-aranha, Brasil/EUA, 1985, Hector Babenco, 120 min.)

Num país não especificado, notavelmente sob a ditadura de militares, dois prisioneiros dividem o mesmo espaço ínfimo: a cela de um corpulento presídio de pedra. Molina (William Hurt), homossexual assumido e transformista, foi preso por corrupção de menores. Valentin (Raul Julia), homem rude e grosseiro, militante opositor político do regime, é submetido a torturas todos os dias para revelar o nome de seus companheiros.

Os dois dividem um espaço minúsculo e são obrigados a conviver nele. No início, Valentin tem completa repulsa por Molina, que é exatamente o oposto de tudo que ele é e em que acredita. Porém, aos poucos, Molina começa a contar suas histórias fantásticas, cheias de personagens glamourosos. Em seus devaneios, contados como filmes, sempre existe uma mulher misteriosa (a atriz brasileira Sônia Braga) e um galã que se apaixona por ela ou a persegue (Herson Capri). Em cada sonho, eles interpretam personagens diferentes. Num deles ela é uma cantora famosa envolvida com um general alemão, em outra história é uma mulher com garras de aranha (que dá nome ao filme) e vive numa gruta, e Capri é o sobrevivente de um naufrágio que encontra a ilha onde ela mora.

Valentin vai se acostumando a ouvir e a visualizar as histórias de Molina, enquanto o companheiro cuida dele, sempre machucado. Aos poucos os laços entre os dois vão se estreitando, até que Molina, por estar muito próximo ao ativista, torna-se alvo das torturas, como nova fonte de informações.

O filme é baseado no livro do escritor argentino (também homossexual) Manuel Puig, tendo um diretor também argentino (Hector Babenco) e ainda a participação do figurinista, ator e transformista Patrício Bisso (também argentino), que faz o papel de um amigo de Molina e assina alguns figurinos do filme, como os de Sônia Braga. Indicado a quatro Oscar, ficou com o de Melhor Ator para William Hurt, assim como no Festival de Cannes do mesmo ano, nesse papel soberbo de um homossexual sonhador.

BEIJO NO ASFALTO, O

(O beijo no asfalto, Brasil, 1981, Bruno Barreto, 80 min.)

O filme se inicia no centro do Rio de Janeiro. Vemos o corpo de um homem atropelado por um ônibus. A multidão olha estarrecida para o cadáver. O inescrupuloso jornalista Amado Pinheiro (Daniel Filho) procura o delegado Cunha (Oswaldo Loureiro) para contar que, antes de morrer, o atropelado ganhou um beijo na boca de outro homem.

Ao mesmo tempo, Aprígio (Tarcísio Meira) vai avisar a filha Selminha (Christiane Torloni) que seu marido, Arandir (Ney Latorraca) está na delegacia por ter sido testemunha do atropelamento. Na verdade, Arandir é o autor do beijo.

Começa então uma série de matérias de jornal difamando Arandir, o que faz que todos duvidem de sua sexualidade. O jornalista faz cada vez mais sensacionalismo, transformando a vida de Arandir e de Selminha um inferno. Vários detalhes começam a aparecer e vão deixando os envolvidos cada vez mais sem saída. O ápice se dá quando o jornal afirma que Arandir era amante do morto.

Aos poucos, como é costume de Nelson Rodrigues, em cuja obra o filme se baseia, vamos conhecendo os personagens – que não são tão inocentes quanto parecem ser. Por fim, numa reviravolta surpreendente, descobrimos segredos escondidos a sete chaves pelos protagonistas. Mas contar mais da trama é estragar o filme.

Interpretações precisas num texto complicado, com direção de mão firme. Um clássico do teatro brasileiro que deu origem a um clássico do cinema nacional, adaptado pelo escritor Doc Comparato (famoso na televisão).

Segundo Nelson, a peça foi escrita em apenas 21 dias e inspirada na história real do repórter Pereira Rego, do jornal *O Globo*, que foi atropelado por um ônibus e pediu um beijo à moça que tentava socorrê-lo. Claro que Nelson achou pouco e mudou o sexo do autor do beijo, criando uma trama intrincada.

A peça foi escrita a pedido do Grupo Teatro dos Sete e apresentada pela primeira vez em 1961, com direção de Gianni Ratto, e com um elenco de peso: Fernanda Montenegro, Sérgio Britto, Ítalo Rossi, Fernando Torres, Oswaldo Loureiro (também no filme) e Suely Franco, entre outros ícones da nossa cultura.

BERLIN AFFAIR, THE
(The Berlin affair, Itália/Alemanha, 1985, Liliana Cavani, 122 min.)

Poderia ser uma espécie de Madame Butterlfy ou de Miss Saigon às avessas. Este curioso filme quase lésbico conta a história de Louise (a belíssima alemã Gudun Landgrebe), casada com um funcionário do governo nazista, Heinz (Kevin McNally), em plena Segunda Guerra Mundial.

Louise é professora de desenho e pintura, e dá aulas numa escola de arte de Berlim. Numa dessas aulas, conhece a bela e misteriosa Mitsuko (a pungente Mio Takaki), filha do Embaixador do Japão na Alemanha.

Mitsuko se encanta com a professora e começa a assediá-la, sem perceber resistência. Com um casamento já morno, e carente, Louise se apaixona pela bela jovem, sem suspeitar que ela possa estar envolvida com espionagem e política. A situação vai se complicando quando mais pessoas começam a saber de seu relacionamento extraconjugal, inclusive o marido.

Trata-se de um contexto histórico e político, com bela reconstituição de época, muitas cenas de amor entre as moças, mas também reviravoltas sexuais estranhas, nesse filme com atuações fortíssimas das duas protagonistas, dirigido por uma italiana, Liliana Cavani. Mais uma atuação da comunidade europeia, e ainda com uma pitada oriental.

CARAVAGGIO

(Caravaggio, Reino Unido, 1986, Derek Jarman, 93 min.)

Artista notável para sua época, e homossexual, Michelangelo Merisi da Caravaggio (1571-1610) foi um famoso pintor barroco, conhecido por ter noções muito avançadas de luz, sombras e cores para a sua época. Como marca do diretor Derek Jarman, algumas esquisitices também estão nessa película.

Prestes a morrer, o velho Michelangelo (Nigel Terry) começa a repassar sua vida. Quando era um garoto belo e cheio de libido (vivido por Dexter Fletcher), seduzia velhos ricos para pagar por seus caprichos e seu material de pintura, visto que pintava desde a adolescência. Chegou a ser condenado e procurado pela justiça por um assassinato, e também sofreu assédios de membros da igreja católica.

Ainda jovem, o pintor é adotado por um Cardeal (Michael Gough) que o incentiva a pintar e ensina-o a ler, entre outras coisas mais, seduzido pela beleza e pelo talento do rapaz.

Caravaggio tinha o hábito de usar pessoas reais como modelos para suas pinturas, muitas vezes outros rapazes jovens e gays como ele – grande parte das vezes nus. Quando conhece Ranuccio (Sean Bean), um loiro estonteante casado com a jovem Lena (Tilda Swinton, ainda desconhecida em seu primeiro filme), resolve bancar o rapaz. Torna-o seu principal modelo e o grande amor da sua vida, dividindo-o com Lena – que não se importa com a situação, por conta do dinheiro. Inicia-se um curioso triângulo amoroso.

Destaque também para seu fiel assistente, o surdo-mudo Jerusaleme (Spencer Leigh), um belo rapaz que Caravaggio adota para acompanhá-lo, e que ficará ao seu lado até sua morte, aos 38 anos, vítima de malária.

Caravaggio tem suas pinturas admiradas e encomendadas por nobres e pela Igreja Católica. Porém, os escândalos de sua vida pessoal acabam por ofuscar sua trajetória artística.

Muitos corpos seminus, homens bonitos, insinuação, mas fica tudo sugerido, e as demonstrações de carinho entre eles são raras, apesar da homossexualidade de seu protagonista. Outra curiosidade é que o filme copia as cores e a luz dos quadros de Caravaggio, dando a impressão de que estamos vendo os quadros em movimento, numa bela reconstituição. A depressão do personagem se reflete em suas pinturas, sempre cheias de sofrimento e morte.

Um ponto estranho no filme é a inclusão de elementos que não existiam naquela época, como figurinos modernos, uma calculadora, uma máquina de escrever, um caminhão e uma revista impressa, invenções que surgiriam séculos depois da época da vida de Caravaggio.

Derek Jarman foi um diretor pioneiro na defesa dos direitos homossexuais e na luta contra a aids. Venceu por três vezes o Prêmio Teddy do Festival de Berlim, dedicado a filmes de temática LGBT. Com *Caravaggio*, ganhou o Urso de Prata em Berlim. Faleceu em 1994, também em decorrência da aids.

CONTA COMIGO

(Stand by me, EUA, 1986, Rob Reiner, 89 min.)

Esse é mais um dos filmes que relutei muito para colocar nessa lista, pois sua abordagem e mensagem são extremamente sutis.

Inspirado no conto "O corpo", do mestre do terror Stephen King, o filme é narrado por Gordie Lachance (Richard Dreyfuss), escritor que resolve colocar no papel uma parte de sua adolescência que muito o incomoda.

A narrativa volta aos anos 1950, quando Gordie tem 13 anos de idade (agora interpretado pelo ator Wil Wheaton). Ele e mais três de seus inseparáveis amigos – Chris (River Phoenix), Teddy (Corey Feldman) e Vern (Jerry O'Connell) – tomam conhecimento de que o corpo de um garoto de sua idade fora encontrado ao lado da linha de trem que corta a cidade onde moram. Curiosos por ver o corpo de um morto, resolvem seguir a linha do trem para encontrar o tal cadáver. Porém, no auge de sua adolescência – e suposta coragem –, verão que enfrentar uma aventura dessas não será tarefa fácil, ainda mais sem nenhum adulto por perto.

Até aí nada de mais no filme, a não ser a fragilidade apresentada por Gordie, que se apoia, em todos os sentidos, no que parece ser o mais valente e maduro da turma, Chris, interpretado pelo lindíssimo River Phoenix, aos 15 anos, no segundo filme de sua curta carreira, marcada por personagens fortes. A relação entre eles é bem sugestiva. Coincidências à parte, no filme Chris é o único dos quatro que morre após um tempo, acontecendo o mesmo na vida real com o ator, sete anos depois.

Além disso, há várias pinceladas sobre sexo e sexualidade, incluindo uma cena memorável em que todos entram de cuecas num rio, e há certa curiosidade a respeito da genitália do amigo, coisa comum na adolescência. No elenco, também super jovens, Kiefer Sutherland e John Cusack.

Há boatos de que o conto seria uma autobiografia de Stephen King, que teve esses amigos e chegou, em certa época, a se relacionar mais intimamente com um deles. Outro fato que liga o filme a sua própria história é o de que, ainda criança, King testemunhou um horrível acidente com um de seus amigos, que ficou preso em uma ferrovia e foi atropelado por um trem.

Mais uma pista: todas as cidades citadas no filme (com exceção de Castle Rock, que fica no Colorado) são lugares reais do estado norte-americano do Maine, onde Stephen King viveu quando criança.

COR PÚRPURA, A
(The color purple, EUA, 1985, Steven Spielberg, 154 min.)

Estados Unidos. 1909. Auge da segregação racial americana. Celie (Desreta Jackson), aos 14 anos, já tem dois filhos, frutos das violações que sofre do próprio padrasto – que na tentativa de justificar suas ações aponta a jovem como o desgosto da mãe. O pai leva os filhos logo após o parto e vende-os. O menino é levado enquanto Celie dorme; a menina é tirada de seus braços minutos depois de nascer.

Um homem chega à casa de Celie querendo se casar com sua irmã Nettie (Akosua Busie). Porém, o padrasto não permite e, no lugar da irmã, ela é "dada" a Mister (Danny Glover). Insatisfeito com a troca, ele aceita Celie como esposa, mas trata-a como escrava.

Passam-se alguns anos, sua irmã Nettie aparece para visitá-la e Mister volta a ficar encantado por ela. Celie mantém a irmã como companhia, que a ensina a ler e a escrever. Numa tarde, Mister tenta abusar de Nettie, que reage e é expulsa da casa da irmã, que ficará sem vê-la por muitos anos. Além disso, Mister tem uma amante, uma cantora famosa de nome Shug Avery (Margaret Avery).

Dez anos se passam, e Celie (agora Whoopi Goldberg, em seu primeiro filme hollywoodiano, numa atuação sem precedentes) continua na vida de escravidão e serventia, sempre sofrendo todo tipo de humilhações por parte de Mister. Ele faz questão de reforçar que ela é "mulher, feia, pobre e negra".

Os filhos de Mister vão se casando, e suas esposas domando o seu gênio terrível. Num dia de chuva, algo impensável acontece: Mister leva Shug Avery para casa.

De início, as duas rivalizam, pois uma não aceita a presença da outra. Mas, aos poucos, percebem que têm mais em comum do que imaginam. Numa das cenas, que se tornou clássica do cinema, Shug conversa com Celie e descobre que ela nunca sentiu prazer ou foi beijada por alguém. E resolve matar sua curiosidade, numa cena de incrível sutileza.

Shug muda a vida de Celie em vários aspectos, fazendo-a se conhecer como pessoa, como mulher, como alguém que merece ser feliz.

No elenco, ainda, pérolas como Laurence Fishburne e Oprah Winfrey, neste clássico do cinema mundial assinado pelo mestre Steven Spielberg. Foi indicado a onze Oscar (em quase todas as categorias), mas, incrivelmente, não levou nenhum. Um claro boicote ao diretor, cujas obras são consideradas sempre muito comerciais.

DOIS TIRAS MEIO SUSPEITOS
(Partners, EUA, 1982, James Burrows, 93 min.)

ᕦ

O Sargento Benson (Ryan O'Neal), policial mulherengo, recebe a missão de investigar o assassinato de homossexuais em Los Angeles. Para poder se infiltrar no mundo dos homossexuais sem ser descoberto como policial, ele vai morar na casa de um deles, o gay e também policial Kerwin (John Hurt), apresentando-se para a comunidade como o seu novo companheiro. A confusão está feita.

Kerwin se torna parceiro (profissionalmente) do policial e, por causa da extrema proximidade, acaba se apaixonando por ele. Apesar do tom de comédia, o filme tem interpretações marcantes dos dois protagonistas e chega a ter momentos emocionantes. Paródia de *Parceiros da noite* (1980), também neste livro.

DUAS FACES DE ZORRO, AS
(Zorro, the gay blade, EUA, 1981, Peter Medak, 93 min.)

ᕦ

Numa mistura de história e ficção, essa clássica lenda relata a opressão do povo latino pelo governo espanhol em terras americanas, quando havia sobreposição dos dois países. Nessa dominação, com o povo encurralado, surge o salvador da pátria: Zorro (George Hamilton), protetor dos fracos e oprimidos.

A máscara, a capa e o dom de lutar com a espada como ninguém foram herdados do seu pai. Sua identidade verdadeira é Don Diego Vega, homem rico e cheio de posses, que tem na figura do mascarado sua catarse contra a tirania espanhola. Porém, numa de suas saídas, Zorro se machuca, ficando impossibilitado de combater seus inimigos. É nesse momento que seu irmão gêmeo Bunny (também George Hamilton) chega à cidade, e Don Diego vê a salvação de Zorro. Ledo engano: Bunny é um gay afetadíssimo, todo cheio de frescuras, longe de ser um herói másculo e defensor de alguma coisa. Está mais preocupado com o luxo e o glamour.

Quando Don Diego propõe a troca, Bunny fica entusiasmado e começa a repensar a figura de Zorro, a começar pela vestimenta, muito preta e desconfortável. A espada também ele acha extremamente agressiva, e troca por um chicote. Enfim, a figura imponente de Zorro vai ficar toda embichalhada nessa comédia divertidíssima!

A saber, Zorro é um personagem de ficção criado pelo escritor americano Johnston McCulley em 1919. A criação original também falava do uso de um chicote (como nesse filme), e não da espada. As releituras de várias culturas criaram muitas derivações, tendo o personagem servido como argumento para diversos filmes, desenhos, seriados, entre outros.

ENGRAÇADINHA
(Engraçadinha, Brasil, 1981, Haroldo Marinho Barbosa, 103 min.)

Engraçadinha (Lucélia Santos) é uma menina aparentemente inocente, mas que por dentro guarda desejos incontroláveis. Ninfomaníaca, ela atiça a libido de todos, adorando ser cortejada, desejada e possuída de todas as formas. Porém, a única pessoa que ela realmente ama e deseja é Sílvio (Luis Fernando Guimarães) seu primo e noivo da insossa Letícia (Nina de Pádua), também sua prima.

No dia em que os dois se tornam noivos, durante uma festa, Engraçadinha resolve matar seu desejo e arrasta Sílvio para a biblioteca da casa. Ele não resiste aos encantos da jovem prima e os dois acabam transando; Letícia nem desconfia da traição.

Para destruir o noivado, Engraçadinha conta a Letícia o ocorrido e mente que está grávida de Silvio. Ao contrário do que imagina, Letícia aceita a traição e diz que vai ajudar Engraçadinha. Logo depois a menina descobre o motivo: Letícia é lésbica, apaixonada por ela, e adoraria tê-la a seu lado na cama.

Ao mesmo tempo, o pai de Engraçadinha, Dr. Arnaldo (José Lewgoy) fica sabendo da gravidez da filha e, num acesso de fúria, revela a ela que não é prima de Sílvio, mas sua irmã, graças a uma traição dele com sua cunhada. Dr. Arnaldo exige o aborto, sem saber que tudo não passa de uma mentira.

Engraçadinha leva toda a situação como uma divertida brincadeira. Numa das noites em que Sílvio a procura, coloca Letícia em seu lugar e observa os dois fazendo amor escondida ao lado da cama.

Silvio, após muitas noites de amor com Engraçadinha, acaba descobrindo que é seu irmão, e se mutila cortando o pênis no mesmo local onde se encontram: a biblioteca. Diante da tragédia, o pai se suicida.

Mais uma das trágicas histórias de Nelson Rodrigues, nas quais o sexo é um dos temas dominantes. Clássico com atuação marcante de Lucélia Santos, que fez vários filmes inspirados em textos do autor. Este é baseado na peça "Asfalto selvagem", escrita por Nelson em 1959.

ESSA ESTRANHA ATRAÇÃO
(Torch song trilogy, EUA, 1988, Paul Bogart, 120 min.)

Arnold (Harvey Fierstein) é um transformista numa boate gay, sempre à procura de um novo amor. Vive aos trancos e barrancos com Ed (Brian Kerwin), homem casado que, quando quer, aparece e desaparece, mas nunca se decide.

Um dia, surge Alan (Matthew Broderick), rapaz lindo, gentil, que muda todo o destino de Arnold. Os dois pretendem morar juntos e até adotar uma criança. Mas não pense que tudo são flores. A mãe de Arnold (Anne Bancroft, magnífica interpretando uma judia implacável) não vai dar sossego. Nem o casado Ed. E nem o próprio destino.

Destaque para o gato Matthew Broderick (já com 26 anos, aparentando os 21 do personagem), que dá um bom beijo de língua em Brian

Kerwin. Um dos melhores filmes gays da década de 1980, considerado um marco do cinema (gay e não gay) até hoje. Reúne humor, drama, musical, família e relacionamento de forma muito bem dosada.

O roteiro e os diálogos são impagáveis, assim como a interpretação dos atores principais, que surpreendem a todo instante. Detalhe: o filme foi baseado no musical teatral *Torch song trilogy*, escrito pelo próprio Harvey Fierstein, excelente escritor. Harvey, além de protagonizar o filme, escreveu o roteiro e foi coprodutor. Esse é para assistir uma vez por ano.

FAMA
(Fame, EUA, 1980, Alan Parker, 134 min.)

Na mais famosa e bem-conceituada escola de artes de Nova York, jovens de todas as partes do país, e até do mundo, fazem audições por um lugar ao sol no meio artístico. Entrar nessa escola é tudo que eles mais querem – e se formar nela, a glória maior.

Para isso, eles se dedicam, superam dificuldades e ultrapassam limites, até mesmo de suas próprias emoções.

Nessa salada de rostos e vozes, um grupo se destaca: Coco Hernandez (a cantora Irene Cara), talentosa cantora imigrante; Ralph Garcy (Barry Miller), jovem que pretende ser um comediante de *stand-up* e cria o nome artístico Raul Garcia; Leroy Johnson (Gene Anthony Ray), jovem negro do subúrbio que vê na dança a possibilidade de uma vida melhor; Doris Finsecker (Maureen Teefy), acanhada garota judia que sonha em ser atriz e cantora; Bruno Martelli (Lee Curreri), músico que se considera um gênio e diz que ninguém compreende sua arte; Lisa Monroe (Laura Dean), estudante que almeja ser uma bailarina profissional; Hilary Van Doren (Antonia Franceschi), outra jovem, desta vez rica, que também quer brilhar como bailarina; e, por fim, nosso foco de interesse: Montgomery McNeil (Paul McCrane), um aspirante a ator que é gay.

Acompanhar a trajetória desses alunos desde suas audições de aceitação até sua formatura. Outros gays passam pelo filme, mas sempre como personagens secundários. Montgomery também é visto muito superficialmente.

Outra marca do filme é sua trilha sonora, que lançou músicas famosas até hoje. Como curiosidade, a cantora Madonna chegou a fazer um teste para entrar no elenco, mas não conseguiu o papel.

Um seriado originado do filme, exibido entre 1982 e 1987, contou até com a participação de Janet Jackson em alguns episódios. Uma nova versão do filme foi feita em 2009, com o personagem gay completamente apagado, nem merecendo aparição neste livro.

FILHOS E AMANTES
(Filhos e amantes, Brasil, 1981, Francisco Ramalho Jr., 96 min.)

Sílvia (Lúcia Veríssimo) é uma professora que vai passar um final de semana prolongado na casa de suas amigas, as amantes Marta (Denise Dumont) e Bebel (Nicole Puzzi). As duas se mudaram para uma cidade do interior, Itatiaia (RJ), numa bela casa de campo, fugindo da loucura da capital carioca em busca de uma vida mais alternativa.

O feriado é quente. Vários jovens casais se encontram e se envolvem uns com os outros. Também querendo curtir a paz do campo, chegam Dinho (Hugo Della Santa), ex-namorado de Marta, e sua nova namorada Carminha (Rosina Malbouisson). Juntam-se a eles, então, Sílvia e seu namorado Roberto (André de Biase).

Bebel fica incomodada com tantas visitas "héteros", pois percebe que Marta ainda sente alguma coisa por Dinho; para completar, Roberto também fica interessado em Marta. Para aumentar a confusão, Sílvia está grávida de Roberto, que ainda não sabe, e pretende conversar sobre o assunto com Marta, que já fizera um aborto escondido de um filho de Dinho, o que só a amiga sabe. Dinho, viciado em drogas e das pesadas, traz um arsenal para o campo e acaba levando Carminha a uma overdose.

No final das contas, Marta acaba se envolvendo com Roberto, e Sílvia com Dinho, enquanto Bebel acaba sobrando e Carminha tenta se suicidar. Realmente um final de semana "memorável", que retrata a inconsequência dos adolescentes pós-ditadura militar, sempre às voltas com drogas e tendo relações sexuais aos montes, sem prever os resultados (ou se importar com eles).

O elenco ainda conta com aparições de Renée de Vielmond, Paulo Gorgulho e Walmor Chagas.

FOME DE VIVER
(The hunger, Reino Unido, 1983, Tony Scott, 97 min.)

Estamos na Manhattan de Nova York dos anos 1980. O casal de vampiros Miriam Blaylock (Catherine Deneuve) e John (o cantor David Bowie), juntos há séculos, literalmente, vive pela cidade à procura de novas vítimas para saciar sua fome de sangue.

Porém, John, por alguma doença desconhecida, começa a envelhecer rapidamente. Assustado, ele sai à procura de algum médico que o possa ajudar e conhece a Dra. Sarah Roberts (Susan Sarandon), especialista em envelhecimento.

Inicialmente a Dra. Sarah não acredita na história. Mas, ao sair de sua sala e retornar algum tempo depois, percebe que John envelheceu anos nesse curto período de tempo.

Tentando ajudar John, a Dra. Sarah vai até sua casa, onde conhece Miriam. Após conversarem, beberem e se tornarem amigas, as duas acabam se envolvendo e vão para a cama, numa das cenas mais belas do cinema contemporâneo entre duas mulheres.

Sarah decide ajudar os dois, ao mesmo tempo que se envolve cada vez mais em suas vidas, perdendo o controle da sua própria.

Em tempos de filmes de vampiros, este também teve como base um livro (*The hunger*, de Whitley Strieber), e foi considerado um dos melhores do gênero na década de 1980. Característica das obras do diretor Tony Scott, o filme apresenta um rico visual, tanto de fotografia quanto de cenografia.

FURYO - EM NOME DA HONRA

(Merry Christmas Mr. Lawrence, Reino Unido/Japão, 1983, Nagisa Oshima, 124 min.)

Segunda Guerra mundial. Japoneses e ingleses são inimigos. Em um campo de prisioneiros montado na ilha de Java, acaba de chegar o Major britânico Jack Celliers (também interpretado pelo cantor David Bowie), recém-capturado pelas tropas japonesas. Quem toma conta do local é o sanguinário Capitão Yonoi (Ryuichi Sakamoto), que considera seus prisioneiros um bando de covardes – por preferirem se render a terem coragem de se suicidar, como fazem os orientais.

Para intermediar suas ordens e seus interrogatórios está o também prisioneiro Coronel John Lawrence (Tom Conti), que além de falar os dois idiomas tem profundo conhecimento da cultura japonesa. Cabe a ele uma difícil missão: acalmar os ânimos do oficial japonês, que está cada vez mais irritado com a soberba e a rebeldia do novo prisioneiro britânico.

Porém, aos poucos o tradutor percebe uma situação mais complicada ainda. O Capitão Yonoi, por baixo de toda aquela truculência, começa a sentir uma forte atração pelo Major Jack, e a se apaixonar por ele, num conflito de personalidades, culturas e desejos.

Excelente filme baseado no livro do britânico Sir Laurens Van der Post e dirigido por Nagisa Oshima, o mesmo do clássico japonês *Império dos sentidos*.

GAIOLA DAS LOUCAS PARTE 2, A

(La Cage aux folles II, França/Itália, 1980, Edouard Molinaro, 102 min.)

A continuação europeia do bem-sucedido *Gaiola das loucas* de 1978 traz os mesmos atores e protagonistas: Ugo Tognazzi como Renato e Michel Serrault como seu companheiro Albin.

Dessa vez eles vão se envolver com policiais e espiões estrangeiros, pois Albin, sem saber, acaba tendo em suas mãos um rolo de microfilme roubado que está sendo procurado por eles. O casal gay, então, foge para a cidade natal de Renato, no interior da Itália, para tentar despistar os que procuram por eles.

GAIOLA DAS LOUCAS PARTE 3: O CASAMENTO, A
(La Cage aux folles III - 'Elles' se marient, França/Itália, 1985, Georges Lautner, 87 min.)

Nessa última continuação do sucesso europeu, Albin (Michel Serrault) é obrigado a forjar um caso heterossexual estável de no mínimo um ano para receber a milionária herança de uma tia recém-falecida e salvar a boate de seu companheiro Renato (Ugo Tognazzi), que está à beira da ruína financeira.

Para tudo dar certo, até uma festa de casamento precisa ser tramada para que ele receba a herança. Está armada a confusão.

GISELLE
(Giselle, Brasil, 1980, Victor di Mello, 90 min.)

Giselle (Alba Valéria), depois de anos estudando na Europa, retorna ao Brasil para morar com a família. Ao chegar, descobre que seu pai, Luccini (Nildo Parente), casou-se novamente. Sua madrasta, Haydée (Maria Lucia Dahl), é uma mulher muito interessante e Giselle se apaixona por ela. Giselle também começa um romance com o capataz da fazenda de seus pais, o belo e másculo Ângelo (Carlo Mossy), que faz parte do triângulo entre ela e a madrasta. Por sua vez, Ângelo mantém uma relação com o homossexual Serginho (Ricardo Faria), filho de

Haydée e meio-irmão de Giselle, com direito a muitos beijos durante o filme. Nessa orgia familiar ainda há espaço para Giselle ter um romance com a militante política Ana (Monique Lafond).

Entre muito sexo e traições, um grupo de bandidos observa a família e a casa o tempo todo para executar um assalto e um sequestro.

O filme, a começar pelo título, foi uma tentativa de fazer coro com outro sucesso erótico do cinema mundial, *Emmanuelle*, clássico do cinema francês. Giselle conseguiu driblar a censura militar com seu conteúdo "cabeça" e, segundo historiadores, foi visto por mais de 14 milhões de pessoas, além de vendido a mais de 50 países. Por esses números, é considerado o ponto máximo da pornochanchada brasileira. Se não valer pelo filme, vale como referência histórica.

HAIRSPRAY – E ÉRAMOS TODOS JOVENS

(Hairspray, EUA, 1988, John Waters, 92 min.)

No ano de 1962, na cidade de Baltimore, o sonho de qualquer garota era poder participar do programa de TV The Corny Collins Show (Shawn Thompson), que apresentava números de dança protagonizados por rapazes e garotas. Uma das atrações principais do programa é Amber Von Tussle (Colleen Fitzpatrick), uma loira metida e enjoada. Quando são abertas as inscrições para o concurso anual de Garota Hairspray, Amber já se sente a favorita, até que se inscreve em cima da hora a gordinha Tracy Turnblad (Ricki Lake). Inicialmente, todos debocham da nova candidata, mas, ao dançar para os jurados, ela se torna a mais nova sensação da emissora pelo seu carisma – e automaticamente a inimiga número um de Amber.

A guerra entre as duas só piora quando o noivo de Amber, Link Larkin (Michael St. Gerard), começa a dar bola para Tracy.

Entre um número e outro, a animada Tracy ainda levanta a bandeira a favor da participação de negros no programa (a proibição era reflexo do racismo da época). Aos poucos, ela traz seus amigos negros para as portas da emissora e causa uma revolução. Ao seu lado está sua mãe, a enorme Edna Turnblad (Divine), que no início desaprova a fama da filha, mas depois dá o maior apoio.

Hairspray é a palavra em inglês para o laquê, produto químico muito usado na época para manter os penteados enormes e duros, moda entre as mulheres e até mesmo nas franjas masculinas.

O filme é recheado de curiosidades. Dele participa Sonny Bono, durante onze anos marido e parceiro musical da diva Cher.

A mãe de Tracy é Divine, a célebre *drag queen* incorporada por Harris Glen Milstead, famosa em filmes *trash* do próprio John Waters. No mesmo filme ela faz o papel de um dos produtores do programa de TV de Corny Collins. Essa característica de ter a mãe de Tracy feita por um ator acabou sendo mantida quando o filme se tornou peça da Broadway, e o papel de Edna foi feito pelo homossexual assumido Harvey Fierstein, o mesmo de *Essa estranha atração*. De tanto sucesso que fez no teatro, a história teve uma refilmagem em 2007, em que o papel de Edna foi feito por John Travolta, e ainda trazia no elenco Michelle Pfeiffer, Zac Efron e Queen Latifah. No Brasil a peça estreou em 2009, com Edson Celulari no papel da mãe de Tracy.

LABIRINTO DE PAIXÕES
(Laberinto de pasiones, Espanha, 1982, Pedro Almodóvar, 100 min.)

Cansado da opressão de seu país, o filho do imperador do Tirã, Riza Niro (Imanol Arias), que é bissexual, resolve passar uns tempos em Madri, tida como uma capital liberada, e com gays por todos os lados. Sem temer nada, ele acaba se envolvendo com Sadec (Antonio Banderas), que na verdade é um terrorista (também gay) que planeja raptar Riza para pedir um resgate. No encontro dos dois, Riza usa um disfarce. Sem saber que aquele homem é o seu alvo, Sadec se apaixona por ele; sem ter nenhuma informação após o encontro, começa a procurá-lo desesperadamente pela cidade.

Nesse caminho de busca, cruza o caminho de Riza a enlouquecida e ninfomaníaca Sexília (Celícia Roth), que frequentemente participa de orgias. Os dois se conhecem, têm uma noite juntos, mas a vida os separa novamente. Sexília volta para suas orgias enquanto Riza se torna um astro do rock, com um estilo andrógino, e transa com seus fãs embichalhados.

Mas as aventuras não lhes satisfazem mais e os dois resolvem ficar juntos novamente, enquanto Sexília ajuda Riza a fugir de Sadec.

Muitos seres andróginos, bissexuais e muita viadagem nesse segundo filme de Almodóvar que viria a fazer sucesso mundial, apesar de suas bizarrices e da feição de filme amador.

A saber, o próprio diretor aparece durante um show numa boate, travestido e cantando músicas com letras absurdas. Vale destacar outras manias de Almodóvar, que, assim como Hitchcock, sempre aparece em seus filmes em alguma cena, e a exigência de que os títulos de seus filmes nunca sejam modificados, sendo apenas traduzidos literalmente para qualquer idioma.

LEI DO DESEJO, A

(La ley del deseo, Espanha, 1987, Pedro Almodóvar, 102 min.)

v

Pablo (Eusebio Poncela) sabe que tem um irmão. Pelo menos é o que pensava. Tino nasceu menino. Descobrindo-se transexual, e apaixonado pelo próprio pai, resolveu mudar de sexo para continuar seu relacionamento incestuoso, transformando-se em Tina (Carmen Maura). Porém, passados alguns anos, o marido (e pai) de Tina resolve abandoná-la, fazendo que ela sinta profundo ódio pelos homens.

Pablo também é homossexual e tem um namorado, o belo Juan (Miguel Molina), que dele se aproxima por interesse, almejando apenas um papel nos filmes dirigidos por Pablo.

Nesse meio tempo, Pablo conhece Antonio (Antonio Banderas), fã de seus filmes. Um misterioso assassinato acontece e muda completamente a vida desses personagens.

Muitos beijos entre os personagens, corpos nus e cenas de sexo. É nesse filme que Antonio Banderas faz a célebre cena em que é o passivo numa relação com outro homem, Eusebio. Banderas até tentou fazer o filme sair de circulação por causa da referida cena e pelas especulações sobre sua possível homossexualidade, mas sem sucesso. E continua a diversão de achar a rápida aparição de Pedro Almodóvar no filme.

MAKING LOVE
(Making love, EUA, 1982, Arthur Hiller, 113 min.)

Zach Elliot (Michael Ontkean) é casado com a bela Claire (Kate Jackson, a eterna Pantera) e leva uma vida estável como médico em Los Angeles. Eles mantêm um bom relacionamento e pretendem ter um filho em breve. Porém, Zach guarda um segredo. Por muitas vezes durante seu horário de almoço Zach paga michês por um sexo rápido, ou então vai para bares gays de West Hollywood, enquanto sua esposa pensa que ele está no trabalho.

Um belo dia, o gay assumido Bart McGuire (Harry Hamlin), que é escritor, o procura em seu consultório. Bart, ao contrário do médico, leva uma vida livre, cheia de noitadas e relacionamentos rápidos. Hipnotizado pelo rapaz, Zach começa a se interessar por ele e é correspondido.

Até que os dois saem para jantar e acabam no apartamento e na cama de Bart. Confuso pelos seus sentimentos, Zach se recusa a admitir que é gay, dizendo ser apenas um homem que eventualmente sente atração por outros.

Claire começa a perceber as ausências do marido e pensa que ele tem uma amante. Após uma longa viagem de sua mulher, Zach acaba confessando que tem um relacionamento, sim, mas com outro homem.

Foi um dos primeiros filmes "comerciais" de Hollywood a tratar do tema da homossexualidade, com o agravante de estar inserido na vida de um homem casado. O ator Harry Hamlin, que faz o gay assumido, afirma que o filme acabou com sua carreira, pois nunca mais foi convidado para nenhum outro papel importante.

MAURICE

(Maurice, Reino Unido, 1987, James Ivory, 140 min.)

Maurice Hall (James Wilby) é um jovem rico e elegante que estuda na muito bem-conceituada Universidade de Cambridge. Numa de suas aulas, conhece o professor Lord Risley (Mark Tandy), que o convida a participar de um clube fechado de homens, destinado a discussões filosóficas.

Maurice aceita o convite e começa a participar dos encontros. Numa de suas idas ao clube, conhece o belo e jovem Clive Durham (Hugh Grant, aos 27 anos e em seu primeiro filme), e os dois vão ficando cada vez mais amigos e inseparáveis. Aos poucos, percebem que estão apaixonados um pelo outro, mas têm de manter esse segredo a todo custo – pois na Inglaterra do século XIX a homossexualidade, além de condenado socialmente, é um crime punido com a cadeia. Oscar Wilde que o diga. Filme morno, com algumas cenas picantes, baseado no romance de E. M. Forster.

MEMÓRIAS DE UM ESPIÃO

(Another country, Reino Unido, 1984, Marek Kanievska, 90 min.)

Drama que traz a história real do espião britânico Guy Bennett (interpretado por Rupert Everett, ator gay assumido). O pontapé inicial se dá quando um jornalista vai entrevistá-lo após ser acusado de trair a Inglaterra, seu país. Em sua mente, ele volta aos anos 1930, quando estudava num rígido colégio público.

Nessa época, Guy é um garoto rebelde que desafia o tempo todo as autoridades que o cercam. Ao mesmo tempo que começa a ter contato com as ideias de Karl Marx, o que vai fazê-lo se tornar posteriormente um espião a trabalho para a Rússia, descobre sua orientação sexual ao se apaixonar pelo colega de escola James Harcourt (Cary Elwes). Por se tratar de uma instituição muito severa, Guy esconde esses sentimentos a qualquer custo.

O filme foi baseado na famosa peça de Julian Mitchell, que trazia no elenco o mesmo Rupert, contracenando com Kenneth Branagh.

MEU MARIDO DE BATOM
(Tenue de soirée, França, 1986, Bertrand Blier, 84 min.)

É em um bar que o casal falido Monique (Miou-Miou) e Antoine (Michel Blanc) vai conhecer o ex-presidiário, ladrão e charmoso golpista Bob (Gérard Depardieu). Numa situação bem feia, começam a aprender os ensinamentos do novo amigo, e a praticá-los. Extremamente envolvente, Bob desperta o interesse de Monique, mas tem os olhos voltados para Antoine. No início o marido estranha a aproximação, mas depois cede, dando a partida para um divertido e delicioso *ménage* (nome em inglês do filme), tanto na cama quanto nos negócios. Comédia imperdível!

MINHA ADORÁVEL LAVANDERIA
(My beautiful laundrette, Inglaterra, 1985, Stephen Frears, 97 min.)

Com dois focos principais, este clássico do cinema gay vai explorar dois temas: o preconceito racial contra imigrantes, principalmente vindos do Oriente Médio, na Inglaterra de Margareth Thatcher, e a homossexualidade.

Omar (Gordon Warnecke) é um paquistanês de traços bem nítidos, com pensamentos socialistas. Ele tem um tio que abriu uma lavanderia num bairro da periferia do sul de Londres e está precisando de um funcionário. Omar aceita o desafio e, logo ao chegar, propõe uma reforma na lavanderia.

Nesse meio tempo, reencontra seu antigo colega de escola Johnny (Daniel Day-Lewis, aos 28 anos, em um dos seus primeiros trabalhos). Este é revoltado contra o sistema, tenta ser punk, envolve-se com gangues, e aos poucos descobre seus desejos secretos.

Já prometido a uma moça, como ditam os costumes de sua cultura, Omar começa a sentir algo estranho pelo amigo ao reencontrá-lo. Ao mesmo tempo, precisa tomar cuidado, pois Johnny faz parte de grupos extremistas e xenofóbicos que são contra os imigrantes na Inglaterra, fazem passeatas exigindo sua saída e destroem suas casas e estabelecimentos comerciais. Essa diferença de opiniões deixa a situação sempre tensa e impede que Omar mergulhe completamente nessa relação, sem contar o peso cultural de suas origens.

O final, meio fabuloso e feliz, seria mais uma forma de mostrar que tudo pode ser solucionado a contento para ambos os lados. Porém, sabemos que na vida real não é bem assim. O roteiro de Hanif Kureishi foi indicado para o Oscar.

MUNDO SEGUNDO GARP, O
(The world according to Garp, EUA, 1982, George Roy Hill, 136 min.)

Esse filme estranho, fora dos padrões, conta a história de Garp (Robin Williams), escritor que vive nos anos 1940. Cercado de uma estranha família, que passa por altos e baixos de felicidades e tristezas, ele está sempre feliz.

Sua mãe solteira, dominadora e egoísta Jenny Fields (Glenn Close, estreando no cinema) começa a se interessar por literatura e principalmente por sexualidade humana, vindo a se cercar de outras ativistas tão estranhas quanto ela. Isso inclui a futura transexual Roberta Muldoon (John Lithgow), enorme ex-jogador de futebol americano que quer mudar de sexo.

Coisas cada vez mais absurdas vão acontecendo, sem conseguir, no entanto, minar a visão otimista que Garp tem da vida. Ele sempre consegue ver o lado bom. Baseado no *best-seller* de John Irving, de 1978. Seria uma autobiografia?

NOITES DO SERTÃO
(Noites do sertão, Brasil, 1984, Carlos Alberto Prates Correia, 100 min.)

Lalinha é uma jovem fogosa e sensual que é abandonada pelo marido na cidade grande. Desorientada, vai buscar abrigo na fazenda

Buriti Bom, de propriedade do ex-sogro e viúvo Sô Liodoro (Carlos Kroeber), no interior de Minas Gerais.

A sua chegada desestabiliza a vida na pacata fazenda, onde todos seguem acordando e dormindo sem muitas novidades. Lá encontra as solitárias Maria da Glória (Débora Bloch) e Maria Behú (Sura Berditchevsky), que veem na jovem moça um poço de possibilidades, tanto de amizade quanto afetivas e sexuais.

Baseado na novela *Buriti*, de Guimarães Rosa, o filme foi tido como uma das melhores e mais eróticas adaptações de um livro do autor.

OUTRA HISTÓRIA DE AMOR
(Outra história de amor, Argentina, 1986, Américo Ortiz de Zárate, 90 min.)

Esse filme rompeu as convenções na rígida e conservadora Argentina e, espantosamente, se tornou um sucesso de bilheteria no país.

Tratando de vários tabus ao mesmo tempo, mostra o romance entre Castro (o lindo, jovem e sarado Mario Pasik), ambicioso funcionário de uma grande empresa, e Raul (Arturo Bonín), homem muito mais velho e executivo da mesma companhia. Além da diferença de idade, o filme aborda o relacionamento entre um chefe e um subordinado e, mais, entre duas pessoas do mesmo sexo.

Casado há 20 anos, com dois filhos, sem nunca ter imaginado estar numa situação dessas, Raul se vê cada vez mais atraído por Castro, que está cada vez mais próximo e termina por declarar abertamente seu amor a ele. Inicia-se uma relação complexa, que vai exigir a aceitação de Raul por sua família – e por si mesmo, antes de tudo.

PARCEIROS DA NOITE
(Cruising, EUA/Alemanha, 1980, William Friedkin, 102 min.)

Um serial killer se especializa em assassinar homossexuais que frequentam a noite gay nova-iorquina, em especial os bares e clubes de sexo sadomasoquistas. Após atrair suas vítimas, ele as mata, esquarteja e joga seus pedaços ao mar.

Para descobrir quem é o violento assassino, a Divisão de Homicídios decide enviar o policial Steve Burns (Al Pacino), por apresentar as mesmas características de que o assassino gosta: é moreno, tem cabelos e olhos pretos e baixa estatura.

Heterossexual, Steve vê-se obrigado a mergulhar no submundo dos *cruising bars* de Nova York para atrair o criminoso e pegá-lo em flagrante. Nesse mergulho, conhece lugares, pessoas e presencia cenas que ele jamais imaginou existirem.

Baseado no livro de Gerald Walker, o filme traz na trilha sonora o brasileiro Egberto Gismonti.

Parceiros da noite causou muita revolta no meio gay da época, até piquetes eram organizados nas portas dos cinemas que o exibiam, pelo fato de o filme expor o interior do meio sadomasoquista gay, até hoje tabu para a sociedade (incluindo a nossa).

PEPI, LUCI, BOM E OUTRAS GAROTAS DO QUARTEIRÃO

(Pepi, Luci, Bom y Otras Chicas del Montón, Espanha, 1980, Pedro Almodóvar, 82 min.)

Enquanto brinca com o seu baralho de Super-Homem em seu apartamento, Pepi (Carmen Maura), uma mulher descompensada, recebe a visita do seu vizinho, um pervertido policial (Félix Rotaeta) que vê seus vasos de maconha na janela, rouba as plantas mas não a leva presa.

Pepi jura vingança e liga para seus amigos punks. Eles, por engano, acabam batendo no irmão gêmeo do policial em questão, que caminhava pelas ruas. Enquanto isso, ela apresenta sua amiga e cantora punk Bom (Olvido Gara), que canta no grupo Alaska, à masoquista Luci (Eva Siva), casada com o vizinho policial. No primeiro encontro as duas se apaixonam e ela abandona o marido.

As três vão para festas, bares e locais *underground*, até que Luci reencontra seu marido, apanha dele e volta para seus braços, enquanto Pepi e Bom acabam ficando juntas.

Primeiro filme de Almodóvar a atingir sucesso comercial, já mostrava a genialidade do diretor espanhol. O filme levou dois anos para ser feito, tendo Almodóvar arrecadado com os amigos mais próximos 20 mil dólares para a sua realização.

PIXOTE: A LEI DO MAIS FRACO
(Pixote, Brasil, 1980, Hector Babenco, 128 min.)

Num dos filmes mais pesados da cinematografia brasileira, o início da ação se passa numa instituição destinada a menores infratores, uma mancha difícil de esquecer na história dos serviços públicos brasileiros: a Febem. Criada para recuperar crianças e adolescentes infratores, ela acabava por fazer exatamente o inverso, e foi chamada de "escola do crime".

Nesse contexto estão Pixote (Fernando Ramos da Silva), o protagonista, um menino de apenas 10 anos, na ficção e na vida real, Dito (Gilberto Moura), Chico (Edílson Lino), Fumaça (Zenildo Oliveira Santos) e Lilica (Jorge Julião), nosso personagem de maior interesse. Lilica tem 17 anos, é homossexual, meio travestido e de liderança forte. Mantém relações sexuais com os rapazes mais temidos do local. Lilica tem apreço especial por Dito, com quem tenta manter um relacionamento naquele inferno.

Após uma série de assassinatos e vinganças dentro da casa, uma rebelião é iniciada. Quando um incêndio começa, Pixote, Lilica, Dito e Chico conseguem fugir, ganhando as ruas de São Paulo.

Sendo menores de idade, fugitivos e sem dinheiro, vão se envolver com tipos da pior espécie para manter sua liberdade e sua sobrevivência. Acabam se apegando uns aos outros, como se a circunstância os tornasse irmãos de sangue. Nesse contexto vão conhecer Sueli (Marília Pêra), uma prostituta que vai acolher os quatro garotos. Aos poucos, todos vão se afeiçoando a ela. Mas Sueli não é mãe de ninguém, e vai deixar isso muito claro, desmantelando o grupo e fazendo cada um tomar seu rumo, às vezes incerto, às vezes fatal.

E a vida imitou a arte. Fernando Ramos da Silva, semianalfabeto que ficou conhecido ao interpretar o papel-título do filme, não conseguiu trabalho como ator quando a fama acabou. Desesperou-se e acabou enveredando pelo crime, como o personagem que interpretou. Fernando foi morto aos 19 anos.

Jorge Julião ficou tão famoso com o forte papel de Lilica que nunca mais conseguiu se desvencilhar dele e fazer outro papel de expressão em sua carreira cinematográfica. Voltou-se para o teatro, onde é ator, diretor e autor.

No elenco do filme, nomes ainda como Beatriz Segall, Jardel Filho, Rubens de Falco, Elke Maravilha, entre outros.

QUERELLE

(Querelle, França/Alemanha, 1982, Rainer Werner Fassbinder, 106 min.)

Com certeza, um dos filmes mais gays e sensuais da história do cinema, e com características tão incomuns que se tornou um marco. Fassbinder veio a falecer logo depois de seu término.

Querelle (Brad Davis, um homem lindíssimo) é um marinheiro que aporta na cidade de Brest, famosa pelo seu bordel, administrado por Lysiane (Jeanne Moreau, maravilhosa) e seu marido Nono (Günther Kaufmann), um negro musculoso e com uma ambiguidade sexual inerente.

Logo ao chegar, Querelle entra na disputa de Nono, que consiste em jogar dados. Se Nono perde, Lysiane é do vencedor. Se Nono ganha, o traseiro do perdedor é dele. Trapaceando nos dados propositalmente para perder, Querelle descobre as delícias do sexo com outro homem, perdendo sua virgindade com aquele negro.

Querelle é cobiçado por todos, até pelo seu próprio irmão Robert (Hanno Pöschl), que mora na cidade também. Mas o marujo sabe tirar proveito de sua beleza e só se entrega a quem lhe interessa. Até que um marinheiro de seu próprio navio tenta obrigá-lo a fazer sexo com ele, e Querelle acaba por matá-lo. A polícia do local começa a busca pelo assassino. Num gesto de amor mais que fraternal, Robert se entrega no lugar do irmão para que este possa continuar seu trabalho no navio.

Paralelo a tudo isso, vemos o capitão (Franco Nero) observar Querelle o tempo todo nas suas seduções, num amor platônico, enquanto registra toda a sua inveja e ciúme num gravador. Apesar de perdidamente apaixonado pelo marujo, o capitão não se entrega, pois não quer perder a superioridade sobre Querelle. Mas será que ele resistirá até o fim?

Com um elenco inteiro masculino (apenas Jeanne Moreau como mulher), o filme é recheado de cenas de extremo erotismo, incluindo masturbação e beijos entre homens. Corpos musculosos, sem camisa e suados estão por toda a parte, e todo o elenco parece não usar cuecas, pois as protuberâncias em suas calças são notáveis, inclusive a de Brad Davis, sempre para o lado direito (seria ele canhoto?).

Apresentado no Festival de Veneza, causou escândalo pelas cenas fortes. A história e os cenários foram baseados na novela *Querelle de Brest*, de Jean Genet. O cenário é cheio de "falos" camuflados, e a iluminação imita um sol que está prestes a se pôr, mas nunca se põe. Lamentavelmente, o belíssimo Brad Davis (também de *O expresso da meia-noite*) morreria alguns anos depois, vítima da aids.

SILKWOOD – O RETRATO DE UMA CORAGEM
(Silkwood, EUA, 1983, Mike Nichols, 131 min.)

Baseado numa história real, conta a luta de Karen Silkwood (Meryl Streep), funcionária de uma indústria que lida com componentes radioativos numa pequena cidade do interior dos Estados Unidos. Aos poucos, ela começa a verificar irregularidades na segurança dos funcionários, o que começa a acarretar problemas de saúde devido à contaminação de vários deles.

Disposta a enfrentar os proprietários da empresa, ela resolve denunciar as irregularidades.

Casada com Drew (Kurt Russell, em ótima forma), para amenizar as despesas e o excesso de espaço ela divide sua moradia com uma lésbica, Dolly (a cantora Cher).

Para revidar as acusações e minar as denúncias da funcionária, os proprietários da empresa começam a acusá-la de atos promíscuos e imorais, afirmando que ela divide sua casa com uma lésbica por manter relações sexuais com ela, apesar de ser casada.

Interpretações magistrais que renderam o Globo de Ouro de Melhor Atriz Coadjuvante para Cher por seu papel de homossexual.

SOCIEDADE DOS POETAS MORTOS
(Dead poets society, EUA, 1988, Peter Weir, 128 min.)

Um grupo de alunos de um rígido colégio americano tem sua rotina de vida modificada com a chegada de um novo professor de literatura. Com métodos inovadores e fora do convencional, o professor John Keating (Robin Williams) começa a mudar os hábitos e a cabeça dos jovens, e revoluciona a forma de ensino ao propor que seus alunos aprendam a pensar por si mesmos.

Um deles, Neil Perry (o lindo Robert Sean Leonard), quer fazer teatro contra a vontade do pai. Numa veneração secreta, é apoiado pelo seu amigo e companheiro de quarto Todd Anderson (Ethan Hawke, numa atuação já surpreendente aos 17 anos de idade), que nutre por ele mais do que uma forte amizade. Posicionamentos questionados, valores revistos e amizades intensas, num dos mais belos filmes do cinema americano.

O diretor Peter Weir optou por filmar tudo em ordem cronológica, para captar exatamente a evolução do entrosamento entre os alunos e o professor Keating, sem nenhuma perda. O papel de Robin Williams, antes de ser dele, foi cogitado para Bill Murray, Liam Neeson e Dustin Hoffman. O educador em questão realmente existiu, chama-se Samuel Pickering e dá aulas até hoje na Universidade de Connecticut.

TESSA, A GATA
(Tessa, a gata, Brasil, 1982, John Herbert, 110 min.)

Uma salada no melhor estilo Nelson Rodrigues. Débora (Patrícia Scalvi) trabalha como secretária para o Dr. Raul (Carlos Kroeber), casado com Roberta (Rosina Malbouisson), e não consegue se esquecer dos momentos que teve com Tessa (Nicole Puzzi), sua amante quando morava no interior. Tessa era casada com Gustavo (Walter Forster), que, sem que Débora saiba, é sócio do Dr. Raul em negócios ilegais envolvendo drogas.

Débora também desconhece que Tessa é irmã de Roberta, esposa do Dr. Raul. Esta, por sua vez, cansada da dominação e indiferença do marido, resolve se entregar a Débora para satisfazer seus prazeres; e Débora para matar saudades do que fazia com Tessa. Tantos casos de amor se encaminham para um final cheio de reviravoltas.

Filme baseado no livro de sucesso da polêmica escritora Cassandra Rios, perseguida pela ditadura pelo conteúdo erótico e sempre homossexual de seus livros, publicados nas difíceis décadas de 1960 e 1970.

TOOTSIE
(Tootsie, EUA, 1982, Sydney Pollack, 116 min.)

Dustin Hoffman já era famoso, mas deu um salto na carreira (sem trocadilhos) e demonstrou toda a sua versatilidade nesse filme. Michael Dorsey (Dustin) é um ator que vive procurando papéis, sem sucesso. Um dia, uma atriz de um importante seriado da TV fica doente, e uma substituta é procurada às pressas. Michael tem a ideia de se travestir de mulher e ganha o papel, se transformando em Dorothy Michaels.

Começa então uma divertida vida dupla, com surpresas, decepções, romances trocados, pois ele se apaixona pela colega de seriado Julie (Jessica Lange), entre outras coisas. Dorothy se transforma num sucesso e referência de postura, fibra e integridade para as mulheres, até causar uma crise de identidade em Michael.

O filme, apesar de tratar de um caso de travestismo, toca muito pouco nas questões sexuais, levando o assunto mais para o lado cômico. Mas vale pelo grande exercício de interpretação de Dustin e pelas divertidas situações que oferece.

ÚLTIMO IMPERADOR, O
(The last emperor, China/Itália, 1987, Bernardo Bertolucci, 219 min.)

Apesar de ser um filme sobre a história da China, foi orquestrado pelo famoso diretor italiano Bernardo Bertolucci. Pu Yi (John Lone) é declarado imperador aos 3 anos de idade, numa China ainda soterrada por costumes rígidos e por regimes imperialistas.

O imperador fica aprisionado em seu próprio templo, a Cidade Proibida, sob a tutela e ensinamentos do inglês Reginald Johnston (Peter O'Toole), até completar 24 anos de idade, quando é deposto por revolucionários e expulso de sua própria casa.

Com poucos e fiéis súditos, o imperador é obrigado a se casar, mesmo contra sua vontade, com uma moça que mal conhece, Wan Jung (Joan Chen), e com quem vai viajar por todo o país. Ao mesmo tempo conhece a concubina (versão oriental das prostitutas) Wen Hsiu (Wu Jun Mei), com quem vive um relacionamento paralelo. Um dia as duas acabam por se encontrar, e eles iniciam um relacionamento a três, com direito a beijos e carícias entre as duas, tudo regado com muitas drogas e ópio, que vão destruir a vida dos protagonistas.

Fotografia belíssima e ótimas atuações num filme biográfico e muito longo. Primeiro filme da história do cinema a receber autorização do Governo Chinês para utilizar a Cidade Proibida como cenário, até então um local sagrado inacessível.

VERA
(Vera, Brasil, 1986, Sergio Toledo, 85 min.)

Vera (Ana Beatriz Nogueira, irreconhecível) é uma jovem que vai parar na Febem por ser órfã e não ter ninguém para cuidar dela. Fica lá durante toda a infância e adolescência, sendo expulsa aos 18 anos, idade limite para permanência na entidade.

Homossexual desde jovem, ela sempre tenta impor sua figura masculina de modo a convencer os outros de que é um homem chamado Bauer.

Ao sair da instituição, ela batalha um emprego, até que consegue num escritório. No local trabalha a bela mulata Clara (Aida Lerner), por quem se apaixona. Tentando conquistar a moça, Vera se masculiniza cada vez mais e causa estranheza a seus colegas e à própria Clara, para quem passa horas escrevendo poemas.

Não correspondida tanto em sua imagem quanto em seu amor, Vera sai desiludida pelas ruas de São Paulo.

Baseado no livro que traz a história real de Sandra Mara Herzer, que se suicidou aos 20 anos pulando de um viaduto paulistano. Ana Beatriz Nogueira ganhou o Leão de Prata de Melhor Atriz do festival de Berlim, um dos mais rígidos do cinema mundial, após ser escolhida pelo diretor entre mais de 100 candidatas ao personagem.

VÍTOR OU VITÓRIA?
(Victor/Victoria, Inglaterra, 1982, Blake Edwards, 133 min.)

Essa deliciosa comédia musical não poderia faltar. Julie Andrews é Vitória, uma cantora soprano inglesa que está em Paris (em 1934) à procura de trabalho em alguma casa local. Ela faz um teste numa decadente casa noturna da cidade e é vista por Toddy (Robert Preston), um cantor gay da mesma casa.

Recusada mais uma vez, sem dinheiro, a ponto de ser despejada de seu quarto e com fome, ela sai desorientada do teste à procura de comida. Toddy a encontra novamente e os dois se tornam amigos. Após acolher Vitória em sua casa por uma noite, Toddy empresta suas roupas para que ela possa partir no dia seguinte.

Nesse momento ele tem uma ideia brilhante: apresentar Vitória para o *show business* como Vítor, um conde polonês transformista. Vitória aceita o desafio, e Vítor se apresenta na melhor casa da cidade.

Na plateia está King Marchand (James Garner), dono do local e poderoso gângster. King fica fascinado por Vítor/Vitória, assim como toda a plateia. O sucesso é total, principalmente quando Vitória arranca a peruca e revela a "verdadeira" identidade de Vítor, surpreendendo a todos.

Impressionado e ao mesmo tempo confuso, King começa a se questionar quanto aos seus sentimentos, iniciando uma divertida batalha para se aproximar do conde Vítor. Questionamento de sexualidades divertidíssimo.

Uma brilhante interpretação de Julie Andrews (já com seus 47 anos), e igualmente brilhante de Robert Preston, no papel de seu anjo da guarda gay. Para chocar logo de cara a plateia, o diretor Blake Edwards abre o filme com Preston dormindo numa cama de casal, de onde levanta, do outro lado, um homem de cuecas, um gay enrustido, que frequenta sua cama algumas vezes.

Bailarinos gays, boates gays e personagens se assumindo gays não faltam durante a história. Assim como diálogos inteligentíssimos entre Julie e Garner sobre sexualidade e papéis sexuais. Músicas belissimamente interpretadas por Julie (que deram o Oscar de Melhor Trilha Sonora ao filme), e números que nos fazem ter saudades dos bons tempos dos grandes musicais.

A cena do restaurante, em que Julie leva uma barata dentro da bolsa, e o número final em que Preston a imita são algumas das partes altas do filme. Para quem não sabe, o musical é uma nova versão para um filme alemão de 1933, e fez tanto sucesso que Julie Andrews encena-o até hoje nos palcos da Broadway.

YENTL

(Yentl, Eua/Inglaterra, 1983, Barbra Streisand, 132 min.)

Dramatização do livro *Yentl, the Yeshiva boy* (*Yentl, o menino da escola rabínica*), do escritor ganhador do Prêmio Nobel de Literatura (1978) Isaac Bashevis Singer (1902-1991), publicado em 1960.

Na pequena vila de Ashkenazic, na Polônia, Yentl Mendel (Barbra Streisand) é a filha única, masculinizada e enrudecida, do viúvo Rebbe (Nehemiah Persoff), um professor do Talmud, o livro judaico das leis. Rebbe ensina as leis do Talmud para os meninos da cidade – e para Yentl inclusive, porém de forma secreta, pois as meninas não podiam aprender tais leis naquela época.

Quando seu pai morre, Yentl fica completamente sozinha no mundo. Então, toma uma difícil decisão num repente: deixar a vila e, vestida como um menino, adotar o nome do seu irmão mais velho, Anshel. Ela, agora ele, é admitida numa escola de rabinos, para estudar os textos e as tradições judaicas.

Anshel se torna amigo de Avigdor (Mandy Patinkin), que está noivo de Hadass (Amy Irving). Mas a família de Hadass descobre que o irmão de Avigdor cometera suicídio, e resolve cancelar o casamento por temer que ele sofra do mesmo distúrbio.

A família de Hadass resolve colocar Anshel no lugar de Avigdor como noivo de sua filha. Porém, é um casamento que jamais vai se consumar, pois, além do segredo que Yentl guarda, Hadass ainda ama Avigdor, apesar de se apaixonar por Anshel (Yentl). Para complicar mais, Avigdor se apaixona por Yentl depois que ela revela seu segredo.

Uma atuação brilhante de Barbra, que ainda dirigiu o filme (o seu primeiro) e cantou a maioria das músicas, com belíssimas interpretações que lhe renderam três Oscar de Trilha Sonora.

Década de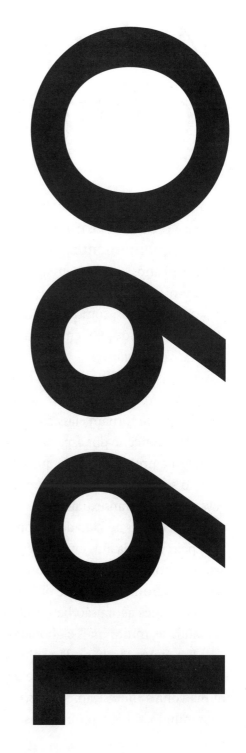

Muita luz no fim do túnel

Os regimes militares acabam. Com eles, as censuras. Inicia-se um novo caminho, uma nova década para o cinema mundial e, consequentemente, para os filmes gays. As produções, mais de 150 em 10 anos, não surgem apenas da América.

Pérolas como o inesquecível *Priscilla, a rainha do deserto* brotam de países longínquos, como a Austrália, surpreendendo o mundo inteiro. Vindas da Ásia, descem em nossas telas joias como *Felizes juntos* e *O banquete de casamento*.

Outras maravilhas surgem da Europa, como os franceses *Minha vida em cor-de-rosa*, ou os britânicos *O padre*, *Eclipse de uma paixão* e *Delicada atração*, que se tornam clássicos da filmografia LGBT.

O preconceito dos espectadores vai diminuindo. E o dos atores também. Cai a preocupação de que fazer papéis gays "suja" o currículo, e o mundo se surpreende com nomes famosos em papéis de protagonistas gays, lésbicas e transexuais.

Tom Hanks ao lado de Antonio Banderas vai assumir um gay infectado pelo vírus da aids em *Filadélfia*, sem medo de represálias. O mesmo acontece com Clive Owen, Leonardo DiCaprio, Robin Williams, Keanu Reeves, Sharon Stone, entre outros ícones da década.

Os filmes agora são bem mais ousados, explícitos e provocantes. A sexualidade, muito mais elaborada e questionada.

É a época também da explosão da epidemia de aids pelo mundo, que assusta a comunidade gay e a transforma na vilã da década, quase numa volta à inquisição. Saunas, danceterias e *cruising bars* são fechados pelo mundo, tidos como responsáveis de disseminar o vírus abundantemente. Os gays são acusados de proliferar a peste com sua liberação sexual. Mas a história e o cinema vão mostrar que a verdade sobre a epidemia não é bem essa.

É a subida da qualidade do cinema LGBT. Para o alto, e avante!

• •

ALMAS GÊMEAS
(Heavenly creatures, Inglaterra/Alemanha/Nova Zelândia, 1994, Peter Jackson, 108 min.)

Duas adolescentes de classes sociais diferentes, Pauline Parker (Melanie Lynskey) e Juliet Hulme (Kate Winslet), se conhecem no colégio em meados dos anos 1950 na Nova Zelândia.

Aos poucos, as duas se tornam inseparáveis, enquanto trocam confidências escritas e anotações em seus diários. Entre devaneios de locais inexistentes e reinos fantásticos, Juliet insere Pauline em sua casa, onde é bem acolhida.

Seus familiares, porém, começam a perceber, pouco a pouco, que aquela amizade está indo longe demais, e começam a fazer de tudo para separar as garotas. Em vão. O relacionamento delas é cada vez mais intenso, e o ódio por seus familiares culmina quando a mãe de Pauline resolve levar a filha a um médico a fim de curá-la, pois naquela época a homossexualidade era considerada uma doença psicológica.

Nesse momento, as duas resolvem se unir e começam a elaborar um plano para eliminar quem está atrapalhando seu belo amor: a mãe de Pauline. Baseado numa história real que chocou a Nova Zelândia.

AMOR DIFERENTE, UM
(Salmonberries, Alemanha, 1991, Percy Adlon, 95 min.)

ᐯ

A mestiça esquimó Kotzebue (a cantora K. D. Lang, lésbica assumida, em seu primeiro filme), masculinizada e rude, principalmente por ser sozinha, tem como obsessão encontrar seus pais que a abandonaram ainda bebê. Um dia decide ir à biblioteca da cidade em busca de livros e registros que possam ajudá-la em sua procura. Seu estranho nome é o mesmo da cidade onde mora e da família que a fundou no Alasca.

Numa dessas visitas conhece Roswitha (Rosel Zech), a bibliotecária. Também com uma história difícil, Roswitha perdeu o marido durante a Guerra Fria na Alemanha e veio se refugiar nesse gelado lugar.

As duas mulheres muito solitárias encontram uma na outra o ombro de que precisam, e iniciam uma relação de cumplicidade e afeto que vai ajudar a superar os momentos difíceis. Salmonberries, o nome original do filme, é uma fruta existente no norte do Alasca.

AMOR E RESTOS HUMANOS
(Love and human remains, Canadá, 1993, Denys Arcand, 100 min.)

ᐯ

David (Thomas Gibson) é um garçom de restaurantes de luxo que abandonou repentinamente sua carreira de ator. Divide apartamento com uma amiga, com quem já teve um caso, a crítica de livros Candy (Ruth Marshall). De humor instável e insegura pelos desastres amorosos recentes, ela fica em dúvida entre envolver-se com outra mulher, Jerri (Joanne Vannicola), e tentar um romance com outro garçom paquerador.

No restaurante em que trabalha, David é objeto de atração de seu ajudante de 17 anos, Kane (Matthew Ferguson), que ele acaba levando ao quarto de uma amiga, Benita (Mia Kirshner), prostituta especializada em atender clientes com fetiches bastante fora do comum, quase sempre envolvendo fantasias.

A prostituta tem seu lado sensitivo, é capaz de ter premonições. O filme se completa com outro amigo de David, Bernie (Cameron

Bancroft), funcionário público que mata o tédio com a conquista incessante de mulheres. Toda essa galeria de personagens interage de forma intensa, expondo a complicada teia que une a busca sexual e afetiva com a angústia de um tempo dominado pelo signo da aids e da violência urbana, pois um *serial killer* está agindo na vizinhança onde todos moram. Ele mata mulheres e arranca seus brincos com as orelhas.

O enredo dessa comédia de humor negro foi adaptado de duas peças do autor Brad Fraser, considerado um dos dramaturgos mais corrosivos do Canadá. Brad Fraser também é autor da peça *Pobre Super-Homem*, que fez sucesso em São Paulo e tem temática parecida.

ATÉ AS VAQUEIRAS FICAM TRISTES
(Even cowgirls get the blues, EUA, 1993, Gus Van Sant, 95 min.)

Sissy Hankshaw (Uma Thurman) nasceu com enormes polegares, o que, estranhamente, sempre a ajudou a ter uma vida libertária, pedindo carona de estrada em estrada pelos Estados Unidos. Numa dessas andanças, acaba se tornando uma modelo famosa de propagandas e vai parar em Nova York. É chamada por seu agente, cujo diferente apelido é "A Condessa" (John Hurt), para gravar um anúncio em uma de suas fazendas na Califórnia.

Ao chegar lá, ela vai conhecer as "vaqueiras" do local e se encantar por uma delas, Bonanza Jellybean (Rain Phoenix, irmã de River e Joaquin Phoenix). Ao mesmo tempo, descobre as características do local e a forma como as vaqueiras são tratadas pelos donos do SPA e pelos moradores da cidade. Até que um dia elas resolvem se rebelar contra todos.

BANQUETE DE CASAMENTO, O
(Xi Yan, Taiwan/EUA, 1993, Ang Lee, 106 min.)

Wai-Tung (Winston Chao) é um tailandês que tem uma vida confortável na ilha de Manhattan, ao contrário do que teria em seu país.

Ele é gay e mantém um relacionamento de muitos anos com o americano Simon (Mitchell Lichtenstein). A vida vai calma, até que sua família de Taiwan começa a cobrar: o rapaz está passando da idade e não casa. Para os orientais, isso é uma questão de honra.

Tentando resolver o problema sem ter muita dor de cabeça, Wai faz uma proposta a uma inquilina sua, Wei-Wei (May Chin), que está procurando alguém para casar para obter o seu Green Card. Wei aceita a proposta e passa a ser tratada como "a noiva" de Wai, indo até morar com ele.

Tudo tem de seguir como manda o figurino, com direito a casamento religioso e banquete de casamento (que dá o título ao filme). Quando toda a família de Wai desembarca nos Estados Unidos para a celebração, configura-se o imbróglio de mentiras e contradições, deixando todos numa situação constrangedora e divertidíssima.

BECO DOS MILAGRES, O

(El callejón de los milagros, México, 1995, Jorge Fons, 140 min.)

Um bairro no subúrbio da Cidade do México é retratado neste filme, com todos os seus moradores e seus problemas familiares e existenciais. Eusebia (Delia Casanova) é casada com Don Rutilio (Ernesto Gómez Cruz) e tem um filho, Güicho (Luis Felipe Tovar). Cansado da falta de perspectiva e da vida monótona, Güicho resolve se juntar a outros dois amigos, Abel (Bruno Bichir) e Chava (Juan Manuel Bernal), para tentar uma forma arriscada de mudar de vida: ir para os Estados Unidos.

De forma clandestina e perigosa, eles começam a planejar a retirada, causando um misto de esperança e medo em todos ao redor. Ao mesmo tempo que querem que eles se deem bem, seus familiares temem que aconteça algum imprevisto por lá. Abel tem também de se despedir de sua amada, Alma (Salma Hayek), antes de partir.

Destaque para o papel de Don Rutilio, que, depois de casado e já acomodado, descobre sua tardia homossexualidade e começa a ter conflitos para lidar com essa descoberta.

O filme ganhou vários prêmios Ariel, o Oscar mexicano. Baseado na obra do ganhador do prêmio Nobel, o egípcio Naguib Mahfouz, teve sua narrativa transferida do Cairo para a capital mexicana. A linha principal, contudo, foi mantida: a eterna insatisfação com o próprio país e a busca de um futuro melhor em outras terras, sonho nem sempre possível.

BEIJO HOLLYWOODIANO DE BILLY, O
(Billy's Hollywood screen kiss, EUA, 1998, Tommy O'Haver, 92 min.)

Billy (Sean Hayes) é fotógrafo. Gay assumido, decide fugir da pequena cidade na qual nasceu, em Indiana – lugar em que, segundo ele, só há héteros –, e se refugiar em Los Angeles, onde acredita que será mais bem-aceito.

Logo de cara conhece Fernando (Armando Valdes-Kennedy), um latino mal resolvido com quem inicia um relacionamento complicado. Cansado de ser "a outra" de Fernando, que nunca está disposto a se assumir, ele um dia vai a um café e conhece o garçom Gabriel (Brad Rowe) – loiro deslumbrante!

Ao mesmo tempo que se apaixona por Gabriel, Billy resolve incluí--lo em seu projeto sobre Hollywood: refazer em fotos Pollaroid os mais famosos beijos hollywoodianos utilizando *drag queens* e gays, e transformá-lo num modelo famoso. Gabriel aspira ser músico e aparentemente é heterossexual, mas acaba desenvolvendo certa curiosidade de como é estar na cama com outro homem. É a grande chance de Billy.

BENT
(Bent, Inglaterra/Japão, 1997, Sean Mathias, 116 min.)

Pesado como uma bigorna, ou como as pedras que os personagens carregam no filme, Bent reúne temas como homossexualidade, repressão, nazismo e guerra. Max (o excelente e então desconhecido Clive Owen) é um rapaz que vive no auge da sua liberação homossexual, ao lado de seu amante Rudy (Brian Webber), um jovem garoto.

Eis que estoura a Segunda Guerra Mundial. Acreditando em influências e poder, os dois tentam sair da Alemanha antes que a caça aos homossexuais comece, mas fracassam. Max e Rudy são colocados num trem para o campo de concentração de Dachau.

No caminho, Max vê Rudy confessar, após muita tortura, sua homossexualidade. Com medo de morrer, Max nega que conhece o garoto, tendo de olhar para seu rosto todo coberto de sangue. Rudy é jogado para fora do trem. Max é obrigado a transar com uma judia para provar sua heterossexualidade.

Ao chegar ao campo de concentração, Max mente ser judeu e ganha um uniforme com a estrela amarela nos ombros. Os homossexuais, ao entrar nos campos, ganhavam um uniforme com um triângulo rosa (virado de ponta-cabeça) costurado nos ombros – o que se transformou até hoje em um dos símbolos universais dos gays.

Lá, Max vai conhecer Horst (Lothaire Bluteau), um homossexual por quem se apaixona. Impedidos de ter contato, Horst vai vivendo um amor a distância, e cada vez mais intenso, regido por gestos e sinais silenciosos. Max, por ter se declarado judeu, assiste calado a todas as humilhações que Horst sofre por ser gay, ao mesmo tempo que tem melhores meios de ajudá-lo. Horst fica doente e, na tentativa de ajudá-lo, Max faz sexo com vários oficiais alemães em troca de remédios.

O desempenho dos atores é brilhante e o final tão (ou mais) pesado quanto todo o resto. A cena em que Max e Horst fazem sexo estando lado a lado, olhando para uma parede, e distantes um do outro, merece um prêmio.

Porém, o filme traz algumas incongruências estranhas no início. Há uma festa de abertura, como uma *rave*, onde um deslocado Mick Jagger (vestido de mulher) canta em cima de um trapézio enquanto vários homens nus desfilam. Logo depois ele desaparece da história. Parece ter sido usado como um chamariz, pois, inclusive, é ele que está no cartaz do filme, mesmo aparecendo só nos primeiros minutos.

Logo no início, também, um oficial completamente nu (um loiro incrível) foge do exército, numa cena que dura vários minutos, exibindo tudo que tem direito. Mas não se iluda. São apenas alguns momentos bons para aliviar o que vem pela frente. No elenco, também, um apagado Ian McKellen (de *O aprendiz* e *Deuses e monstros*). O autor (e coprodutor) do filme é o mesmo autor da peça de teatro, famosa em 1979. Drama para quem tem estômago.

CASO DE AMOR, UM
(The sum of us, Australia, 1994, Geoff Burton/Kevin Dowling, 100 min.)

Harry Mitchell (Jack Thompson), um pai viúvo, está à procura de uma nova esposa para aplacar a solidão. Ao mesmo tempo, seu filho gay de 20 anos, Jeff (Russell Crowe), também está na flor da juventude em busca de um grande amor masculino. Com um pai liberal e cabeça aberta (que quase só existe mesmo no cinema), os dois trocam experiências, confidências e desilusões enquanto seguem suas buscas paralelas em mundos tão diferentes.

Porém, esse excesso de liberalismo pode atrapalhar ambos em sua busca de amor. O pai acaba por se intrometer nos relacionamentos do filho um tanto inconscientemente, e, assim, chega a atrapalhar seus planos. E o filho, por sua vez, acaba fazendo o mesmo com as tentativas dele de conseguir uma nova companheira. Mas a amizade profunda entre os dois vai superar as adversidades.

CELULOIDE SECRETO – O OUTRO LADO DE HOLLYWOOD
(The celluloid closet, EUA, 1995, Rob Epstein e Jeffrey Friedman, 102 min.)

Se você gosta de cinema (provavelmente sim, caso contrário não estaria lendo este livro) não pode perder esse filme. Se você não gosta, pule-o. *Celuloide secreto* é uma homenagem aos 100 de cinema, e ressalta a perenidade dos personagens gays durante todos esses anos de filmes e mais filmes.

Narrado por Lily Tomlin, o filme mostra cenas explícitas, e às vezes nem tanto, de mais de 100 produções famosas. Intercalados às imagens há depoimentos dos próprios atores, como Tom Hanks (por *Filadélfia*), Whopi Goldberg (por *A cor púrpura*), Harvey Fierstein (por *Essa estranha atração*), entre outros. Paralelamente, o filme analisa o comportamento das plateias e da própria indústria cinematográfica em relação às liberações e repressões sexuais dos tempos.

É muito interessante ver como a censura funcionava em alguns casos, e como enganada em outros. Um célebre e literalmente épico exemplo são as cenas cortadas de *Spartacus*, em que um jovem súdito (o ainda novato Tony Curtis), lindo e seminu, banha seu mentor (Laurence Olivier) enquanto é seduzido por ele. Apenas essa cena foi cortada, e o diálogo, que sobrou em outras, substituído. Mas, para bom entendedor, o resto do filme basta.

Vale citar ainda as aparições de Gore Vidal, Farley Granger, Shirley MacLaine, Susan Sarandon e Susie Bright (também autora de um livro das Edições GLS). Filme premiado no Festival de Toronto. Cinéfilos, não percam!

DELICADA ATRAÇÃO
(Beautiful thing, Inglaterra, 1996, Hettie Macdonald, 90 min.)

Um garoto de 16 anos, Jamie (Glen Berry), começa a ter problemas para se relacionar com a mãe (Linda Henry) e com a escola. Seu vizinho, Ste (Scott Neal), é um garoto da mesma idade que, igualmente, tem problemas de relacionamento com o pai e com o irmão mais velho. Os dois começam a se amparar e descobrem um amor maior do que a amizade um pelo outro. Juntos, vão descobrir sua homossexualidade, o amor e tudo que têm de enfrentar com isso.

Um filme emotivo, que retrata muito fielmente a descoberta do amor na adolescência e todos os questionamentos dessa fase da vida. Destaque para a personagem Leah (interpretada por Tameka Empson), vizinha dos dois garotos que dá um show à parte, fazendo uma menina literalmente "viciada" em The Mamas and the Papas, mais precisamente por Mama Cass. Hettie Macdonald é estreante na direção. Meio comédia, meio drama, mas excelente.

DEUSES E MONSTROS
(Gods and monsters, Inglaterra/EUA, 1998, Bill Condon, 105 min.)

Baseado na ficção de Christopher Bram, mostra os últimos dias do diretor de cinema James Whale (Ian McKellen, que chegou a ser indicado ao Oscar pelo papel), famoso na década de 1930 por seus filmes clássicos de terror, como a primeira versão de Frankenstein, e também por assumir sua homossexualidade em público naquela época.

James acaba de sofrer um derrame e está em casa se recuperando. Como companheiros, sua inseparável governanta Hanna (Lynn Redgrave) e o mais novo jardineiro da casa, o belo Clayton (Brendan Fraser).

Tentando recuperar o vigor, ele reinicia sua atividade mais recente, visto que já parou de dirigir filmes há tempos: a pintura. Nesse exercício de observação, começa a notar a presença e os músculos do jovem jardineiro.

Aos poucos, de forma sutil e inteligente, começa a se aproximar do rapaz, e conhecer cada vez mais sobre ele, ao mesmo tempo que o insere em seus programas e eventos do dia a dia. Até que o convence a ser seu "modelo vivo", para registrar numa tela sua existência e matar certas curiosidades. Nesse instante, memórias do passado começam a atormentar o velho diretor. Filme forte que mostra o poder da mente sobre nossos desejos e atitudes, com interpretações soberbas.

ECLIPSE DE UMA PAIXÃO
(Total eclipse, Inglaterra/França/Bélgica, 1995, Agnieska Holland, 110 min.)

Filme de época, conta a história da vida e dos romances do poeta francês Paul Verlaine (David Thewlis), principalmente sua louca paixão pelo também poeta Arthur Rimbaud (Leonardo DiCaprio, já com 21 anos, mas aparentando ser mais novo no filme, como era realmente o poeta).

Com uma narrativa lenta e um pouco cansativa, o filme mostra o conflito de Verlaine em ter de viver com sua esposa e filho de forma hipócrita, e sua paixão pelo garoto Rimbaud, que vê nele um mecenas.

Para quem sempre quis ver Leonardo DiCaprio nu, eis uma boa oportunidade, pois ele assim aparece em dois momentos do filme: o primeiro, após Verlaine deixar o esconderijo de amor dos dois, quando Rimbaud sobe no telhado e joga suas roupas para ele, completamente nu (e de frente); e o segundo no final do filme, quando Rimbaud, ao voltar da África, tendo perdido parte da perna, se arrasta nu pelo chão (de costas).

Verlaine tinha motivos concretos para gostar do garoto. Além disso, os dois se beijam em vários momentos do filme de forma convincente, o que sempre deixou aquela dúvida no ar de Hollywood: Leonardo DiCaprio, será que ele é? De resto, não sobra muita coisa. David Thewlis ficou conhecido por aqui por *Sete anos no Tibet* e *A ilha do Dr. Moreau*.

FALSA MORAL

(Hollow reed, Inglaterra/Alemanha/Espanha, 1996,
Angela Pope, 106 min.)

O nome é bem apropriado, e o filme tem o mesmo peso. Um médico homossexual (Martin Donovan) descobre que seu filho (Sam Bould) de apenas 8 anos está sendo espancado pelo atual namorado (Jason Flemyng) de sua ex-mulher (Joely Richardson) e quer lutar pela guarda do filho.

Com essa abertura de filme, só resta assistir até o fim para saber se ele consegue ou não livrar o filho das mãos desse desequilibrado. A direção e um elenco muito afinado são responsáveis pela boa condução.

A história, baseada em fatos reais, é cheia de preconceitos, ativismos, moralismos e mentiras, resultando num filme denso até o final, sem cair em lições de moral ou pieguices. O pai homossexual do garoto, Martin Donovan, tem um currículo gay de peso: atuou em *O oposto do sexo*, roteirizou e dirigiu *Apartamento zero*, além de ter escrito o divertidíssimo *A morte lhe cai bem*.

Como não podia faltar num bom filme gay (europeu), há muito beijo na boca (de Martin com seu namorado, o ator Ian Hart) e atores nus em cena. Curiosamente, apesar de ser um filme para gays masculinos, a ficha técnica é toda composta por mulheres, desde a direção, roteiro e edição até toda a equipe de produção.

FELICIDADE
(Happiness, EUA, 1998, Todd Solondz, 139 min.)

Mais uma pérola do diretor (e roteirista) Todd Solondz, o mesmo de *Bem-vindo à casa de bonecas*. O filme, com certo humor sádico, realista e muitas vezes cruel, gira em torno da vida de três irmãs.

Joy (Jane Adams) tenta ser cantora e vive errando em relacionamentos. Helen (Lara Flynn Boyle) é uma escritora bem-sucedida mas infeliz por ter apenas homens lindos e vazios ao seu lado. Trish (Cynthia Stevenson) é bem-casada e tem três filhos bem criados, ou seja, a vida perfeita. Perfeita? Quase.

Tudo desmorona quando Trish descobre que seu marido Bill (Dylan Baker), um psiquiatra famoso, é um pedófilo homossexual descontrolado. Tão descontrolado que, ao encontrar o colega de seu filho de 11 anos de pijama na sala, coloca sonífero na bebida de todos e abusa do garoto quando a droga faz efeito.

A conversa dele com o filho depois que se descobre tudo é uma das melhores (e mais pesadas) cenas do filme. Trata-se de um cruel retrato do que distúrbios sexuais e relacionamentos mal resolvidos podem fazer na vida das pessoas.

Interpretações magistrais e cenas de um humor tão peculiar que você não sabe se ri ou se chora. Destaque também para os dois gordinhos que moram no mesmo edifício de Helen e para Ben Gazzara, que faz o pai das três moças, também à procura dessa tal "felicidade".

FELIZES JUNTOS

(Chun Guang Zha Xie, Hong Kong/Taiwan, 1997, Wong Kar Wai, 97 min.)

Dois namorados, Ho Po-wing (Leslie Cheung) e Lai Yiu-fai (Tony Leung Chiu Wai), resolvem sair de Hong Kong e ir passear na Argentina, com o objetivo de conhecer as Cataratas do Iguaçu. Tudo dá errado e, sem ter como voltar, os dois, entre brigas e desentendimentos, acabam se separando.

Yiu-fai, mais velho e mais centrado, resolve arranjar emprego e começa uma nova vida no submundo chinês de Buenos Aires. Po-wing, mais novo e muito bonito, resolve cair na vida fácil e começa a trabalhar como "acompanhante" de homens ricos, envolvendo-se também com drogas. Morando na mesma cidade, os dois se reencontram constantemente, questionando cada vez mais o que sentem um pelo outro.

Filme denso, que retrata a vida homossexual de dois estrangeiros num país latino. A linguagem visual do filme é muito interessante, pois, quando a relação se abala, aparecem trechos em sépia, preto e branco, azulados, com câmera na mão e superexpostos, intercalados, numa linguagem bem moderna. O início do filme parece um pouco lento, mas, com o tempo, ele vai tomando rumo e prende a atenção.

FILADÉLFIA

(Philadelphia, EUA, 1993, Jonathan Demme, 119 min.)

Um dos filmes mais comentados da época, ousou ao colocar um ator em evidência fazendo o papel de um homossexual e ao lidar com a questão da aids e seus preconceitos num circuito altamente comercial.

Andrew Beckett (Tom Hanks) é um jovem advogado, bonito e bem-sucedido que trabalha numa importante empresa de advocacia da Filadélfia. Apesar de toda a sua competência, seus patrões descobrem que ele contraiu o vírus da aids e forjam um erro para poder demiti-lo. Ao descobrir a farsa e o motivo dela, Andrew sai à procura de um advogado que defenda sua causa. Encontra então Joe Miller (Denzel Washington), que resolve, após muito relutar, assumir sua defesa.

Para agradar um público comercial, o diretor Jonathan Demme resolveu mostrar um homossexual "normal", com família, irmãos, um emprego sério e uma vida convencional, mas errou na dose ao mostrar sua vida completamente assexuada.

Afinal, em nenhum momento vê-se Andrew ter qualquer contato com seu namorado, o então apagado Antonio Banderas. Dizem que os produtores, ao ver as cenas em que Tom aparecia beijando Banderas, e até deitado com ele, mandaram cortar, com a alegação de que seria muito agressivo ao público.

E alguém pode explicar como se faz um filme que trata de um homossexual que contrai aids sem falar de sexo? Bom, eles conseguiram. Por isso, o papel de Banderas foi resumido a quase nada. Vale pela excelente atuação de Tom Hanks (que lhe valeu o Oscar de Melhor Ator em 1993). Mas a visão sempre preconceituosa e politicamente correta do filme cansa a beleza de qualquer gay.

GAIOLA DAS LOUCAS, A (VERSÃO AMERICANA)
(The birdcage, EUA, 1996, Mike Nichols, 118 min.)

Mais um daqueles fatídicos casos de ciúme americano do sucesso alheio. Refilmagem (americana) do clássico original francês *La cage aux folles*. Ambientada na época atual, 1996, e transferida para Palm Beach, na Flórida, o filme conta a velha história do cinquentão Armand (Robin Williams) que, após um casamento malsucedido, descobre sua homossexualidade e passa a viver com Albert (Nathan Lane), um transformista.

Eles moram juntos na mesma casa, que fica em cima da boate onde Albert trabalha, da qual Armand é proprietário. Num clima familiar, mora na mesma casa Val (Dan Futterman), o filho de Armand, fruto de seu "primeiro" casamento. Um belo dia, Val chega com a notícia: pretende ficar noivo e quer oficializar o noivado na casa do pai, com a presença de sua família e da família da noiva. Está armada a confusão.

Com um elenco de peso, ainda incluindo Gene Hackman, que faz o pai da noiva, e Dianne Wiest, que faz a mãe, essa refilmagem pode agradar quem não conhece o original, mas não tem metade de seu *glamour* europeu.

Robin Williams está a anos-luz de ter o charme e o carisma de Ugo Tognazzi (que no original se chama Renato, e não Armand). O criado negro e completamente abichalhado do original é substituído por uma "barbie" vinda da Grécia, que fica o tempo todo sem camisa exibindo um físico maravilhoso – provavelmente um artifício para atrair o público gay atual –, constrastando com sua cansativa afetação.

Outro artifíco é o filho de Armand, Val, interpretado por Dan Futterman, um rapaz muito bonito que também se exibe o tempo todo, para deleite de todos os criados gays da casa. O único ator que se salva, com segura interpretação, é Nathan Lane, que chega bem perto do maravilhoso Albert de Michel Serrault, sejamos justos.

Para atualizar a história, Armand e Albert discutem durante o filme uma possível união civil dos dois, já possível em alguns estados americanos, sobre a qual Armand ainda é resistente. De resto, salva-se pouca coisa. Se puder, assista o original. Se não puder, esse serve. Comédia razoável.

GAROTAS SELVAGENS
(Wild things, EUA, 1998, John McNaughton, 115 min.)

Na cidade costeira de Blue Bay, o orientador de uma escola colegial, Sam Lombardo (Matt Dillon), é subitamente acusado de violentar uma de suas alunas, a filha de uma das famílias mais ricas da cidade: Kelly Van Ryan (Denise Richards). Ainda abismado com a falsa acusação, e tentando provar sua inocência, uma nova aluna aparece, dessa vez de origem pobre, a inocente Suzie Toller (Neve Campbell), e faz a mesma denúncia contra o rapaz. Tendo sua vida destruída, ele vai se tornando uma figura não desejada na pacata cidade.

O detetive Ray Duquette (Kevin Bacon), porém, começa a achar aquelas acusações muito estranhas e por conta própria investiga o caso. Numa noite, ao colocar uma câmera escondida na casa de uma das supostas vítimas, ele acaba descobrindo que Kelly e Suzie têm um caso, e conclui que tudo não passa de uma conspiração contra o pobre professor. Mas a verdade está bem longe de ser essa, pois uma série de reviravoltas vai mostrar planos ainda mais diabólicos.

Com cenas quentes de sedução, o filme teria ainda outras mais apimentadas, como uma na qual Kevin Bacon e Matt Dillon tomavam uma ducha juntos, completamente nus. Para o nosso azar, o diretor John McNaughton apagou a cena da edição final por julgar que ela não tinha função no andamento da trama.

E ainda sobre água e corpos, a vida imita a arte. Durante a preparação para uma cena perto de um rio, um dos integrantes da equipe técnica reparou em algo que boiava no leito. Ao conferirem o que era, descobriram tratar-se do corpo de um homem morto. Devido ao fato, a cena teve de ser rodada no outro dia, para que a polícia tirasse o corpo da água.

A saber, o título ainda viria a ter duas continuações com a mesma temática de tramas mirabolantes e diabólicas.

GAROTOS DE PROGRAMA
(My own private Idaho, EUA, 1991, Gus Van Sant, 104 min.)

Mike Waters (o lindo River Phoenix) é um garoto com uma vida sofrida, que não tem onde morar e nem família, e faz programas, inclusive com homens, para sobreviver. Uma de suas maiores obsessões é encontrar a mãe que o abandonou. Mike também sofre de uma grave doença chamada narcolepsia, que causa desmaios quando ele tem alguma emoção muito intensa.

Ele é amigo do inconsequente Scott Favor (Keanu Reeves), que, ao contrário dele, é rico e filho do Prefeito de Portland. Aos poucos Mike fica mais íntimo de Scott, por muitas vezes dividindo a mesma cama com ele em programas, e acaba por se apaixonar pelo amigo.

Scott não se define como homossexual, mas como um cara livre. Faz programas, também com homens, porque vive uma fase experimental em sua vida, e principalmente para chocar sua família e seu pai corrupto.

Para curar a obsessão de Mike, os dois partem em uma moto pelas estradas dos Estados Unidos a fim de encontrar a mãe do rapaz.

River Phoenix, um dos mais talentosos e belos jovens do cinema daquela época, faleceria de uma overdose de drogas dois anos depois, durante as filmagens de *Entrevista com o vampiro*, sendo substituído por Christian Slater. Recentemente, Keanu Reeves se declarou bissexual, e desde a época do filme se comentava que ele e River haviam tido um relacionamento na vida real.

Elementos do filme e diálogos inteiros, principalmente do personagem Scott, foram retirados das peças de William Shakespeare sobre Henrique IV e Henrique V. O título foi baseado numa música do famoso grupo dos anos 1970 e 1980, o B-52's.

HOMEM MAIS QUE DESEJADO, O
(Der Bewegte Mann, Alemanha, 1994, Sönke Wortmann, 93 min.)

Baseado numa história em quadrinhos, o filme conta a história de Axel (Til Schweiger), um hétero que, ao ser abandonado pela esposa, resolve dividir um apartamento com o gay Norbert (Joachim Król), que se apaixona terrivelmente, claro, por Axel. Tal paixão e o fato de Norbert "esquecer" que Axel é hétero, tentando conquistá-lo de qualquer forma, colocam os dois em situações engraçadíssimas.

Jamais imaginaríamos que da Alemanha viesse um filme tão divertido e criativo, que infelizmente passou quase que em branco pelos cinemas daqui. Til Schweiger é um ator famoso na Alemanha, e um loiro belíssimo. Para nosso deleite, e como é comum nos filmes alemães, ele aparece nu várias vezes.

Fora isso, o universo das amizades gays, das festas e das boates é bem fiel, inclusive como eles se comportam ao deparar com um hétero tão lindo e liberal. Escrito e dirigido por Sönke Wortmann, baseado nos quadrinhos de Ralf König. Comédia muito divertida e criativa, que também pode ser encontrada em vídeo com o nome de *O homem mais desejado do mundo*.

INSTINTO SELVAGEM
(Basic instinct, EUA, 1992, Paul Verhoeven, 122 min.)

Sem dúvida, um dos marcos do cinema nos anos 1990. Thriller que lançou a atriz Sharon Stone para o sucesso, envolvendo um policial, uma escritora e uma psicóloga.

Catherine (Sharon Stone) é uma escritora de sucesso com apetite sexual invejável. Tem amantes, tanto homens quanto mulheres – e famosos. Eis que assassinatos começam a acontecer, e sempre com pessoas ligadas a ela. E com um agravante: exatamente da forma como ela descreve em seus livros. O detetive Nick (Michael Douglas) é designado para desvendar os crimes, e acaba se envolvendo com a escritora.

Sharon Stone faz uma bissexual bastante convincente, apresentando suas namoradas para o detetive sem nenhum pudor. Destaque para a cena em que ela o arrasta para uma boate gay e sai beijando todas as mulheres que vê pela frente, até chegar ao banheiro feminino.

Sem falar da inesquecível cena da cruzada de pernas de Catherine durante um interrogatório, mostrando aos policiais que não usa absolutamente nada debaixo da saia! A sensibilidade e o suspense da direção espantam, principalmente depois de saber que Paul Verhoeven foi o mesmo diretor de besteiras como *RoboCop* e *Showgirls*. Suspense imperdível tanto para eles quanto para elas.

JEFFREY - DE CASO COM A VIDA
(Jeffrey, EUA, 1995, Christopher Ashley, 92 min.)

O garçom Jeffrey (Steven Weber) tem uma vida pacata como homossexual assumido. Apesar de seus amigos falarem que ele precisa de um namorado, por estar se tornando uma pessoa chata, em meio à neurose da disseminação de aids nos Estados Unidos, Jeffrey toma uma decisão radical: não vai mais ter relações sexuais com gay nenhum.

Mas o destino lhe prega uma peça: em uma de suas idas à academia, conhece Steve (Michael T. Weiss), que acredita ser o homem da sua vida.

Jeffrey o evita, fiel a sua neurose. Quando concorda em sair com Steve, este vem com uma revelação bombástica: é soropositivo.

Agora Jeffrey precisa se confrontar com um de seus maiores medos, ao mesmo tempo que fica cada vez mais encantado por Steve, inclusive por sua sinceridade. Ele se questiona se compensa se envolver com uma pessoa cuja estimativa de vida é curta, apesar de no momento Steve gozar de boa saúde. A constante morte de amigos e as notícias daqueles que têm a doença o deixam cada vez mais inseguro sobre que decisão tomar. Ficar ou não com Steve? Só assistindo para saber o final desse comovente romance gay, um dos poucos a tratar da questão das pessoas soropositivas.

LIGADAS PELO DESEJO
(Bound, EUA, 1996, Andy Wachowski/Lana (Larry) Wachowski, 109 min.)

Corky (Gina Gershon) é uma lésbica convicta, ex-detenta, que trabalha como encanadora no edifício onde mora Violet (Jennifer Tilly). Esta por sua vez tem um namorado, Caesar (Joe Pantoliano), que faz serviços para a máfia e a agride constantemente. Cansada do tratamento ruim, começa a se envolver com Corky e conta a ela que o namorado guarda constantemente muito dinheiro no apartamento.

Cada vez mais unidas e dispostas a mudar de vida, as duas começam a planejar uma forma de roubar o dinheiro de Caesar e fugir, o que pode incluir até assassinato. Tudo isso entre muitas cenas sensuais de beijos e sexo entre as duas moças.

Misto de comédia, suspense e policial, esse foi o primeiro filme dirigido pelos irmãos Wachowski, famosos pela trilogia *Matrix*. Em maio de 2009, Larry Wachowski, o irmão mais velho da dupla, fez uma operação de mudança de sexo e se transformou em Lana Wachowski, passando a assinar assim desde então e mudando todos os registros anteriores.

LOUCAS NOITES DE BATOM
(Pédale douce, França, 1996, Gabriel Aghion, 100 min.)

Comédia divertida que conta a história do empresário Adrien (Patrick Timsit), que durante o dia trabalha numa empresa séria e à noite ferve nas boates e bares gays de Paris. Certa noite, em um importante jantar de negócios, ele resolve levar sua amiga Eva (Fanny Ardant), dona de um restaurante gay, e apresentá-la como sua esposa.

Seu chefe apaixona-se pela amiga e acaba descobrindo quem ela realmente é. Ao visitá-la no seu restaurante, vê não só um, mas dois de seus funcionários; e ao sair leva por engano, dentro do bolso do casaco, um guia gay, que é encontrado por sua esposa. Quer mais confusão?

Os atores são bons e a trama bem-bolada. Um ótimo retrato do universo gay, incluindo drogas, aids, *drag queens*, sadomasoquismo, traições, decepções e vida social.

MATOU A FAMÍLIA E FOI AO CINEMA
(Matou a família e foi ao cinema, Brasil, 1991, Neville d'Almeida, 90 min.)

Refilmagem da versão de 1969, agora com novo elenco e novo diretor. Bebeto (Alexandre Frota), após discutir com os pais (Maria Gladys e Sandro Solviatti), mata-os a facadas e, em seguida, vai ao cinema se distrair e assiste impassivelmente a quatro filmes de curta-metragem.

O primeiro conta a história de uma rica mulher, Márcia (Claudia Raia), que, entediada com o casamento, resolve largar o marido e passar uns dias sozinha em sua casa em Petrópolis (RJ). Sua melhor amiga, Renata (Louise Cardoso), chega de surpresa para ficar com ela. Elas bebem, se divertem, acabam por fazer sexo e realizar todas as suas fantasias sexuais.

O segundo curta retrata um marido perdedor (Júlio Braga) que, chateado e bêbado, chega em casa, um barraco na favela, e mata toda a família depois de ouvir as reclamações da esposa.

No terceiro, uma moça lésbica mata a mãe que não aceita sua orientação sexual, para poder namorar sem sua interferência.

O último filme narra a história de um homem (Guará Rodrigues) obcecado por roubar roupas íntimas femininas.

As histórias foram baseadas em acontecimentos reais, retiradas de manchetes policiais de jornais. Colocadas juntas, ficam um tanto sem sentido ou ligação. Na época, causou *frisson* pelos atores globais nus.

MENINOS NÃO CHORAM
(Boys don't cry, EUA, 1999, Kimberly Peirce, 118 min.)

Teena Brandon (Hilary Swank, numa atuação impressionante que lhe rendeu o Oscar – ela realmente se transforma num rapaz) muda de cidade, indo para um lugar onde ninguém a conhece. Nessa mudança ela vê a grande chance de mudar sua identidade: transformar-se em Brandon Teena, um jovem rapaz que gosta de curtir os bares e as poucas opções de lazer masculinas do novo endereço.

E Brandon vai conseguindo seu objetivo. Aos poucos, torna-se amigo dos outros rapazes da cidade, como os populares John (Peter Sarsgaard) e Tom (Brendan Sexton III), começa a ser convidado para as baladas e, principalmente, para conhecer as meninas, seu maior desejo. Numa dessas saídas, conhece Lana (Chloë Sevigny), uma jovem e tímida moça, por quem se apaixona. Os dois começam um relacionamento, e Lana nem suspeita que seu namorado seja na verdade uma mulher. Brandon faz seu papel tão bem que consegue até transar com a moça sem que ela desconfie de nada.

Mas a mentira dura pouco tempo. Quando descobrem que na verdade Brandon é uma mulher, uma revolta coletiva se instala na cidade. Todos ficam chocados com o fato e querem se vingar por terem caído no golpe da menina, que na verdade só queria poder mudar de sexo e ser vista como um homem. Mas a incompreensão e o preconceito de todos conduzem a um final trágico.

O filme é baseado na história real de Teena, um dos muitos casos de homofobia que chocaram os Estados Unidos.

MINHA VIDA EM COR-DE-ROSA
(Ma vie en rose, Bélgica/França/Inglaterra/Suíça, 1997, Alain Berliner, 88 min.)

ˇ

O diretor, desconhecido até então, trata com humor e coerência um assunto inusitado: um garoto de 7 anos acha que é uma menina. Ludovic (Georges Du Fresne) acredita ser uma menina graças a um erro de Deus e promete consertá-lo quando crescer.

Para complicar, o garoto cria uma fixação pelo filho do chefe de seu pai (Jean-Philippe Ecoffey), e decide beijar o menino a todo custo, trazendo grandes problemas a seu pai e toda a família. Seu comportamento afeminado vai causar reações nos vizinhos, nos colegas e em toda a sociedade em que vivem, resultando em preconceito e discriminação.

O filme tem diálogos inteligentes, reações coerentes e sacadas ótimas, sem cair no dramalhão. O ator principal é perfeito e, apesar da idade, assume sua androginia com louvor. É difícil imaginar que o garoto não seja daquele jeito. As soluções não são nem um pouco moralistas nem hipócritas, e o final é criativo, surpreendente e, da mesma forma, inteligente.

Ao contrário do que parece à primeira vista, o filme não fala sobre homossexualidade, e sim de um tema raramente abordado no cinema: a transexualidade. Aplausos também para Michèle Laroque, que faz a mãe do menino, já vista em *O marido da cabeleireira*, também francês. Um dos melhores filmes da safra de 1997. Diversão sem maiores preocupações. Meio comédia, meio drama, leve e imperdível.

NAVALHA NA CARNE
(Navalha na carne, Brasil, 1997, Neville d'Almeida, 105 min.)

ˇ

Segundo filme baseado no famoso texto de Plínio Marcos, dessa vez acerta em alguns personagens e elenco e erra em outros. A prostituta Neusa Suely é interpretada agora pela competente Vera Fischer, na idade certa para o papel, que dá todo o tom sombrio e perturbado de que a personagem precisa.

Como seu amigo travesti Veludo, é a vez de Carlos Loffler, famoso por interpretar vários homossexuais em peças de teatro e em outros filmes, e por ser neto do gênio da comédia brasileira, o espanhol Oscarito.

O erro fica por conta do oponente dos dois: o cafetão Vado, interpretado pelo cubano Jorge Perugorría. O ator destoa dos demais numa interpretação carregada de machismo, com sotaque muito carregado. Por várias vezes não se entende o que ele fala, o que já esvazia os diálogos do filme, prejudicando a verborragia, principal marca de Plínio Marcos.

A história gira em torno da prostituta Neusa Suely, constantemente humilhada pelo cafetão Vado, por quem é apaixonada e com quem sonha se casar. Ela sempre busca abrigo nos braços e nas palavras do travesti Veludo, até um dia em que o dinheiro de Vado some e uma série de acusações são feitas.

Filme claustrofóbico, que imita o palco teatral por ter o quarto de Neusa Suely como principal cenário.

NOITES FELINAS
(Les nuits fauves, Inglaterra/Itália/França, 1992, Cyril Collard, 126 min.)

Jean (Cyril Collard) é um jovem gay atraente e com uma vida sexual animada, tanto que contrai o vírus da aids. Apesar disso, não muda seus hábitos, e cada vez mais aumenta seu círculo de parceiros, que começa a incluir mulheres.

Envolvido com vários, ele fica na dúvida entre manter um relacionamento com Samy (Carlos López) ou Laura (Romane Bohringer), e continua com a vida sexual agitada, ignorando sua condição de soropositivo e as consequências que isso pode trazer a ele mesmo e a seus parceiros. Isso inclui Laura, que se recusa a usar camisinha com Jean mesmo sabendo de sua doença.

Autobiográfico, o filme baseia-se no livro (que virou sucesso) do próprio diretor, que também faz o papel de protagonista do filme. Cyril faleceu aos 35 anos, vítima da aids, logo após ter recebido quatro prêmios César (o Oscar francês) por esse filme.

OPOSTO DO SEXO, O
(The opposite of sex, EUA, 1998, Don Roos, 105 min.)

Ela já não é mais da *Família Addams*, mas, nesse filme, Cristina Ricci continua um terror. Ela faz o papel de Dedee, garota revoltada que resolve fugir de casa e pedir asilo na casa de seu meio-irmão gay Bill (Martin Donovan). Ao chegar lá, depara com o novo namorado do irmão, Matt (Ivan Sergei), um garoto novo e realmente lindo!

Dedee seduz Matt, leva-o para a cama, fica grávida, rouba 10 mil dólares do irmão (para seu bebê, segundo ela) e também as cinzas do falecido namorado de Bill, vítima da aids. Para devolver tudo, Dedee quer mais dinheiro.

Para completar o inferno astral de Bill, Jason (Johnny Galecki), ex--aluno (e ex-namorado), reaparece e ameaça denunciá-lo por abuso sexual. Quer mais? Do seu lado estão apenas o xerife da cidade (Lyle Lovett) e sua melhor (e azeda) amiga Lucia (Lisa Kudrow).

Destaque para Ivan Sergei, que é um tesão e aparece boa parte do filme exibindo seu corpo; para Lisa Kudrow, em um papel engraçadíssimo; e Cristina Ricci, soberba. O texto é ótimo, escrito pelo roteirista Don Roos, que dirige o filme brilhantemente. Comédia excelente!

OU TUDO OU NADA
(The full monty, Inglaterra, 1997, Peter Cattaneo, 90 min.)

Não era pra ser um filme gay, mas foi. Sucesso de bilheteria no Brasil, arrastou bibas e mais bibas para o cinema. Motivo: homens tirando a roupa. Mas, se você pensou em *Clube das mulheres* ou *Chippendales*, se enganou.

Trata-se de cinco operários desempregados de uma cidade industrial inglesa. Gaz (Robert Carlyle), desempregado e prestes a perder a guarda do filho, ao ver um grupo de mulheres se matando para ver os famosos Chippendales, resolve convocar homens para formar seu próprio grupo de *strippers*.

O que aparece: um senhor negro, um ruivo bem dotado, um gay decorador, um gordo segurança de supermercado (extremamente sexy para quem gosta) e o próprio ex-chefe de Gaz, um grisalho também desempregado. E se você acha que tudo isso junto não faria sucesso, os rapazes resolvem ter uma ideia para se diferenciar dos famosos *strippers* que sempre ficam de sunguinha: tirar tudo!

Durante os ensaios, prisões, brigas conjugais e paixões homossexuais. Mas no fim eles conseguem arrecadar o dinheiro de que tanto precisam? Veja e saberá.

Vencedor do Oscar de Melhor Trilha Sonora de Comédia (merecidíssimo), com mais três indicações para Melhor Filme, Melhor Diretor e Melhor Roteiro Original. Foi sucesso de bilheteria no mundo inteiro, sendo o filme mais rentável para os cofres da Inglaterra até hoje.

PADRE, O
(Priest, Inglaterra, 1994, Antonia Bird, 105 min.)

Como quase tudo que vem da Europa, principalmente do Reino Unido, é forte, contundente, contestador.

Um dos filmes mais marcantes da filmografia gay mundial, marcou época no cinema e teve muita repercussão, ainda mais num país católico como o nosso. O tema, apesar de ser um filme de 15 anos atrás, está cada vez mais atual.

Greg (Linus Roache) é um padre novo, lindo de pedir perdão, cheio de convicções, de posturas... e gay! Ele vive uma vida dupla, entre boates, sexo, a igreja e sua vocação. Sofre com os pecados que comete e com os pecados que ouve. Até o dia em que é pego por um policial fazendo sexo com o namorado (o mesmo Robert Carlyle do filme anterior) dentro de um carro em plena luz do dia. Quem é pecador? Quem deve perdoar e ser perdoado? Quem tem compaixão? Qual o verdadeiro papel da Igreja Católica? São todas essas perguntas que ele e o filme fazem.

Vale a lembrança do excelente ator Tom Wilkinson como Padre Matthew, que, sendo um padre também casado às escondidas, defende

Greg com unhas, dentes e salmos. Destaque também para a excelente Lisa (Christine Tremarco), que rouba metade do filme. Como? Se eu contar mais é pecado. Redima-se e assista!

PARA WONG FOO, OBRIGADO POR TUDO! JULIE NEWMAR
(To Wong Foo, thanks for everything! Julie Newmar, EUA, 1995, Beeban Kidron, 108 min.)

Já fizeram isso com outros filmes (como *A gaiola das loucas* e até o nosso *Dona Flor e seus dois maridos*). Mais uma vez os americanos não se conformaram com o sucesso alheio – no caso, o de *Priscilla, a rainha do deserto* – e resolveram fazer sua versão, bem americanizada.

Vida Boheme (Patrick Swayze), Noxeema (nome de creme de barba) Jackson (Wesley Snipes) e Chi Chi Rodriguez (John Leguizamo) são três *drag queens* que ganham uma viagem para Hollywood em um concurso e resolvem seguir até lá num carro conversível.

No caminho são paradas por um policial que tenta estuprar uma delas e, após se defender e achar que mataram o policial, fogem para a primeira cidade que encontram. Chegando lá, o carro quebra e elas são obrigadas a ficar por mais tempo esperando o conserto.

Aos poucos, vão transformando a vida dos moradores de maneira previsível, patética e utópica. No fim do filme, a cidade toda está rosa e todas as pessoas enviadadas e agradecidas pelas benfeitorias das três *drag queens*.

Pouca coisa se aproveita desse lamentável filme. As *drags* de Patrick Swayze e Wesley Snipes passam a nítida impressão de homens vestidos de mulher (devido também ao tamanho dos dois). Outro erro: eles passam o filme todo vestidos de mulher, o que em *Priscilla* não acontece.

A única que se salva, tanto nos trejeitos quanto na interpretação, é a *drag* de John Leguizamo. Mas, para não dar ponto para ele, Chi Chi Rodriguez é uma latina discriminada pelas outras o tempo todo. Lições de moral baratas e diálogos infames são a tônica do texto.

Só se salva o elenco masculino, que tem bons exemplares interpretando os "caipiras" da cidade. Aparições especiais de RuPaul, a própria Julie Newmar e Naomi Campbell. Qualquer semelhança é mera inveja e dor de cotovelo!

PASOLINI – UM DELITO ITALIANO
(Pasolini, un delitto italiano, Itália, 1995, Marco Tullio Giordana, 101 min.)

ᐯ

Esse inquietante filme, quase documental, conta o assassinato de um dos maiores ícones do cinema e da cultura italiana, Pier Paolo Pasolini, em 1975. Pasolini foi encontrado morto dentro de seu Alfa Romeo num terreno baldio, após ter pego um michê numa das ruas de Roma.

O filme mostra todo o trabalho de investigação da polícia para tentar desvendar quem matou Pasolini. Teria sido o michê? A máfia? Os comunistas? Os fascistas? Os conservadores? Pasolini era assumidamente gay e estava sempre envolvido com política.

Ao final do filme, não se chega a nenhuma conclusão. Vale por mostrar um pouco a vida dos garotos de programa, principalmente naquela época, e pelos belos rapazes do filme – em especial Carlo DeFilippi, que faz o suposto assassino de Pasolini. No mais, o filme é denso. E quando você pensa que vai esquentar, ele esfria de novo. Drama meio documentário para uma boa referência histórica.

PROCURA-SE AMY
(Chasing Amy, EUA, 1997, Kevin Smith, 105 min.)

ᐯ

Uma fábula homossexual. Holden (Ben Affleck, ainda não tão conhecido, mas já lindo e com um cavanhaque bem sexy) é um desenhista de quadrinhos que tem como sócio o esquisito Banky (Jason Lee), um cara todo sério e alheio ao mundo.

Numa feira de quadrinhos ele conhece Alyssa (Joey Lauren Adams), por quem se apaixona. Detalhe: Alyssa é lésbica. Inconformado, Holden se desdobra em dois para conquistá-la. Após muito discurso lésbico e muito sermão feminista, ele consegue seu objetivo e fica com ela. Como se fosse possível e fácil assim.

As meninas devem ter ficado furiosas. É certo que Ben Affleck está um gato, mas não a ponto de converter lésbicas à heterossexualidade. Ao mesmo tempo, Banky, seu sócio, fica furioso por ter sido deixado de lado. Ciúme de amigo ou amor retraído?

Atenção para as cenas de beijo entre as meninas, as de sexo entre Ben Affleck e Joey e, quase no final, o beijo que Ben Affleck dá na boca de Jason Lee. No elenco, aparições de Casey Affleck (irmão de Ben Affleck, ainda garoto), Kevin Smith, o próprio diretor, escritor e montador do filme (fazendo um pirado personagem de quadrinhos) e do inseparável amigo (de Ben Affleck) Matt Damon, numa aparição rápida.

Quem reconhecê-lo no filme ganha um doce. Aliás, qualquer semelhança da amizade de Ben e Matt com a de Banky e Holden no filme é mera coincidência. Será que já rolou beijo na boca também? Informação técnica: o filme foi feito com apenas 250 mil dólares.

QUATRO CASAMENTOS E UM FUNERAL
(Four weddings and a funeral, Inglaterra, 1994, Mike Newell, 117 min.)

Charles (Hugh Grant) é um rapaz pacato que tem uma turma de amigos que vive se encontrando nos casamentos dos outros. Ele nunca levou nenhum de seus relacionamentos a sério, e sente-se feliz com sua solteirice, além de ser atrapalhado e viver dando foras com as mulheres.

Em um desses casamentos, ele vai conhecer Carrie (Andie MacDowell), por quem se apaixona, e vai reencontrá-la várias vezes em outras ocasiões, outros casamentos, o que faz que comece a mudar sua cabeça quanto a relacionamentos.

Da turma de amigos, destaque para o casal gay Gareth (Simon Callow) e Matthew (John Hannah), que moram juntos e estão sempre presentes nos eventos do grupo. Um é extremamente sério e rígido com os compromissos, o outro é mais descontraído e descolado. Após algumas reviravoltas na história, vão protagonizar um dos mais belos momentos do filme. Só assistindo para saber.

QUINTO ELEMENTO, O
(The fifth element, EUA, 1997, Luc Besson, 126 min.)

Quem viu essa parafernália com o filé mignon Bruce Willis responda: o que era aquele elenco e aqueles figurinos? Era impossível saber se estávamos assistindo a um filme futurista dos anos 1950 ou a um clipe novo do Dee Lite.

No século XXIII, na caótica e congestionada Nova York, o motorista de táxi Korben Dallas (Bruce Willis) tem de impedir que o mal chegue até o planeta Terra para destruir tudo. Para que isso ocorra, ele precisa juntar cinco elementos: quatro pedras que representam os quatro elementos que conhecemos (água, fogo, terra e ar), mais um quinto precioso: uma mulher (Milla Jovovich).

Não sei o que deu na cabeça do diretor Luc Besson de chamar Jean Paul Gautier (sim, o famoso estilista francês) para fazer os figurinos do filme. Milla Jovovich cobre as partes íntimas com um monte de tiras brancas e Bruce Willis usa uma regata que só tem a parte da frente, além de Gary Oldman com uma roupa prata furta-cor.

E o ataque kitsch da produção não fica só nas roupas. Os cabelos são outro achado: Mila faz o estilo "despenteada 24 horas", com um cabelo laranja de arrepiar; o vilão Oldman retoma o look brilhantina e franja; além de um Bruce Willis loiro oxigenado.

Para fazer jus ao público gay (depois de tanta viadagem), aparece no meio do filme uma *drag queen* e radialista negra, cheia de assistentes bem abichalhados, para alegrar o ambiente, dando gritos e exibindo figurinos ainda mais surreais que os anteriores.

Destaque também para um padre mais velho que mora com um noviço (e costureiro também), numa relação nada católica. Quem achar uma bandeirinha com o símbolo da seleção brasileira de futebol no cenário ganha um doce. Vale a pena pagar (bem pouco) para ver essa miscelânea cinematográfica, pois o filme é de uma bobeira à quinta potência.

RAZÃO DO MEU AFETO, A
(The object of my affection, EUA, 1998, Nicholas Hytner, 111 min.)

Nina (Jennifer Aniston) vai a um jantar de negócios, onde conhece o gay George (Paul Rudd), que, entre conversas, revela que acabou de ser dispensado pelo namorado. Disposta a ajudá-lo, convida-o a morar com ela, para que dividam as despesas e fique menos pesado para cada um.

Ela também tem um namorado, que aceita George e o acha divertido. Nina vai aos poucos ficando cada vez mais amiga do novo companheiro de apartamento, até que começa a sentir algum sentimento mais forte por ele. Uma boa notícia vai torná-los ainda mais próximos: Nina está grávida do namorado, porém é George quem ela quer ao seu lado neste momento.

O filme é uma adaptação do romance homônimo de Stephen McCauley, de 1987.

ROCK HUDSON
(Rock Hudson, EUA, 1990, John Nicolella, 100 min.)

Quase documentário, o filme retrata a vida e a carreira do ator Rock Hudson (Thomas Ian Griffith), um dos maiores astros americanos, que morreu de aids em 1985. Graças ao moralismo de Hollywood e dos produtores, Rock Hudson esconde sua homossexualidade para o público até a hora de sua morte.

Filme extremamente sutil, que dá algumas pistas sobre a homossexualidade do ator, mas sem muitas declarações abertas. Vale pela infindável quantidade de amigos e namorados de Hudson que aparecem ao longo do filme, um mais lindo que o outro, principalmente nas festas em volta da piscina de sua casa que ele costumava dar. Baseado no livro escrito por sua ex-esposa Phyllis Gates e nos registros feitos por Marc Christian, seu amante.

ROMPENDO BARREIRAS

(Breaking the surface: The Greg Louganis story, EUA, 1997, Steven Hilliard Stern, 94 min.)

Filme bastante emotivo (para chorar no final) que conta a vida do tetracampeão olímpico de saltos aquáticos ornamentais Greg Louganis. Tendo sido adotado, ele tem uma boa relação com a mãe, mas nunca se entendeu com o pai. Essa falta de entendimento se reflete por toda a vida, na carreira e nos relacionamentos.

Aos 15 anos, Greg (Patrick David) se descobre gay (e disléxico) e esconde esse fato por muito tempo. Mantém alguns relacionamentos conturbados até chegar ao homem que mudaria sua vida: Tom (Jeff Meek). Vivendo juntos durante seis anos, Tom cuida dos negócios e da vida de Greg (agora o lindo e atlético Mario Lopez). Mais tarde, quando decidem terminar, Greg descobre que Tom é um garoto de programa que lhe roubou muito dinheiro e que, para completar, transmitiu-lhe o vírus da aids.

Mario Lopez é conhecido aqui pela série de TV *Galera do barulho* (*Saved by the Bell*), um moreno de tirar o fôlego. Além de bom ator, é um colírio para os olhos e passa mais da metade do filme de sunga, exibindo um corpo de dar inveja a muita "barbie". Ao seu lado, e do mesmo peso, no papel de seu pai, está Michael Murphy (de *O ano que vivemos em perigo*).

O filme é uma boa referência histórica, pois retrata a desinformação e o preconceito das pessoas em relação à aids quando ela começou a se tornar epidemia, no final dos anos 1980. Mas não se anime. Apesar de falar sobre um gay e mostrar muito nadador de sunga, o filme não tem beijos nem cenas mais explícitas entre homens (como em todo bom filme moralista americano).

O máximo que você vai ver são abraços apertados e uma cena na qual Greg chora sentado nu no chuveiro. Vale pela bonita história e pela grande lição de vida: a transparência. No final, a aparição do próprio Greg Louganis autografando seu livro, que deu origem ao filme.

ROSAS SELVAGENS
(Les roseaux sauvages, França, 1994, André Téchiné, 110 min.)

Ambientado na França dos anos 1960, o filme conta a história de François (Gaël Morel), garoto estudante de um colégio interno. No início do ano letivo, ele ganha dois novos colegas de classe, Serge (Stéphane Rideau), italiano migrado, e Henri (Frédérick Gorny), argelino fugitivo da guerra.

François se fascina pelo belo rosto e pelo jeito rude de Henri, o mais velho da turma a partir de então. Ao mesmo tempo, encanta-se com o jeito carinhoso e amigo do interiorano Serge, por quem se apaixona. Mantendo um relacionamento de fachada com Maitê (Élodie Bouchez), uma menina de esquerda a favor da guerra na Argélia, François enfrenta os questionamentos da sua descoberta e a tortura de amar sem ser correspondido.

Com *Delicada atração*, esse filme toca num assunto meio tabu, tanto no cinema quanto na vida real: a descoberta da homossexualidade na adolescência. A cena em que François tem seu primeiro contato sexual com outro garoto, Serge, é uma das mais lindas do filme. A escolha do elenco foi ótima, pois os atores, além de bons, são lindos. André Téchiné dirige e escreve.

SEGUNDAS INTENÇÕES
(Cruel intentions, EUA, 1999, Roger Kumble, 97 min.)

Estamos em Nova York (sempre) em sua parte mais cara: Manhattan. É lá que vivem os meios-irmãos Kathryn Merteuil (Sarah

Michelle Gellar) e Sebastian Valmont (Ryan Phillippe, num dos seus melhores momentos no cinema), num belo apartamento, rodeados de obras de arte e frivolidades.

Fúteis como sua vida, Kathryn e Sebastian se divertem com os colegas de escola. Sebastian arrastando jovens virgens para sua cama. Kathryn seduzindo seus colegas e traindo-os constantemente, apesar de fazer o gênero comportada. Os dois competem silenciosamente para ver quem consegue ir mais longe em suas aventuras sexuais. Mas o grande desejo de Sebastian é conseguir levar para a cama a meia-irmã, que o seduz sempre até o extremo e fecha as portas quando ele está próximo de conseguir seu objetivo.

Numa dessas brincadeiras, Kathryn acaba perdendo seu namorado Ronald Clifford (o belo negro Sean Patrick Thomas) para a boba Cecile Caldwell (Selma Blair). Inconformada com a troca, ela resolve se vingar e pede ajuda ao meio-irmão para destruir o relacionamento dos dois.

Ao mesmo tempo, Sebastian quer provar ao mundo que a virgem Annette Hargrove (Reese Withespoon) não tem nada de santa, e que ele é capaz de tirar a virgindade da moça antes do altar (ela diz numa entrevista que só vai perdê-la depois do casamento).

Uma aposta, intrigas, fofocas e muitas reviravoltas guiam esse filme com excelentes interpretações e roteiro afinadíssimo.

O destaque fica para as cenas em que o delicioso Ryan Phillippe aparece nu, além das atrizes Sarah, Selma e Reese, em cenas muito sensuais com pouca (ou nenhuma) roupa. Atenção também para um gay afetado amigo de Sebastian, de nome Blaine (interpretado por Joshua Jackson, de Dawson's Creek, com cabelos loiros), que transa com um dos fortões do time de rugby do colégio enquanto é fotografado por Sebastian só para poder fazer uma chantagem com ele. E para as cenas de beijos entre Sarah e Selma, em que a primeira está ensinando a segunda a beijar.

O filme foi baseado no livro *As relações perigosas* – de Pierre Choderlos de Laclos, escritor do século XVIII –, que já inspirou o filme *Ligações perigosas*, entre outras versões. Porém, essa versão moderna ficou ainda mais picante. O filme teve mais duas continuações menos interessantes e com elencos diversos.

SERÁ QUE ELE É?
(In & out, EUA, 1997, Frank Oz, 92 min.)

Um dos sucessos no Brasil em 1998, esta quase fábula tornou-se um dos melhores filmes gays, da mesma safra de *Jeffrey* e *Procura-se Amy*, entre outros. Um professor de uma cidade do interior (Kevin Kline), ao assistir à entrega do Oscar, reconhece um aluno que acaba de ganhar o prêmio de Melhor Ator por fazer o papel de um gay no cinema. Na hora dos agradecimentos, o aluno (Matt Dillon) agradece ao professor por tudo que lhe ensinou, e termina afirmando: "Ele é gay". A confusão se instala.

O professor fica atordoado e a cidade entra em polvorosa. Às vésperas de seu casamento, sua noiva (Joan Cusack) ameaça terminar tudo. Repórteres começam a segui-lo, querendo saber a verdade, até que um, mais insistente (Tom Selleck, o eterno Magnum), encurrala-o e lhe dá um demorado beijo na boca para provar ao professor que ele realmente é gay.

Muita diversão e cenas impagáveis, como Joan Cusack (indicada ao Oscar de Melhor Atriz Coadjuvante) de vestido de noiva gritando pela rua: "Todo mundo aqui é gay?", e indagando se ela está "num episódio de *Além da imaginação*".

Kevin Kline ouve uma fita de um curso chamado "Seja homem". "Um homem de verdade não dança" na música de Donna Summer que é colocada. Kline se segura para não dançar, mas acaba cedendo. Numa festa de formatura, o professor é retirado das homenagens por ser gay. Para apoiá-lo, todos os seus alunos e amigos resolvem se levantar e dizer que são gays também.

Tirando o enfoque de fantasia, é um ótimo filme que quebra muitos preconceitos sociais. Finalmente Hollywood resolve descer o morro, colocar atores famosos e falar sobre homossexualidade abertamente, com direito a beijo de língua e tudo.

SOLTEIRÃO, O
(All the rage, EUA, 1997, Roland Tec, 105 min.)

Filme polêmico, foi alvo de elogios e críticas do público. Oferecendo uma visão bem anos 1990 da vida gay, de bares, *dark rooms*, academias e saunas, retrata de modo bem-humorado a forma displicente dos relacionamentos gays.

Logo de início o personagem principal, Christopher (John-Michael Lander), de cuecas, dá uma introdução à sua história. Acostumado com sexo casual e transas fúteis, Christopher coleciona (numa caixa preta) homens. Mas, quando se pensa que seu coração é intranspassável, ele conhece Stewart (David Vincent), a representação do gay comportado, educado, carinhoso –, e, ainda por cima, lindo e gostoso! O homem que todos queriam!

Porém, Christopher não consegue largar seus vícios de sexo rápido e se deixa cair na vida novamente, arruinando seu relacionamento. O final do filme surpreende por sua forma tétrica e pesada, destoando de todo o resto.

Para alguns, válido. Para outros, questionável. Serão todos os gays fúteis assim? Finalmente o cenário sai de Nova York e São Francisco, indo para Boston. Além disso, o filme perde o puritanismo mostrando muitos homens bonitos, muitos beijos entre homens e muitas cenas excitantes.

As cenas num tom azulado, em que Christopher aparece de cuecas falando para a lente da câmera, são uma boa ideia para conferir cumplicidade à relação entre o personagem principal e o público. Destaque para Roland Tec, que, além de dirigir, produziu, escreveu e musicou o filme.

SOMENTE ELAS
(Boys on the side, EUA/França, 1995, Herbert Ross, 115 min.)

Robin Nickerson (Mary-Louise Parker) tem a saúde debilitada por uma terrível doença: ela está com aids. Disposta a atravessar os Estados Unidos até a Califórnia, ela coloca um anúncio no jornal buscando uma pessoa que queira fazer essa aventura ao seu lado como motorista.

Jane DeLuca (Whoopi Goldberg), cantora lésbica, acaba de ficar desempregada e está livre para embarcar com Robin nessa aventura, por isso resolve responder ao anúncio.

Iniciada a viagem, no meio do caminho Jane encontra uma amiga de longa data, Holly Pulchik (Drew Barrymore), a quem resolve convidar para seguir viagem com elas. Holly está cansada de sua vida de encontros rápidos e do pseudonamorado Alex (James Remar), que vive se drogando e a agredindo.

As três se juntam numa história que vai mostrar o sentido exato de companheirismo, amizade e afeto, independentemente de orientações sexuais e de condições. Interpretações belíssimas dessas três divas do cinema.

STONEWALL - O FILME
(Stonewall, EUA/Reino Unido, 1995, Nigel Finch, 93 min.)

O que era para ser uma grande sensação do cinema gay em 1996 não foi. Destinado a elucidar a história da famosa rebelião do bar Stonewall Inn, em 28 de junho de 1969, razão pela qual a data se tornou o Dia Mundial do Orgulho Gay, o filme não cumpriu o seu dever.

Matty Dean (Frederick Weller) sai de sua cidade interiorana em busca de liberdade sexual. É em Greenwich Village, no bar Stonewall Inn, que ele a encontra. Primeiro conhece o travesti La Miranda (Guillermo Díaz), e depois seu namorado Ethan (Brendan Corbalis).

Pensando ter encontrado a liberdade, Matty depara com a dura realidade das batidas policiais nos bares gays e das agressões contra clientes e, principalmente, *drag queens*. Disposto a mudar tudo isso, resolve se engajar nos movimentos gays e fazer alguma coisa por eles.

O mais frustrante: quando o filme chega a seu ponto máximo, o confronto dos policiais com os ocupantes do Stonewall em plena rua, as imagens são fracas e o filme termina logo a seguir – quando deveria, na verdade, começar.

Tentativa lamentável de retratar o evento, só amenizada pelo fato de que o diretor Nigel Finch faleceu de aids pouco tempo antes de terminar o filme – o que foi feito por outro diretor. Talvez isso explique o final tão decepcionante. Merece uma refilmagem. Entre drama, comédia e documentário, vale apenas como referência histórica.

TALENTOSO RIPLEY, O
(The talented Mr. Ripley, EUA, 1999, Anthony Minghella, 139 min.)

Estamos nos anos 1950. Tom Ripley (Matt Damon, em uma bela atuação) é um rapaz pobre, mas ambicioso, que faz bicos para sobreviver. Um dia, durante um desses bicos, em que tocava piano num evento, conhece o empresário Herbert Greenleaf (James Rebhorn) e acaba recebendo uma proposta: ir até a Europa para trazer de volta aos Estados Unidos seu filho, o belo e jovem Dickie (Jude Law, em momento supremo).

Ripley aceita a proposta e segue para o continente europeu, iniciando sua missão. Encontra Dickie e sua namorada Marge (Gwyneth Paltrow), ficando logo amigo e íntimo dos dois.

O que Dickie e seu pai não sabem é que Ripley, um ardiloso psicopata, é capaz de copiar a assinatura, a voz, os trejeitos, tudo de uma pessoa. Aos poucos, ele começa a ficar cada vez mais parecido com Dickie. Ao mesmo tempo, Ripley, que tem uma homossexualidade latente, vai se interessando cada vez mais pelo amigo, afetiva e sexualmente.

Porém, Ripley não é correspondido, e Marge começa a desconfiar de suas atitudes.

O filme é uma adaptação do livro de Patricia Highsmith, publicado em 1955. O texto já teve uma primeira versão cinematográfica em 1960, com o nome de *O sol por testemunha (Plein Soleil)*, protagonizada por Alain Delon.

TOMATES VERDES FRITOS
(Fried Green Tomatoes, EUA, 1991, Jon Avnet, 137 min.)

Evelyn Couch (Kathy Bates) sempre acompanha o marido, o insensível e prepotente Ed (Gailard Sartain), em sua ida a um asilo para visitar a tia. Como o marido não gosta de sua presença, ela tem de procurar o que fazer pelo hospital enquanto ele faz sua visita. Numa dessas idas, ela conhece Ninny Threadgoode (Jessica Tandy), uma velhinha de 83 anos que adora contar histórias e começa a contar algumas para Evelyn, geralmente sobre sua família.

Ninny volta ao passado, em 1920, e relembra a trágica morte do irmão Buddy (Chris O'Donnell). Havia também outra irmã, a independente Idgie (Mary Stuart Masterson). Desorientada com a morte do rapaz, Idgie acaba por estabelecer uma amizade com a namorada de Buddy, a frágil Ruth Jamison (Mary-Louise Parker).

Carente e solitária, Ruth se envolve com o violento Frank Bennett (Nick Searcy), que a espanca, entre outras maldades. Inconformada com a situação da amiga, Idgie vai até a casa de Ruth e a resgata do marido, trazendo-a para morar consigo, indo contra tudo e contra todos na defesa da amiga.

Idgie possui um bar de beira de estrada de que cuida sozinha e serve comida para caminhoneiros e homens rudes, sem temê-los. A amizade das duas começa a gerar comentários pela cidade.

Partindo da história de coragem e perseverança de Idgie, e do seu excesso de autoconfiança, Ninny começa a mudar a cabeça de sua ouvinte Evelyn, que vê sua vida muito parecida com a da infeliz Ruth – e que, a partir de então, passa a tomar diferentes atitudes em relação a ela mesma e aos outros.

Filme belíssimo, com roteiro muito bem construído e atuações femininas marcantes. Um clássico do cinema.

TRAÍDOS PELO DESEJO
(The crying game, Inglaterra/Japão, 1992, Neil Jordan, 95 min.)

De forma tensa, o filme começa com a captura do soldado britânico Jody (Forest Whitaker) pelos integrantes de um dos grupos terroristas mais violentos do planeta, o IRA (Exército Republicano Irlandês). Fergus (Stephen Rea) fica responsável de vigiar o prisioneiro para que os outros integrantes cuidem de mais afazeres. A vigília é dividida com a companheira de Fergus, a bela Jude (Miranda Richardson).

Durante esse tempo que permanecem juntos, Jody e Fergus estabelecem uma amizade, e o terrorista começa a conhecer mais sobre a vida do soldado. Numa das conversas, ele ganha a foto de Dil (Jaye Davidson), namorada do soldado. Quando chega a hora de eliminar Jody, Fergus o ajuda a fugir, sem saber o que o destino lhe reserva.

Passado um tempo, ainda com a foto de Dil guardada, Fergus resolve procurar a moça para saber o paradeiro de seu namorado Jody, primeiramente pelos locais citados pelo soldado, afinal ela era uma conhecida cantora de casas noturnas.

Ao encontrá-la, começa a frequentar o local ainda no anonimato, e se encanta pela bela cantora. Fergus então se apresenta como amigo de Jody, mas fica sem coragem de contar o que houve com ele, ao mesmo tempo que se apaixona pela misteriosa Dil. Até que Fergus acaba por descobrir mais um segredo: Dil é na verdade um homem travestido.

Seus outros companheiros de guerrilha descobrem onde ele está e, pela traição, resolvem eliminar Fergus e todos que estiverem junto, incluindo Dil.

Ganhou o Oscar de Melhor Roteiro Original e o ator Jaye Davidson foi indicado para Melhor Ator Coadjuvante, além de ter recebido mais quatro indicações. O filme também foi responsável pelo sucesso da música "The crying game", interpretada pelo famoso cantor andrógino Boy George.

TRUQUES DA PAQUERA
(Trick, EUA, 1999, Jim Fall, 89 min.)

Gabriel (Christian Campbell) é mais um daqueles jovens com mais sonhos do que realizações. Enquanto sonha compor um musical para a Broadway e se tornar famoso, com a ajuda da sua amiga espevitada Katherine (Tori Spelling), na realidade ele tem de acordar todo dia de manhã e ir trabalhar como garçom numa lanchonete.

Além disso, Gabriel é gay, e sua falta de tempo nunca lhe permite conhecer alguém e manter um relacionamento. Ao acabar de ouvir (pelo telefone) uma música que Gabriel compôs, seu melhor amigo

Perry (Steve Hayes) toma uma decisão importante: o amigo está muito sozinho e precisa se divertir.

Depois de muita discussão, Perry consegue arrastar Gabriel para um bar gay, daqueles bem animados, com música, *drag queens* e outros apetrechos.

Quando Gabriel olha para cima do palco e vê o seminu *go-go boy* Mark (John Paul Pitoc, uma delícia latina), ele sai do sério, mas sua timidez e sua falta de prática com o assunto o fazem ir embora sem sequer chegar perto do rapaz.

Mas o destino e os cupidos estão alertas. Ao chegar ao metrô com destino para casa, Gabriel olha para o lado. E quem está lá no mesmo vagão? O maravilhoso *go-go boy*. Os dois finalmente se aproximam e começam a conversar.

Após perceber que têm tudo a ver, e até mesmo perder o preconceito que tem com a profissão de Mark, Gabriel descobre que o rapaz tem um papo delicioso e é muito simpático. Arrebatados, os dois chegam à conclusão de que precisam ir a algum lugar para ficar sozinhos e poder se curtir.

Começa então a outra saga da noite. Os cupidos foram dormir. Para onde ir? Gabriel apela para todos os endereços conhecidos, o apartamento que divide com o hétero Rich (Brad Beyer), a casa de amigos e tudo mais. Parece que numa cidade grande como Nova York nenhum lugar está disponível e vazio. Será possível isso? Será que Gabriel não vai conseguir ser feliz pelo menos por uma noite? Comédia fofa e deliciosa de assistir. Com o namorado ao lado, melhor ainda.

TUDO SOBRE MINHA MÃE
(Todo sobre mi madre, Espanha/França, 1999, Pedro Almodóvar, 101 min.)

No filme tido como um dos melhores de Pedro Almodóvar, começamos com o aniversário de Esteban (o lindo Eloy Azorín), que ganha de presente de sua mãe, Manuela (Cecilia Roth), ingressos para o teatro (marca do diretor, que sempre insere o teatro ou o cinema em seus filmes). A peça no caso é *Um bonde chamado desejo*, que tem como protagonista a atriz Huma Rojo (Marisa Paredes), de quem Esteban é fã.

Ao terminar a peça, Esteban tenta pegar um autógrafo da arrogante Huma, é atropelado e falece. Sua mãe, que morava sozinha com o único filho, fica sem rumo e resolve resgatar todo seu passado, começando por avisar o pai do menino da morte do filho.

Manuela segue então para a bela Barcelona, e lá vai descobrir que o pai de Esteban agora se chama Lola (Toni Cantó) e se transformou num travesti.

Lola tem um melhor amigo divertidíssimo, o travesti Agrado (desta vez uma atriz, Antonia San Juan), e, apesar de sua condição, acaba de engravidar a freira Rosa (Penélope Cruz), em mais uma daquelas saladas pitorescas de gêneros e sexos em que Almodóvar é mestre.

De volta a Madri, Manuela resolve se aproximar de Huma, a quem atribui a morte do filho. De forma rápida, tornar-se camareira da atriz e prevê alguma espécie de vingança.

Porém, ao conhecer mais intimamente a atriz, percebe que ela é uma mulher amarga e arrogante por sua profunda solidão – que nem o relacionamento lésbico e complicado que tem com Nina (Candela Peña), sua namorada mais nova e insuportável, consegue suprir.

O filme é uma referência clara (a começar pelo título) ao clássico *A malvada* (*All about Eve*), que também conta os bastidores dos palcos e as relações de quem está neles.

VAMOS NESSA
(Go, EUA, 1999, Doug Liman, 103 min.)

Filme com roteiro muito bem bolado e alucinante, conta a mesma história com três visões diferentes, no melhor estilo Tarantino.

É noite de Natal. A primeira a contar sua história é a caixa de supermercados Ronna (Sarah Polley). Ainda no trabalho, ela é abordada por dois atores famosos da TV, Adam (Scott Wolf, um bonitinho com cara de novinho, famoso por sua atuação em seriados americanos) e Zack (Jay Mohr), que fora das telas formam um casal gay. Eles querem saber como conseguir *ecstasy* antes de irem para uma rave.

Ronna dá uma saída rápida do supermercado e encontra Todd Gaines (Timothy Olyphant), seu fornecedor usual, com o intuito de revender os comprimidos e faturar um dinheiro. Ela está em companhia de sua amiga Claire (Katie Holmes, de *Dawson's creek*) e, por não ter dinheiro suficiente para comprar os comprimidos, acaba deixando a amiga como "garantia". É aí que tudo começa a dar errado para Ronna.

Antes de assumir seu trabalho no supermercado, Ronna havia atendido ao pedido de seu companheiro de trabalho Simon (Desmond Askew), que agora passa a ser o novo foco do filme. Simon havia pedido a Ronna que trocasse de turno com ele, para que pudesse participar de uma louca viagem até Las Vegas. Sem dinheiro, Simon resolve pegar "emprestado" o cartão de crédito do amigo Todd, o mesmo traficante que vende drogas para Ronna.

Ele decide se jogar nos cassinos da cidade e, após muita bebida, acaba com duas mulheres na cama, se envolve no roubo de um carro e vai parar numa casa de *striptease* onde acontece um assassinato, no qual também acaba envolvido. Sua ida a Las Vegas acaba sendo bem mais agitada do que ele imaginava, com direito a ser perseguido por um bando de brutamontes.

Em mais uma mudança de foco, a história é vista e contada pela visão do casal gay Adam e Zack. Eles são famosos na TV e, além de não poder assumir publicamente, não têm sossego em nenhum lugar. De posse dos comprimidos, acabam abordados por um suspeito policial que ameaça denunciá-los por porte de drogas ilegais.

A fim de tentar convencer o policial a esquecer o assunto, aceitam jantar na casa dele, com sua esposa. Apesar de ser casado, o policial passa o tempo todo se insinuando para eles, numa postura bem ambígua.

Depois de muitas voltas, o casal gay consegue se livrar do policial e vai para uma recepção de Natal cheia de conhecidos, ex-namorados e situações constrangedoras. Fugindo de tudo isso, os dois vão dar de cara com um personagem já conhecido do público: a caixa de supermercado Ronna.

Eis que o filme volta ao mesmo ponto, juntando os três pontos de vista novamente. Roteiro muito bem amarrado; porém, é daqueles filmes em que não se pode piscar um minuto.

Década de 2000

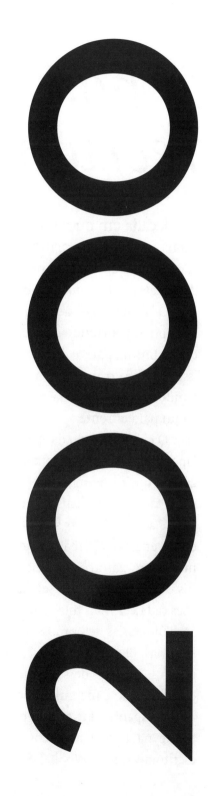

A hora do recrutamento

É a década em que os filmes com temáticas sexuais e homossexuais se firmam, principalmente no cenário hollywoodiano. A cerimônia do Oscar se rende ao naturalismo de Ang Lee em *O segredo de Brokeback Mountain*, que concorre em várias categorias.

Os filmes gays saem da escuridão ou do segundo escalão, subindo ao topo, concorrendo de igual para igual com outras produções americanas. Enfim, parece que o tabu americano é finalmente vencido. Com isso, é eleito o primeiro presidente muçulmano e negro dos Estados Unidos, Barack Obama. Com certeza os EUA nunca mais serão iguais daqui para a frente.

O cinema vindo da Ásia ganha projeção, com mais filmes chineses, japoneses, tailandeses, israelenses – e o grande vencedor do Oscar em 2009 é um filme indiano. É a ascensão das chamadas minorias. Muito surge também dos países latinos, que antes tinham pouca projeção.

É a hora de falar sobre a descoberta da sexualidade, e mostrá-la na época em que ela realmente acontece: na adolescência. Dezenas de filmes sobre garotos e garotas que se descobrem bi ou homossexuais. Bissexuais, que podem ser casados ou não, ganham espaço, com produções cada vez mais ditas para eles e sobre eles, e sem nenhuma culpa.

Biografias de homossexuais famosos ganham as telas e contam suas histórias. Eles deixam de ser clandestinos para aparecer como protagonistas. E, por trás desses papéis, atores renomados colocam seus preconceitos de lado e mergulham em personagens densos.

O espanhol Javier Bardem vira celebridade ao contar a vida do escritor Reynaldo Arenas. Nicole Kidman é indicada ao Oscar por encarnar a escritora Virginia Woolf. E Sean Penn assume a personalidade do ativista

Harvey Milk, subprefeito gay de São Francisco assassinado por um colega de governo, numa atuação irretocável, e abocanha a estatueta dourada. É a glória!

No panorama nacional os personagens de sexualidade complexa também estão em voga, assim como as comédias e os travestidos. Os chamados atores globais se rendem a personagens caricatos, seja nas novelas, em minisséries ou na grande tela. O beijo gay ainda não saiu na TV, mesmo já tendo sido dado no cinema há várias décadas. Fica esse tabu para ser quebrado nos próximos dez anos, quem sabe.

Eu gostaria agora de recrutá-lo(a) a conhecer essa turbulenta década de 2000!

ACOMPANHANTE, O
(The walker, EUA/Inglaterra, 2007, Paul Schrader, 108 min.)

Carter Page III (Woody Harrelson) tem uma profissão curiosa: é acompanhante de senhoras solitárias e carentes da alta sociedade de Washington.

Ele também é da alta sociedade, tem contatos e uma forma envolvente de lidar com as pessoas, principalmente suas clientes. E uma peculiaridade: apesar de ter clientes senhoras, é gay e tem um namorado, Emek (Moritz Bleibtreu).

Tudo corre bem, até que um dia o amante de uma de suas clientes, Natalie Van Miter (Lauren Bacall), mulher rica e influente, aparece morto. Apavorada, sem querer que ninguém descubra sobre seus amantes, ela pede ajuda ao *escort* para que descubra o assassino.

Ao tentar ajudá-la, Carter passa a ser considerado suspeito, e sua situação cada vez se complica mais. Entra em cena seu namorado, Emek, que tenta livrar sua pele fazendo uma investigação paralela à da polícia para descobrir quem é o verdadeiro assassino.

ADAM & STEVE
(Adam & Steve, EUA, 2005, Craig Chester, 99 min.)

A história do filme se inicia ainda nos anos 1980, com uma profusão de boates e bares gays. Adam (Craig Chester) resolve ir a um deles e acaba conhecendo Steve (Malcom Gets) numa dessas saídas. Como é costume na época, quando as repressões acabam de ser perdidas e o sexo é a grande descoberta, os dois se envolvem, vão para uma aventura sexual de uma noite só, e se perdem pela imensa Nova York, sem se ver mais.

Um salto no tempo, e quinze anos depois estamos na Nova York de hoje, meio desabitada após o 11 de setembro. Adam é um guia ecológico no Central Park e Steve trabalha no departamento psiquiátrico de um hospital.

Quando Adam precisa salvar seu cachorro, sai correndo para a emergência apenas de cueca e com seu *pet* no colo. Então o destino resolve colocar Adam e Steve mais uma vez frente a frente.

No primeiro momento eles não se reconhecem, mas, estranhamente, se interessam um pelo outro pela segunda vez. Acabam ficando juntos, dessa vez por mais tempo, e depois de um ano acabam se lembrando daquela noite na boate. A lembrança não traz boas recordações e acaba gerando brigas e crises.

O que mais estranham é que eles mudaram bem, como tudo ao redor daqueles anos 1980. Agora terão de novamente compreender um ao outro e se adaptar aos novos tempos. Nova York também mudou. Será que eles podem andar de mãos dadas nas ruas sem ser agredidos como nos anos 1980? A sociedade os aceita melhor agora? Não precisam mais se esconder nas boates como naquele tempo? Trata-se de um grande paralelo entre aquela época, de liberdade sexual, e agora.

O filme é dirigido pelo próprio Craig Chester, o personagem Adam. Como curiosidade, *Adam e Steve* é também um famoso trocadilho muito usado como slogan pelos católicos homofóbicos, afirmando que Deus criou Adão e Eva (*Adam and Eve*), e não Adão e Stevão (!) (*Adam and Steve*).

ÁGUAS TURVAS
(Treading water, EUA, 2001, Lauren Himmel, 94 min.)

A jovem Casey Olsen (Angela Redman) sempre foi a ovelha negra da família. Nunca seguiu as normas conservadoras e tradicionais. Tanto que saiu de casa e arranjou uma namorada, Alex (Nina Landey).

Disposta a recuperar suas raízes e reencontrar a família, resolve voltar para sua cidade natal, no litoral da Nova Inglaterra, onde pretende montar uma oficina de conserto de barcos.

Próximo ao Natal, ela vai ao encontro de seus familiares para passar a noite natalina juntos, o que não acontece há muitos anos. Mas a recepção de sua mãe (Annette Miller) não vai ser das melhores, pois ela não aceita a filha lésbica, e muito menos sua companheira. Com certeza será um Natal inesquecível para todos.

AMARELO MANGA
(Amarelo manga, Brasil, 2002, Cláudio Assis, 103 min.)

Se não fosse brasileiro, poderíamos jurar que se tratava de um filme de Almodóvar, com uma fotografia exuberante e personagens bem estranhos. O filme começa com Lígia (Leona Cavalli), bela ruiva dona de um bar no Centro de Recife (PE), que leva uma vida monótona tendo de lidar com clientes grosseiros que insistem em assediá-la. Sua vida se resume a abrir e fechar o bar todos os dias.

Num outro pedaço da cidade, há o Hotel Texas, um hotel caindo aos pedaços que abriga moradores e hóspedes dos mais esquisitos. Nele trabalha como faz-tudo o afetado gay Dunga (Matheus Nachtergaele), que nutre uma paixão secreta pelo açougueiro que entrega a carne para o hotel, o rude Wellington (Chico Diaz).

Este, por sua vez, é casado com a religiosa Kika (Dira Paes), para quem o marido é um santo trabalhador. Ledo engano. Ele tem uma amante fogosa que lhe cobra uma decisão definitiva sobre seu casamento.

Os hóspedes do Hotel Texas são outro achado. Isaac (Jonas Bloch) é um sádico que tem prazer com cadáveres masculinos, violenta-os e atira neles. Estes são fornecidos pelo mórbido Rabecão (Everaldo Pontes), que tem forte atração por Isaac.

Ainda há a ex-prostituta Aurora (Conceição Camarotti), mulher gorda e asmática que gosta de se masturbar com seu inalador.

Dunga está quase conseguindo conquistar Wellington e matar a vontade de experimentar o açougueiro quando o inesperado acontece: o dono do hotel aparece morto sentado numa cadeira. Sua chance vai por água abaixo.

Cinema brasileiro puro, com toda a pobreza, lirismo e estranheza peculiares a nossa arte. Um detalhe curioso é que em todos os cenários existe a presença constante de algum elemento da cor "amarelo manga" colocado propositalmente. Quando se percebe isso, inicia-se uma divertida mania de ficar procurando onde está o objeto amarelo nos cenários.

À MODA DA CASA
(Fuera de carta, Espanha, 2008, Nacho G. Velilla, 111 min.)

Maxi (Javier Cámara) tem uma vida agitada, como ele gosta. É gay assumido e chefe de cozinha de um famoso restaurante no Bairro Chueca, o bairro gay de Madri, na Espanha. Ele está eufórico, pois seu estabelecimento está prestes a ganhar um dos prêmios mais cobiçados pelos restaurantes do mundo: uma estrela do Guia Michelin de Turismo. A maître do local é também sua melhor amiga, a doidivanas Alex (Lola Dueñas), com quem compartilha o fogão e sua vida particular. Tem um bando de funcionários tresloucados para tomar conta, e uma mãe terrível para tourear, Celia (a sempre divertidíssima Chus Lampreave).

Tudo está muito bem, até que a campainha de sua casa toca e aparece um garoto de 15 anos (Junio Valverde) de mãos dadas com uma garotinha de 6 (Alejandra Lorenzo) com a seguinte notícia: são seus filhos. A mãe, que teve um relacionamento passageiro com Maxi, acabara de falecer e eles chegaram para morar com o pai.

Sem saber como reagir, Maxi acolhe os dois e começa a tentar esconder sua verdadeira identidade para não chocar os meninos. Mas quanto mais ele tenta disfarçar, pior a situação fica. Vai morar no apartamento vizinho um jogador de futebol argentino, também gay, Horacio (Benjamín Vicuña), atraente e cativante, o sonho dourado de qualquer gay.

Horacio percebe o interesse de Maxi por ele e resolve investir, com filhos, mãe e tudo mais no caminho. Comédia divertidíssima.

Para quem não lembra, Javier Cámara é o excelente ator que fez o papel do enfermeiro gay no clássico *Fale com ela* de Almodóvar, e as atrizes todas também já trabalharam com o diretor espanhol. Não dá para perder.

AMORES POSSÍVEIS
(Amores possíveis, Brasil, 2001, Sandra Werneck, 98 min.)

Carlos (Murilo Benício) marca um encontro na porta do cinema com a amiga Júlia (Carolina Ferraz). Porém, a moça não aparece e o deixa plantado embaixo de chuva. Partindo desse ponto, o filme traz três versões diferentes do que poderia ter acontecido com a vida de Carlos depois desse encontro frustrado.

Na primeira versão, ele é um homem casado que fica abalado com a possibilidade de uma nova paixão diante da vida monótona que tem com a esposa.

Na segunda, a mais relevante para este livro, Carlos, depois de se casar e ter um filho, descobre a paixão por outro homem, Pedro (Emílio de Mello), com quem resolve assumir um relacionamento, deixando a outra vida se entrelaçar com a nova.

Na terceira possível vida, ele é um homem que vive na constante busca pela mulher ideal, sempre caindo em encontros e relacionamentos frustrados, pois a mulher que ele deseja não existe.

Apenas uma das versões é a vida verdadeira de Carlos. As outras são desejos ou invenções. Mas o espectador só descobrirá qual é a versão válida no final do filme.

Numa interpretação segura e sem clichês ou maneirismos, Murilo Benício retrata uma vida normal de um casal homossexual no Rio de Janeiro, com suas felicidades, seus problemas e as situações para enfrentar com as famílias. A amostra de que os personagens gays vêm tomando cada vez mais lugar nas produções nacionais.

AMOR QUASE PERFEITO, UM
(Le fate ignoranti, Itália/França, 2001, Ferzan Ozpetek, 105 min.)

Antonia (Margherita Buy) é casada com o médico especialista em soropositivos Massimo (Andrea Renzi) há 10 anos, e eles têm um relacionamento feliz. Massimo, numa de suas voltas para casa, morre num acidente de carro.

Desorientada, Antonia agora fecha-se em seu mundo, sem querer saber de nada nem de ninguém. Aos poucos, toma coragem para se desfazer das lembranças do marido. Em uma dessas arrumações encontra uma declaração de amor para Massimo atrás de um quadro. Quem assina usa o pseudônimo de "A fada ignorante" (que dá o título original ao filme). Num misto de raiva e angústia por pensar que Massimo tinha outra mulher, sem poder brigar com ele, Antonia toma uma decisão inusitada: ir em busca daquela com quem dividia o amor de Massimo.

Nessa busca ela vai ter uma enorme surpresa: o autor da carta é na verdade Michele (o lindíssimo Stefano Accorsi), paciente por quem Massimo se apaixonou com quem manteve um relacionamento por um bom tempo. Assustada com a revelação, Antonia começa a ficar mais próxima de Michele, ficando um tempo com ele em seu apartamento, frequentado por travestis e prostitutas. Aos poucos os dois se tornam cada vez mais amigos, até que Antonia começa a gostar de Michele.

Lá vamos nós ver uma mulher converter um gay para o mundo heterossexual; e pior, o amante do próprio marido. Só no cinema mesmo. Porque na vida real nunca vi isso.

ANOTHER GAY MOVIE
(Another gay movie, EUA, 2006, Todd Stephens, 92 min.)

Este absurdo filme cômico conta a história de quatro adolescentes e amigos gays inseparáveis: o "ninfomaníaco" Andy Wilson (Michael Carbonaro), o todo nerd Griff (Mitch Morris), a bicha clubber e afetada Nico (Jonah Blechman) e Jarod (Jonathan Chase), que faz a linha gay com visual hétero.

Os quatro têm o mesmo objetivo: perder a virgindade – com outro homem, é lógico – o mais rápido possível, pois todos estão subindo pelas paredes e querem realizar essa façanha antes de entrar para a faculdade.

Nessa disputa vale tudo: os colegas de escola, os professores, a internet, a ajuda de amigas lésbicas, festas hétero e qualquer outro lugar em que haja homens.

Filme divertidíssimo que, além de retratar de forma exacerbada o mundo gay, é uma paródia inteligentíssima dos bobos filmes americanos que giram sempre em torno do sexo, da virgindade e dos estudantes, fazendo referência a clássicos e a besteiróis. Quem tem repertório de cinema vai identificar facilmente as referências muito bem pensadas, a começar pelo cartaz do filme, alusivo ao "clássico" *American pie* – traz uma quiche (bem mais apropriada ao mundo gay) no lugar da famosa torta de maçã. Além disso, muitas cenas de sexo e muitos corpos nus (o que é até ousado para um filme americano).

Destaque também para a mãe de Andy, a Sra. Wilson, interpretada pelo famoso transformista Lypsinka (cujo nome real é John Epperson), que não faz nenhum esforço para afinar a voz durante o filme. Uma continuação foi feita em 2008, com elenco diferente.

ANOTHER GAY SEQUEL: GAYS GONE WILD!

(Another gay sequel: Gays gone wild!, EUA/Alemanha, 2008, Todd Stephens, 90 min.)

Como acontece com a maioria dos filmes de boa bilheteria, *Another gay movie* também teve sua continuação – afinal, o filme é uma sátira aos *blockbusters* americanos. Os quatro amigos do primeiro filme – porém com elenco diferente –, Nico (ainda Jonah Blechman), Andy Wilson (Jake Mosser), Griff (Aaron Michael Davies) e Jarod (Jimmy Clabots), querem curtir as férias de verão. Por isso, pegam um avião rumo a Fort Lauderdale, destino gay muito conhecido na Flórida. Lá, irão se hospedar num resort gay comandado por Tyrelle Tyrelle (a famosa *drag queen* RuPaul).

Cercados de gays por todos os lados, eles resolvem participar de um concurso que acontece no local chamado "Gays enlouquecem!" (o *Gays gone wild!* do título, uma paródia a um programa de televisão), que vai escolher o bumbum mais desejado do local. Numa espécie de "No Limite" sexual, os quatro amigos saem aprontando de tudo e com todo mundo, a fim de vencer o concurso. Claro que, como em toda competição, há os desleais e os que usam de jogo sujo para vencer.

No meio do caminho os quatro amigos descobrem uma mensagem importante que está sob tudo aquilo: a vida não é feita só de sexo casual, e o amor é algo muito importante para qualquer ser humano.

O filme mais uma vez faz inúmeras referências a clássicos gays e não gays, como *Mamãezinha querida*, *O mágico de Oz*, *O que terá acontecido a Baby Jane?*, *Splash – Uma sereia em minha vida*, *Mulher nota dez* e *American pie 2*. É muito divertido localizar e comparar as cenas.

Entre as participações especiais estão dois atores pornôs conhecidos do público americano, e também dos amantes desses filmes por aqui: Colton Ford e Michael Lucas.

ANTES DO ANOITECER
(Before night falls, EUA, 2000, Julian Schnabel, 133 min.)

Filme biográfico que conta a história do escritor cubano mundialmente famoso Reynaldo Arenas (Javier Bardem). Com uma infância pobre e difícil, Reynaldo descobre duas paixões logo cedo: a literatura e os homens. E essas duas paixões vão lhe trazer problemas o tempo todo durante sua vida.

Seus poemas e escritos começam a chamar a atenção na rígida ilha de Cuba, o que ao mesmo tempo alerta o governo comunista assim que se instaura. Após ter um livro clandestinamente enviado ao exterior e premiado, o escritor, assumidamente homossexual, é preso e condenado a uma solitária numa prisão feita para homossexuais cubanos.

Após muitas batalhas, Reynaldo consegue exílio nos Estados Unidos e vai viver em Nova York. Com a saúde já debilitada devido à contaminação pelo vírus da aids, morre precocemente aos 47 anos.

De forma criativa e que prende o espectador, o filme se estrutura em *flashbacks* e na mistura de cenas de ficção e reais, como as aparições de Fidel Castro. Destaque também para as participações de Diego Luna, Sean Penn e Johnny Depp, fazendo um travesti.

Apesar de ser a história de um cubano, todo o filme foi rodado no México, por proibições da própria ilha de Cuba.

Javier Bardem ganhou uma fileira de indicações para diversos prêmios do cinema, incluindo o Festival de Veneza, o Globo de Ouro e o Oscar.

ASSIM ME DIZ A BÍBLIA
(For the Bible tells me so, EUA, 2007, Daniel G. Karslake, 95 min.)

A Bíblia até hoje é usada como argumento para justificar o *apartheid*, o preconceito contra negros, mulheres e, inclusive e principalmente, homossexuais. Religiosos ditos cristãos ainda se valem das escrituras para afirmar que gays e lésbicas não são criaturas de Deus; de forma indireta, pregam o ódio, o preconceito e alimentam a violência.

Por meio de depoimentos felizes e de cenas lamentáveis, esse documentário faz o paralelo entre o que há de verdade e de mentira nas afirmações, mostra casos verdadeiros em que a religião e os gays se juntaram sem problemas e, claro, pessoas odiosas que ainda no século XXI querem usar a religião como forma de eliminar os homossexuais da face da terra.

O filme colhe depoimentos de cinco famílias que são cristãs e têm gays e lésbicas em casa. E são felizes assim. Pois assim diz a Bíblia que eles leem.

ATÉ O FIM
(The deep end, EUA, 2001, Scott McGehee e David Siegel, 101 min.)

Margaret Hall (Tilda Swinton, desperdiçada) é uma dedicada mãe de família que mora numa casa afastada à beira de um belo lago. Numa manhã ela acorda e encontra um corpo espetado numa âncora dentro do lago na frente de sua casa. E mais: o tal corpo é do namorado de seu filho, Beau (Jonathan Tucker), um adolescente taciturno de 17 anos.

Seu marido (Peter Donat) está viajando, e ela vai ter de resolver o problema sozinha. Com medo de seu filho ser acusado, afinal foi o último a vê-lo, e também de descobrirem seu relacionamento amoroso, proibido pela sociedade duplamente – primeiro, por ser entre dois homens, segundo, por envolver um adolescente –, Margaret resolve sumir com o corpo. Afinal, naquele fim de mundo demorariam para dar falta dele.

Ledo engano. Poucas horas depois ela recebe o telefonema de Alek Spera (Goran Visnjic), um psicopata que passa a fazer ameaças ela e ao filho. Quer dinheiro para ficar calado e não contar à polícia sobre o caso amoroso dos dois, o assassinato e a ocultação de cadáver. É muita acusação para uma mulher só.

Um filme com uma temática interessante, mas mal explorada, em que o fato de o filho ser gay só reforça o medo da mãe de que toda a vizinhança fique sabendo, e não exatamente por querer protegê-lo. As atuações até são boas, principalmente da mãe e do bandido, mas o filme vai ficando sem sentido, com soluções absurdas, monótono e previsível. Um desperdício de elenco e de tempo.

ATRÁS DAS GRADES
(Steel city, EUA, 2006, Brian Jun, 95 min.)

PJ (Tom Guiry) não tem uma vida fácil. Seu pai, Carl Lee (John Heard), foi preso após causar um acidente fatal de carro enquanto estava bêbado. Sua mãe, após a prisão do marido, trocou-o por um policial. E seu irmão mais velho, Ben (Clayne Crawford), é um jovem revoltado que finge brincar de pai com uma esposa e uma filha.

Seu emprego num restaurante mal dá para pagar as despesas da casa desmantelada, até que tudo chega ao limite máximo. PJ vai pedir ajuda ao tio, Vic (Raymond J. Barry), irmão de seu pai, um homem soturno que não se esforça muito em manter a família unida.

O Natal chega e Carl vai visitar a família. Nesse momento pede para PJ guardar um segredo irrevelável.

BABY LOVE
(Comme les autres, França, 2008, Vincent Garenq, 90 min.)

Emmanuel (Lambert Wilson) e Philippe (Pascal Elbé) formam um casal gay na moderna França de hoje. Tão moderno que o primeiro quer ter um filho, e gostaria de adotar um. Porém, a legislação do país não permite a adoção por casais homossexuais.

E a solução aparece à sua frente. Emmanuel conhece a estudante Fina (Pilar López de Ayala), uma latina que está ilegal no país. Os dois fazem um pacto para um resolver o problema do outro: Fina dá um filho para Emmanuel e ele se casa com ela para que fique no país como estrangeira legal. Está armada a confusão, pois Fina se apaixona por Emmanuel.

O filme é baseado em fatos reais que aconteceram com amigos do próprio diretor, que usou a história para abordar dois temas importantes: o problema dos estrangeiros ilegais na França e a absurda proibição da adoção de crianças por casais gays.

BEIJANDO JÉSSICA STEIN
(Kissing Jessica Stein, EUA, 2001, Charles Herman-Wurmfeld, 97 min.)

Jessica Stein (Jennifer Westfeldt) é uma jornalista competente que, de tanto trabalhar, não tem muito tempo para relacionamentos. Além disso, para piorar, teve uma rígida educação judia que a mantém travada e insegura. Vai a jantares, festas, marca encontros, mas os parceiros que aparecem são sempre as figuras mais esquisitas possíveis. Um dia, após uma amiga ler um anúncio no jornal, que chamou sua atenção, ela foi tirar a prova: tratava-se de um classificado da sessão de mulheres para mulheres.

Intrigada com as palavras e com a possibilidade, Jessica resolve responder ao anúncio e conhecer quem está do outro lado. É quando encontra Helen Cooper (Heather Juergensen), mulher descolada, segura de si e disposta a apresentar esse novo mundo para a recém-chegada.

Aos poucos as duas vão se entrosando e Jessica aprende a gostar de si mesma e a se valorizar, o que causa, consequentemente, melhor aceitação pelos outros. E os homens começam a ir atrás dela. É a vez de Jessica escolher, e não ser escolhida.

Como curiosidade, o filme teve várias tomadas externas que precisaram ser cortadas, pois muitas mostravam as torres do World Trade Center de Nova York ao fundo – e os atentados de 11 de setembro haviam acabado de derrubá-las pouco antes do lançamento do filme.

BEIJOS E TIROS
(Kiss kiss bang bang, EUA, 2005, Shane Black, 103 min.)

Harry Lockhart (Robert Downey Jr.) é um ladrão atrapalhado que nunca consegue se dar bem em seus roubos. Em mais um deles, perde seu parceiro e, na fuga, entra por engano em um teste de elenco para um filme. Por coincidência, o papel para o teste é de um detetive que acaba de perder seu parceiro. Ainda abalado pela perda, ele faz uma cena memorável e ganha o papel principal do filme.

Ainda sem saber no que está se metendo de verdade, é enviado para Los Angeles, onde fará uma série de laboratórios para o papel. Esses treinamentos, que incluem aprender a atirar e os jargões policiais, são feitos por um policial de verdade, o rígido Gay Perry (Val Kilmer) – gay não só no nome como também na orientação sexual, mas que insiste em ficar no armário por sua profissão.

A fim de dar boas aulas ao novo ator Harry, Gay o insere numa investigação de verdade, para que conheça bem o seu papel. E aos poucos os dois se envolvem numa trama real de assassinatos cada vez mais difíceis e perigosos de desvendar. Comédia deliciosa do mesmo criador de *Máquina mortífera*, que também tem o mesmo enfoque da dupla policial masculina. Teria sido uma sátira ao original?

BELA DO PALCO, A
(Stage beauty, EUA/Alemanha/Inglaterra, 2004, Richard Eyre, 106 min.)

Na Inglaterra de 1660, as mulheres eram proibidas de fazer teatro. Por esse motivo, homens afeminados e com feições delicadas eram sempre os escolhidos para os papéis femininos das peças teatrais. Para o ator Ned Kynaston (Billy Crudup), é uma dupla satisfação, pois, além de ser reconhecido por seu talento e beleza, é a melhor forma de "tirar uma casquinha" dos outros atores, que ele pode beijar, abraçar e agarrar à vontade. Quanto mais o papel exige, mais ele se aproveita. Os atores que contracenam com ele nem desconfiam que ele é mais do que um companheiro de palco dedicado.

Até que o Rei Charles II (Rupert Everett, ator inglês assumido) resolve mudar a regra. Cansado dessa proibição absurda e de ver sempre os mesmos homens fazendo papéis femininos, ele decide permitir que as mulheres subam ao palco. Seria o fim da carreira (e dos encontros) de Ned?

Prestes a tentar o suicídio, ele é ajudado por sua camareira Maria (Claire Danes), que é promovida a atriz e resolve ajudar o amigo a dar a volta por cima. Baseado na peça teatral de Jeffrey Hatcher.

BOY CULTURE
(Boy culture, EUA, 2006, Q. Allan Brocka, 88 min.)

Recheado de componentes do universo gay, esse filme conta a história do garoto de programa X, pseudônimo do disputado Alex (Derek Magyar). X tem vários parceiros sexuais: os companheiros de quarto Andrew (Darryl Stephens) e Joey (Jonathon Trent) e seu cliente assíduo, o balzaquiano Gregory (Patrick Bauchau).

Por ser um michê, Alex tenta se manter sempre frio e insensível, sem se envolver emocionalmente com ninguém, só sexualmente. Joey, gay afetado de 18 anos, acha a situação ótima, pois só quer saber de sexo o tempo todo, dentro e fora de casa.

Porém, Gregory quer mudar a cabeça de Alex e começa a mostrar ao rapaz que é possível um relacionamento estável e saudável entre dois homens. Essas personalidades conflitantes vão se cruzar no mesmo espaço e tempo. Baseado no livro de Matthew Rettenmund.

BRIDESHEAD REVISITED – DESEJO E PODER
(Brideshead revisited, Inglaterra, 2008, Julian Jarrold, 133 min.)

O capitão Charles Ryder (Matthew Goode) está na mansão de Brideshead, ocupada pelo exército inglês em plena Segunda Guerra Mundial. Olhando a casa que conheceu ainda habitada pela rica família Flyte, ele passa a se lembrar de tudo que viveu ali quando conheceu seu colega de faculdade Sebastian (Ben Whishaw) – que foi apaixonado por ele – e a irmã de Sebastian, a bela Julia (Hayley Atwell). Um filme que aborda a bissexualidade, ainda que de forma pouco profunda. Vale mais pelos belos cenários e reconstituições de época e por ser baseado no romance de Evelyn Waugh, clássico da literatura inglesa.

BRÜNO
(Brüno, EUA, 2009, Larry Charles, 85 min.)

Mais um absurdo filme que une o diretor Larry Charles e o comediante britânico Sacha Baron Cohen, que fez sucesso com outro absurdo filme chamado *Borat*.

Brüno (Sacha Baron Cohen) é um "famoso" estilista gay austríaco que resolve tentar a vida se embrenhando no mundo da moda fora da Áustria, principalmente nos desfiles europeus. Ele quer ficar mais famoso a qualquer custo, e tenta entrar nos desfiles e participar de um programa de TV como entrevistador. Porém, todas as suas tentativas falham absurdamente.

Brüno tem um fã apaixonado que, de tanto o perseguir, torna-se seu assistente, o alemão Lutz (Gustaf Hammarsten), e um namorado oriental e anão, de nome Diesel (Clifford Bañagale), com quem executa todos os tipos de perversões sexuais. Um belo dia Brüno é demitido do seu programa e parte para os EUA para uma nova fase de vida.

Filme sem pé nem cabeça, que tenta obter o mesmo sucesso que Borat, mas morre na praia. Muitas cenas de sexo e de nu sem contexto, incluindo uma em que o pênis de Brüno (é o dele mesmo) "fala". Vale só por curiosidade, mais nada.

BUBBLE
(Ha-Buah, Israel, 2006, Eytan Fox, 117 min.)

Numa mistura de preconceitos – os sexuais, os entre povos e entre nações –, a história começa quando Noam (Ohad Knoller), ao atuar como soldado numa das frentes militares de Israel, conhece o palestino Ashraf (Yousef Sweid). Os dois trocam olhares e a visão mútua fica gravada na memória de ambos.

Obstinado, Ashraf segue até Tel Aviv para encontrar Noam por meio de pistas que o soldado deixa pelo caminho. Ao chegar à casa de

Noam, Ashraf conhece seus colegas de apartamento, Yelli (Alon Friedman), um gay israelense, e Lulu (Daniela Virtzer), que julgam estranha a presença de um palestino, assim como pensam outros amigos de Noam.

Agora eles terão de enfrentar um duplo preconceito: o de serem gays, num país conservador e machista, e de serem de povos que idealmente não deveriam caminhar juntos. Filme sensível e ao mesmo tempo pesado que retrata com fidelidade a vida em uma parte do Oriente Médio.

CANÇÕES DE AMOR
(Les Chansons d'amour, França, 2007, Christophe Honoré, 100 min.)

Ismaël (Louis Garrel, uma versão francesa de Hugh Grant) vive com Julie (Ludivine Sagnier). Alice (Cotilde Hesme), que trabalha com Ismaël, junta-se aos dois, formando um triângulo liberal. Numa noite trágica, Julie tem uma parada cardíaca, na companhia do amigo Gwendal (Yannick Renier). A tragédia deixa todos fora de si, incluindo Ismaël e a irmã de Julie, Jeanne (Chiara Mastroianni).

Passado algum tempo, o irmão gay e mais jovem de Gwendal, Erwann (Grégoire Leprince-Ringuet), aparece no caminho de Ismaël e é o único capaz de trazê-lo de volta à vida após a morte de Julie. Tudo isso contado por meio de músicas cantadas pelo próprio elenco.

O musical divide-se em três movimentos: "A partida", "A ausência" e "O recomeço". Com ruas molhadas de chuva, cafés e cigarros, referência a outros filmes e diretores franceses clássicos, esse musical encanta pelo frescor do elenco e por cenas memoráveis.

Curiosamente, o filme foi estruturado e feito com base em canções que já existiam, compostas por Alex Beaupain, que é também o responsável pela trilha sonora, e tem clara inspiração em outro clássico musical francês, *Os guarda-chuvas do amor*, com Catherine Deneuve, dos anos 1960. Detalhe: Chiara Mastroianni é a filha que Catherine Deneuve teve com Marcello Mastroianni.

CARANDIRU
(Carandiru, Brasil/Argentina, 2003, Hector Babenco, 145 min.)

Baseado no livro de Drauzio Varella, o filme conta a história de um médico (Luis Carlos Vasconcelos) que vai até o Carandiru, o maior presídio da América Latina, com sete mil homens presos, para um trabalho de prevenção à aids. Uma vez lá dentro, o médico começa a conhecer suas vidas, suas histórias e como é a rotina do presídio.

Com um elenco de estrelas como Milton Gonçalves, Wagner Moura, Caio Blat, Lázaro Ramos, Aida Leiner, Ailton Graça e Maria Luisa Mendonça, aos poucos vamos conhecendo os motivos que os levaram até aquele lugar infernal.

Num dos pavilhões, o que abriga homossexuais e travestis, conhecemos a história de Lady Di (Rodrigo Santoro, numa grande atuação), que, ao ser presa com drogas, conhece lá dentro o enfermeiro Sem Chance (Gero Camilo), que ajuda o doutor.

Os dois se apaixonam e se casam na prisão, e ele promete esperar por ela lá fora, pois será libertado primeiro. No filme, várias personalidades do universo gay paulistano estão presentes, como Salette Campari e Claudia Wonder.

A rotina entediante e sombria do presídio é quebrada quando se inicia uma rebelião e a Polícia Militar invade o presídio para contê-la, originando um dos maiores massacres de presos da história do país.

CASA DO FIM DO MUNDO, A
(A home at the end of the world, EUA, 2004, Michael Mayer, 97 min.)

O filme começa nos anos 1960, quando os amigos Bobby (Erik Smith) e Jonathan (Harris Allan) ficam cada vez mais próximos, em Cleveland, interior dos EUA. O primeiro é independente e rebelde, e o segundo é contido e apaixonado pelo amigo. Aos poucos, Jonathan descobre sua homossexualidade e, surpreendentemente, tem o apoio de sua liberal mãe Alice (Sissy Spacek). Os dois se separam para ir para a faculdade, voltando a se encontrar em Nova York 20 anos depois.

Agora estamos na agitada megalópole, e Jonathan (agora Dallas Roberts) reencontra Bobby (Colin Farrell cabeludo). Jonathan divide um apartamento com sua melhor amiga Clare (Robin Wright Penn), que vai se apaixonar por Bobby, criando um interessante triângulo amoroso em que todos têm ciúme de todos.

Por estarmos nos anos 1980, o filme não deixa de falar da doença que apavorou os gays de todo o mundo, incluindo Nova York: a aids, mas de forma emocionante. Atuações seguras e impactantes num roteiro que pode até parecer manjado, mas que ainda desperta fortes emoções.

CAZUZA - O TEMPO NÃO PARA
(Cazuza - O tempo não para, Brasil, 2004, Walter Carvalho/Sandra Werneck, 98 min.)

Biografia do famoso e inesquecível gay, cantor, poeta, ator, escritor e rebelde Cazuza (Daniel de Oliveira), que nasceu Agenor de Miranda Araújo Neto. Retrata o início de sua carreira, ainda como integrante do grupo Barão Vermelho, sua relação conturbada com o pai João (Reginaldo Faria) e a dependência da mãe Lucinha Araújo (Marieta Severo).

O público gay muito reclamou da amenização da homossexualidade de Cazuza retratada no filme, talvez por questões comerciais. Ele chega a ser mostrado como bissexual, sempre pendendo para os dois lados. Porém, quem conheceu o cantor mais de perto sabe que a verdade não é essa.

O filme mostra de forma impactante mas muito verossímil a descoberta da infecção pelo vírus da aids, a luta pela própria vida e a exposição que gerou, fazendo que o país encarasse o assunto e dele falasse abertamente.

Cazuza morre vítima de complicações causadas pela aids em 1990, mas seu legado faz que o Brasil se torne o primeiro país em qualidade de tratamento aos doentes de aids, com um dos melhores programas do mundo. Sua mãe criou a Sociedade Viva Cazuza, entidade filantrópica que muito faz por crianças doentes pelo vírus da aids em todo o país.

CHRIS & DON, UMA HISTÓRIA DE AMOR
(Chris & Don: A love story, EUA, 2007, Tina Mascara e Guido Santi, 90 min.)

Baseado num romance real, esse documentário conta a comovente e complicada história de amor entre Chris e Don, iniciada nos conservadores anos 1940 nos Estados Unidos. O jovem Don Bachardy é fascinado pelo cinema e suas celebridades, por isso resolve se embrenhar no meio delas entre festas e recepções. Numa dessas festas conhece o famoso escritor britânico Christopher Isherwood, de 49 anos, ou seja, 31 anos mais velho que o garoto.

A saber, Christopher havia escrito o famoso livro *Histórias de Berlim*, que décadas depois se transformaria na peça e no filme *Cabaret*, citado neste livro e estrelado por Liza Minnelli.

Desafiando os conceitos da época (e até mesmo os atuais), Christopher se apaixonou por Don e resolveu assumir o seu romance com ele, apesar da diferença de idade entre os dois. Don foi morar com o namorado, causando comentários por parte de todos os que o conheciam.

Mas eles não se deixaram abalar. Chris incentivou Don a entrar numa escola de artes para aprimorar suas habilidades, afinal ele era exímio desenhista. Acompanhando Chris nas festas, começou a desenhar celebridades, ficando famoso por seus retratos.

A pressão da sociedade por causa de sua relação homossexual e sua diferença de idade sempre colocou os dois em cheque e quase os levou à separação diversas vezes.

Porém, o amor falou mais forte. Don permaneceu ao lado de seu companheiro Chris até o dia de sua morte, em 1986, com 82 anos de idade.

Documentário emocionante sobre o amor do casal, que traz os próprios personagens como atores, principalmente Don, que se tornou um reconhecido artista plástico, e aparições de famosos como Liza Minnelli, Gloria Stuart e Leslie Caron, além da narração de Michael York.

CHUCK & BUCK
(Chuck & Buck, EUA, 2000, Miguel Arteta, 96 min.)

Buck O'Brien (Mike White) é o gay obcecado por um amor e uma época que ficaram presos em sua memória. Ele teve um amor de infância, o agora heterossexual Chuck (o lindo Chris Weitz), quando ambos tinham 12 anos de idade. E essas memórias nunca saíram da mente de Buck, preso a essa época e a essa idade mental.

Após quinze anos, Buck resolve ir até Los Angeles, onde mora o amigo Chuck, para reencontrá-lo. Com a mudança de Chuck, Buck nunca mais conseguiu fazer amigos e parece viver numa aura de eterna infantilidade. Chuck agora está noivo, mas não escapará da obsessão do amigo, que faz de tudo para reviver o que ele acha ter sido um grande amor e que ainda não acabou.

Buck é o gay que se recusa a esquecer o passado e se torna a *persona non grata* da trama. De forma obstinada, começa a perseguir Chuck, insistindo na ideia de que ele não pode simplesmente renegar e esquecer o passado e o legítimo troca-troca que aconteceu entre eles.

Será que é assim mesmo que funciona? Héteros que tiveram experiências com outros homens nunca se esquecerão? E mais, será que eles gostam de ser lembrados disso? Personagem e filme polêmicos, de que o ator Mike White foi também o roteirista. A saber, Chris Weitz é o diretor do segundo filme da saga de sucesso *Crepúsculo - Lua nova*.

CIDADE DOS SONHOS
(Mulholland Drive, França/EUA, 2001, David Lynch, 147 min.)

Escrito e dirigido pelo polêmico David Lynch, conta a história de Betty (Naomi Watts), que decide tentar a carreira de atriz em Hollywood. Betty tem uma tia que mora na cidade, e vai se hospedar na casa dela.

Ao chegar, descobre que está na casa a misteriosa Rita (Laura Elena Harring), que não conhece. Rita sofreu um acidente de carro na Mulholland Drive (que dá o nome do filme em inglês) e ficou com amnésia, não se lembrando de seu nome nem de onde mora.

Comovida com a situação da moça, Betty resolve ajudá-la, e as duas vão se envolvendo numa relação cada vez mais íntima. E não serão o único casal de mulheres do filme.

Aos poucos, descobrem informações cada vez mais estranhas que incluem um diretor de cinema maluco, a máfia, uma agenda, um maço de dinheiro, uma estranha caixa azul, trancada por uma chave azul, e um bar que tem o curioso nome (a palavra em português) de Silêncio. Enquanto elas encontram pistas sobre a personalidade de Rita, a trama vai se intrincando cada vez mais, num alucinante final. Roteiro complicadíssimo mas muito interessante nesse filme que tem todas as características das melhores películas *noir* e de suspense.

CINEMA EM SETE CORES
(Cinema em sete cores, Brasil, 2008, Rafaela Dias e Felipe Tostes, 35 min.)

Uma das melhores compilações de imagens (algumas recuperadas heroicamente de filmes que quase desapareceram) de filmes nacionais que tratam sobre a homossexualidade neste documentário de curta-metragem. Depoimentos de cineastas como Karim Aïnouz (de *Madame Satã*), Sandra Werneck (de *Amores possíveis*), André Fischer (do Festival Mix de Cinema) e de personalidades como Jean Wyllys (gay, historiador e vencedor do BBB 6).

Dezenas de atores (todos citados neste livro) também aparecem no filme, como Monique Lafond, Carlo Mossy, entre outros.

Pena não ter se transformado num longa-metragem, pois foi baseado no excelente livro *A personagem homossexual no cinema brasileiro*, de Antônio Moreno, e tinha fôlego para mais.

CLOSET, O
(Le Placard, França, 2001, Francis Veber, 84 min.)

Divorciado há dois anos, François Pignon (Daniel Auteuil) resolve ir morar sozinho. Depois da separação, descobriu que todos o achavam chato, tanto sua esposa (Alexandra Vandernoot) quanto seu filho adolescente (Stanislas Crevillén). Ele tem uma rotina monótona: de casa para o trabalho, uma fábrica de camisinhas, e do trabalho para casa. E até essa rotina está prestes a mudar, pois será demitido em breve.

Deprimido, Pignon acaba conhecendo, através da varanda, o seu novo vizinho, o gay Belone (Michel Aumont). Sem ter com quem desabafar, é para ele mesmo que conta sua vida cada vez mais desgostosa. E Belone tem uma ideia muito estranha para salvar o emprego de Pignon.

A ideia consiste em fazer uma montagem de uma foto em que Pignon aparece com outros homens (gays) ao seu redor, foto que será aos poucos espalhada pela empresa, revelando que o funcionário é homossexual. Ao saber disso, o chefe (Jean Rochefort) vai ficar com medo da reação da comunidade gay em geral, que poderá alegar que Pignon tenha sido demitido por preconceito e discriminação contra sua condição de homossexual. E pior! Como consequência, um boicote gay à fábrica de camisinhas onde Pignon trabalha, podendo significar seu fechamento!

O então deprimido Pignon fica meio relutante, afinal não é homossexual. Aos poucos, Belone o convence de que o plano parece ser perfeito.

Com a foto na mão, Pignon começa a colocar o plano em prática. Ao descobrir sobre a homossexualidade do colega de trabalho, o gay enrustido Felix Santini (Gérard Depardieu, em atuação memorável, como sempre) resolve se aproximar de Pignon para conhecê-lo melhor, vendo nele um possível pretendente. Outra colega de trabalho (Michèle Laroque) também resolve fazer o mesmo, para ter certeza de que Pignon é gay mesmo, pois ela duvida da história. Nada sai como o planejado e Pignon vê sua vida se modificar totalmente após as fotos se tornarem públicas por um acidente de percurso. Comédia excelente com atuações irrepreensíveis!

CLUBE DOS CORAÇÕES PARTIDOS, O
(The Broken Hearts Club: A romantic comedy, EUA, 2000, Greg Berlanti, 94 min.)

Ter apenas amigos gays em volta de si é uma dádiva ou um castigo? Esse é o questionamento que o filme traz na sua divertida e emocionante história. Dennis (Timothy Olyphant) é o agregador. Fotógrafo, resolve comemorar o aniversário de 28 anos no restaurante do amigo Jack (John Mahoney, da série *Frasier*) em West Hollywood. Para isso chama todos os amigos, igualmente gays. Benji (Zach Braff) tem um estilo meio punk e é obcecado pela perfeição do corpo, tanto em si quanto nos relacionamentos que arruma – e sempre se esquece de que quem muito cuida do corpo esquece o cérebro.

Howie (Matt McGrath) é um estudante de psicologia entediado com sua vida e atormentado pelo ex-namorado. Cole (Dean Cain, famoso pelo seriado *Superman*) é ator e, por ser muito bonito, e também se achar muito bonito, aproveita-se disso para trocar de namorado como quem troca de cueca.

Patrick (Ben Weber) se considera um zero à esquerda, o que o torna mais um exemplar de gay "amargo" que vê sempre o lado ruim de tudo.

Taylor (Billy Porter) vive jogando na cara dos amigos que é o único que tem um relacionamento estável; porém, mal conhece quem dorme ao seu lado.

Kevin (Andrew Keegan) é o recém-chegado à turma, e não tem certeza ainda se é realmente gay. Por sua incerteza, vai se apoiar no mais sensato do grupo, o próprio Dennis.

Jack, por fim, além de ser o mais velho de todos, é também o treinador e o líder de torcida do divertido e inusitado time de beisebol chamado Broken Hearts (Corações Partidos), do qual todos os personagens anteriores fazem parte, e que origina o nome do filme.

A única coisa que esses amigos têm em comum é o fato de serem gays e terem certa convivência, tanto na vida quanto no campo de beisebol. Mas, quando as coisas ficam difíceis, esses amigos vão parecer cada vez mais com uma família de verdade.

COISAS QUE VOCÊ PODE DIZER SÓ DE OLHAR PARA ELA
(Things you can tell just by looking at her, EUA, 2000, Rodrigo García, 109 min.)

Esse belíssimo filme conta a vida de sete mulheres fortes que se entrelaça na grande São Francisco. O ponto de partida é a detetive Kathy Farber (Amy Brenneman), chamada para investigar a morte de Carmen Alba (Elpidia Carrillo). Ao chegar ao local, Kathy descobre que Carmen era sua amiga.

Paralelamente se desenvolvem as outras histórias: a gerente de banco Rebecca Weyman (Holly Hunter), amante de um homem casado; a mãe e aspirante a escritora Rose (Kathy Baker), que busca um novo relacionamento enquanto tem dificuldades em lidar com o filho adolescente; a cega e professora de crianças cegas Carol (Cameron Diaz, numa atuação surpreendente), que também procura um novo amor.

Mas o destaque fica com o casal Christine (Calista Flockhart) e Lilly (Valeria Golino). Christine é cartomante e lê cartas para outras mulheres do filme. Lilly está com uma doença terminal. A primeira sabe dar muitos conselhos aos outros, mas não sabe lidar com a doença e a iminente morte de sua namorada. Lilly quer aproveitar os últimos momentos com sua companheira Christine, que não consegue se comunicar por medo de enfrentar o que vem pela frente.

Década de 2000

Delicado e sensível filme, muito bem-roteirizado, que mostra mulheres fortes tendo de ter coragem em momentos de mudança ou de lidar com a oportunidade de mudar suas vidas. O diretor, colombiano, entrelaça as histórias com maestria e dirige o elenco de primeira grandeza de forma sutil. Difícil saber quem é a melhor.

Uma curiosidade: numa das cenas em que Carol está lendo um livro em Braille com seus alunos também cegos, o livro em questão é *Cem anos de solidão*, escrito pelo pai do diretor do filme, Gabriel García Márquez.

COMENDO PELAS BORDAS
(Eating out, EUA, 2004, Q. Allan Brocka, 90 min.)

Estamos no local favorito das comédias americanas: a universidade. E mais uma vez a trama vai abrigar imbróglios amorosos. Porém, nessa, a bagunça é maior do que se imagina. Caleb (Scott Lunsford) é o gostosão da faculdade, que arranca suspiros de todos. Ele está a fim de Gwen (Emily Brooke Hands), garota moderninha que vive rodeada de gays e acha que vai converter todos eles.

Caleb divide sua moradia na faculdade com Kyle (Jim Verraros), que é gay e está sempre solteiro. Kyle é apaixonado por Marc (Ryan Carnes), o melhor amigo de Gwen.

Um dia, desabafando, Caleb conta que está a fim de Gwen para Kyle, e este resolve dar uma dica para se aproximar dela: Gwen adora ficar com caras que se dizem gays. Então, a melhor forma de Caleb se aproximar dela era fingir ser gay também. E mais, é só ele se aproximar de Marc que estará perto de Gwen.

O plano parece perfeito, e Caleb vai seguindo todos os passos. Até descobrir que Marc também está a fim dele, e os dois, por uma situação desencontrada, acabam ficando sozinhos no mesmo local. Kyle se arrepende do conselho que deu, e a bagunça está formada. O difícil é saber quem vai ficar com quem. Essa deliciosa comédia foi filmada em apenas dez dias.

COMENDO PELAS BORDAS 2
(Eating out 2: Sloppy seconds, EUA, 2006, Phillip J. Bartell, 79 min.)

Nessa continuação do filme gay anterior, Kyle (Jim Verraros) levou um fora do namorado Marc (agora Brett Chukerman, porque Ryan Carnes brigou com a direção). Em uma de suas aulas de artes, cujo professor é um gay engraçadíssimo, chega o modelo artístico Troy (o delicioso Marco Dapper), que vai ficar nu para ser retratado pela classe.

Kyle fica encantado pelo rapaz, que não sabe o que quer da vida ainda. Destinado a ficar perto dele, Kyle finge que é um ex-gay e começa a frequentar com Troy o grupo de apoio da faculdade para esses casos, além de fingir ter uma namorada e aceitar transar com uma mulher, numa das mais engraçadas cenas do filme.

Eis que Marc conhece Troy e resolve mostrar a ele o quanto é bom estar com outro homem.

E a batalha pela conquista de Troy começa. É claro que Kyle conta com a ajuda de suas inseparáveis amigas Gwen (Emily Brooke Hands) e Tiffani (Rebekah Kochan). Destaque também para Helen (Mink Stole), a divertidíssima e descolada mãe de Kyle. Comédia fofa. O filme ainda teve uma terceira continuação em 2009.

CONFUSÃO DOS SEXOS, A
(La confusion des genres, França, 2000, Ilan Duran Cohen, 94 min.)

Alain (Pascal Greggory) é um advogado quarentão que anda um tanto confuso a respeito de sua sexualidade. E não é para menos. Ele está sendo atacado por todos os lados. Primeiro é a sua companheira de trabalho Laurence (Nathalie Richard). Depois, por um garoto, Christophe (Cyrille Thouvenin), que é obcecado por ele e quer que ele mude de lado de qualquer jeito. Sem falar no jovem Marc (Vincent Martinez), em Babette (Julie Gayet) e no presidiário Etienne (Alain Bashung), companheiro de cela de um de seus clientes. Sem tempo para pensar, Alain vai se envolvendo com todos, e é cobrado por todos por uma definição. Com quem ele vai ficar, afinal?

CONTOS PROIBIDOS DO MARQUÊS DE SADE, OS
(Quills, EUA/Alemanha/Inglaterra, 2000, Philip Kaufman, 124 min.)

Excelente filme, aborda um trecho da vida do famoso Marquês de Sade (na verdade chamado Donatien Alphonse François), que passou seus últimos anos num hospício na França por ser tido como louco.

Sade (numa atuação irretocável de Geoffrey Rush) está em uma cela especial com tudo que deseja e muito requinte, conquistada por meio de conchavos com funcionários do manicômio. Essa armação inclui o belo padre Du Coulmier (Joaquin Phoenix), responsável pelos pacientes, sempre dividido entre as ordens superiores e as vontades do escritor, e a serviçal Madeleine (Kate Winslet), uma de suas principais aliadas.

Fazendo o que melhor sabe, Sade começa a escrever dentro do manicômio. Com a ajuda de Madeleine, os manuscritos chegam a editores que os publicam clandestinamente. Seus livros, cheios de sexo, apesar da tentativa frustrada do governo francês de eliminá-los, voltam a ser distribuídos numa espécie de mercado negro. Como tudo que é proibido, fazem um sucesso maior ainda, até pelo fato de seu autor estar num manicômio.

E não são apenas livros que saem de sua mente. Peças de teatro no mesmo estilo são escritas e Sade usa os próprios pacientes do manicômio como atores.

Entre um texto e outro, Sade também satisfaz seu ego bissexual, ora seduzindo Madeleine, ora seduzindo o próprio padre, por quem alimenta um desejo sarcástico.

Mas os livros acabam nas mãos de autoridades do governo, que chamam um especialista para dar jeito no escritor. Chega então o Dr. Royer Collard (Michael Caine, insuperável), especialista em pessoas "rebeldes". Enquanto condena as atrocidades que Sade escreve, repete-as quase à força com uma jovem de 16 anos (Amelia Warner) que tirou de um convento. Esta, por sua vez, o trai com o arquiteto que decora sua casa.

Aos poucos, Sade vai sendo cada vez mais punido pelo Dr. Royer, enquanto tenta, das formas mais criativas, driblar suas punições. Mas o humor do médico não é dos melhores e as coisas não terminam muito bem.

O filme é contundente, pois retrata cada um dos personagens dentro de nós. Somos Sade, o padre bonzinho, o médico-monstro, a lavadeira fascinada pelo desconhecido, com tanta vontade de viver e de amar que é capaz de burlar regras para manter Sade escrevendo.

Sade, que viveu no século XVIII, foi um dos maiores contestadores da sociedade, pois colocava em seus livros a hipocrisia e a falsa moral francesa, para quem quisesse ler. Era dúbio, por vezes inteligente e brilhante, outras vezes egoísta e diabólico. Passadas centenas de anos, continua a chocar com o seu legado escrito, jogando na cara as taras e os desejos reprimidos de cada um, tabus que não temos coragem de encarar e confessar.

A mais forte herança do Marquês é a palavra que derivou de seu nome, que significa a obtenção de prazer através da dor: o sadismo.

CRONICAMENTE INVIÁVEL
(Cronicamente inviável, Brasil, 2000, Sérgio Bianchi, 101 min.)

Seis personagens, todos eles representantes da classe média brasileira, se encontram de tempos em tempos no restaurante chique, em um bairro nobre de São Paulo, do amigo em comum Luís (Cecil Thiré). Luís é gay e abriu o restaurante a fim de extravasar seu lado de cozinheiro e pessoa refinada. Entre seus funcionários estão a rígida gerente Amanda (Dira Paes) e os garçons Adam (Dan Stulbach), sempre revoltado contra o sistema, e o belo Ceará (Leonardo Vieira).

Entre os amigos que se encontram sempre no local estão a arrogante Alice (Betty Gofman), seu marido muito chato (Daniel Dantas) e o pesquisador Alfredo (Umberto Magnani), todos tentando levar uma vida normal diante dos degraus cada vez maiores entre a classe média e seus subordinados.

O destaque fica para o garçom Ceará, que, por ter um belo rosto e um corpo mais belo ainda, trabalha como *go-go boy* em boates e faz programas com homens, incluindo seu próprio chefe Luís, que tem uma atração enorme pelo garçom. Há também a violenta (e estranha) cena na qual assaltantes entram no restaurante de Luís e, ao perceber que ele é gay, o estupram dentro da cozinha.

CRUZEIRO DAS LOUCAS
(Boat trip, EUA/Alemanha, 2002, Mort Nathan, 97 min.)

Jerry (Cuba Gooding Jr., numa atuação divertidíssima) acaba de terminar seu noivado com Felicia (Vivica A. Fox) e está em depressão. Seu melhor amigo, Nick (Horatio Sanz), vê um folheto sobre cruzeiros para solteiros e resolve chamar o amigo para que ele se anime. Jerry aceita o convite.

Porém, após uma confusão na agência de viagens, as passagens são trocadas. Ao embarcar no navio, percebem que há homens demais e mulheres de menos: eles entraram num cruzeiro gay.

Fingindo ser modernos e descolados, tentam aproveitar o navio e esquecer o fato. Mas o assédio constante dos outros passageiros torna essa missão quase impossível.

O gordinho Nick começa a ser assediado por um gay sessentão, Lloyd (Roger Moore, o eterno Agente 007, elegante como sempre, mas difícil de convencer como gay). Por sua vez, Jerry é perseguido por gays que gostam de negros e passa o tempo todo tentando escapar deles. Comédia pastelão no melhor estilo americano.

DAMAS DE FERRO, AS
(Satree lek, Tailândia, 2000, Youngyoot Thongkonthoon, 104 min.)

Baseado em fatos reais, o filme conta a história de um time de vôlei da Tailândia formado por gays, efeminados, travestis e héteros que, juntos, acabam ganhando inusitadamente o campeonato nacional tailandês masculino (sim!) de voleibol em 1996.

Mon (Sahaphap Tor), jovem de cabelos compridos que vive maquiado, é amigo de Jung (Chaicharn Nimpulsawasdi), gay afetado que também se veste com roupas femininas. Os dois têm um sonho: fazer parte do time de vôlei do bairro. Porém, são sempre recusados por sua aparência afeminada e sua orientação sexual.

Até que um dia a treinadora Bee (Shiriohana Hongsopon), lésbica assumida, chega para comandar o time. Inicialmente, ela convida Mon e Jung para compor a equipe. Vendo a represália por parte dos jogadores héteros, afirma que quem não gostar da ideia pode sair do time. O único que sobra é Chai (Jesdaporn Pholdee) um belo e forte tailandês que mesmo sendo hétero resolve encarar a parada. Bee o coloca então como capitão do time.

Mas, para que o time possa participar de qualquer campeonato, precisa de mais jogadores. Então, entram em cena a travesti Pia (Kokkorn Benjathikoon), estrela de cabaré e ex-miss, o gay não assumido Wit (Ekachai Buranapanit) – que está prestes a se casar obrigado pelos pais –, o militar Nong (Giorgio Maiocchi) e os trigêmeos Abril (Phomsit Sitthijamroenkhun), Maio (Sutthipong Sitthijamroenkhun) e Junho (Anucha Chatkaew).

De tão inusitado (alguns jogadores entram na quadra maquiados) e sendo formado por tipos tão diferentes, o time começa a chamar a atenção do público e a fazer sucesso. Quando o grupo percebe, a Tailândia toda está torcendo por eles. A dificuldade de convivência entre pessoas tão diferentes, os complexos relacionamentos amorosos, as discriminações, os deboches, o preconceito, tudo isso é retratado nesse filme emocionante que dá uma aula de tolerância e aceitação. Grande sucesso do cinema tailandês e mundial.

DAMAS DE FERRO 2 - OS PRIMEIROS ANOS, AS
(Satree lek 2, Tailândia, 2003, Youngyooth Thongkonthun, 100 min.)

Continuação de *As damas de ferro*, o filme resolve pegar embalo no sucesso do antecessor e mostra a vida dos integrantes antes, como eles se conheceram, e depois da fama, bem como quando revelaram suas opções sexuais para a sociedade tailandesa.

A ação é intercalada com um episódio ocorrido depois dos eventos do primeiro filme, quando um dos integrantes do time original forma uma falsa equipe gay para continuar célebre. Com o mesmo elenco e direção do anterior.

DE REPENTE, CALIFÓRNIA
(Shelter, EUA, 2007, Jonah Markowitz, 97 min.)

Zach (o deslumbrante Trevor Wright, aos 25 anos, mas com cara de 18) tem uma vida difícil: cuida de uma lanchonete pequena onde faz um pouco de tudo, e ao sair de lá precisa tomar conta de seu sobrinho Cody (Jackson Wurth) para que a sua inconsequente irmã Jeanne (Tina Holmes) possa ir trabalhar. A vida corrida quase não dá espaço para suas duas paixões: surfar e desenhar – atividades que executa quase sempre ao lado do inseparável amigo Gabe (Ross Thomas), bem mais rico que ele.

Com pouco dinheiro e sem perspectivas, ele vê o sonho de entrar para uma escola de desenho ficar cada vez mais longe.

Tudo começa a mudar quando o irmão mais velho de Gabe, Shaun (o lindo loiro Brad Rowe), resolve voltar para a pequena cidade litorânea. Shaun é escritor e, numa biografia, revelou sua homossexualidade. E mais: Zach leu o livro e começou a se interessar pela vida de Shaun.

Porém, descobrir-se amando outro homem, irmão de seu melhor amigo, numa cidade pequena, faz que o jovem Zach entre em parafuso. Mas tudo na vida tem solução.

Filme despretensioso, simples, mas com atuações incríveis e um roteiro muito bem-amarrado que não cai nem no moralismo nem no conto de fadas. Um belo exemplo de que tudo pode se resolver de forma bacana, e um retrato fiel para os adolescentes que ainda não sabem bem o que querem, mostrando que ser gay não é mais um bicho de sete cabeças no século XXI. Obrigatório no currículo.

DELICADA RELAÇÃO
(Yossi & Jagger, Israel, 2002, Eytan Fox, 65 min.)

Baseado numa história real, o filme conta o caso de amor entre dois oficiais de Israel numa base na fronteira entre o país e o Líbano. Num local hostil, com pessoas rudes e que estão ali por obrigação, eles tentam levar seu romance adiante, ao mesmo tempo que precisam esconder sua condição.

Yossi (Ohad Knoller) é o comandante da tropa, introvertido, rígido e cego seguidor do sistema. Jagger (Yehuda Levi) é bem-humorado, extrovertido, brincalhão, e sempre se destaca. Enquanto o primeiro quer manter tudo em segredo, o segundo quer assumir o romance – e mais: quer que Yossi abandone a carreira militar e fuja com ele, já que está prestes a terminar sua missão no exército.

O conflito de personalidades e pensamentos, aliado à situação tensa de uma guerra, faz que a relação fique cada vez mais delicada.

No meio deles, outros personagens convivem naquele bunker: um *chef* que cria pratos exóticos para servir aos combatentes naquele lugar inóspito, um soldado que acredita em reencarnação e duas mulheres que tentam sobreviver naquele mundo quase exclusivo dos homens.

O filme trata de vários assuntos complicados de uma só vez: a homossexualidade dentro das forças armadas, num país conservador como Israel, numa situação desagradável como uma guerra, em que jovens são obrigados a lutar por imposição do governo e por causas que nem sempre julgam ser corretas. Será que o amor sobrevive a tudo isso?

DESEJO PROIBIDO
(If these walls could talk 2, EUA, 2000, Jane Anderson/Martha Coolidge/Anne Heche, 96 min.)

Trata-se de três histórias diferentes sobre três casais de lésbicas em três décadas distintas. A primeira história, acontecida em 1961 e dirigida por Jane Anderson, conta a morte de Abby (Marian Seldes) por um derrame, e a luta de sua companheira de mais de 50 anos, Edith (Vanessa Hedgrave), para poder visitá-la no hospital e ser tratada como parente, apesar da negação da família de Abby.

Na segunda história, que se passa em 1972, com direção de Martha Coolidge, Linda (Michelle Williams) faz parte de um grupo feminista da faculdade com outras três colegas. Porém, quando descobrem que o quarteto é formado por lésbicas, elas são expulsas do grupo por puro preconceito. Dispostas a se divertir, acabam indo ao único bar para lésbicas da cidade. Linda então conhece a masculinizada Amy (Chloë Sevigny), por quem vai se apaixonar – apesar da reprovação de suas amigas.

Por fim, a terceira história se passa em 2000 e tem a direção de Anne Heche. Fran (Sharon Stone) e Kal (Ellen DeGeneres, atriz lésbica assumida e ex-namorada de Anne Heche) querem ter um filho, mas sem a participação de mais ninguém, muito menos de um homem. Para isso decidem procurar um banco de esperma, pois assim não saberão quem foi o doador. Porém, a burocracia para realizarem esse desejo se torna cada vez mais complicada.

O filme é a continuação de outro com o mesmo nome, também realizado apenas com mulheres (com um elenco tão estrelado quanto esse). O tema não era o amor entre elas, mas o aborto. Originalmente feito para a TV (transmitido pelo canal HBO), chegou ao Brasil em formato DVD.

DESPERTAR DE UMA ADOLESCÊNCIA, O
(The Mudge boy, EUA, 2003, Michael Burke, 92 min.)

Duncan Mudge (Emile Hirsch, o atual Speed Racer, aos 17 anos e numa atuação surpreendente) tem 14 anos e é um tímido e imaturo garoto que vive em uma fazenda apenas com o pai, a mãe e sua galinha favorita. Um dia a mãe sofre um ataque cardíaco e morre.

Num instante, Duncan e seu pai se veem desorientados e sozinhos. Com dificuldades em superar a perda, o menino começa a se vestir com as roupas da mãe e a imitá-la na frente do pai, Edgar (Richard Jenkins), que não sabe como reagir. Por vezes o menino causa situações constrangedoras, levando seu pai a ser agressivo.

O garoto é tido como esquisito, e todos evitam se aproximar dele. Seu vizinho Perry (Tom Guiry, um loiro lindo), porém, se torna seu melhor amigo.

Esse contato constante com Perry leva Duncan a ter mais do que uma amizade e a sentir atração pelo rapaz, que não vai saber lidar com a situação nem com o novo amigo. Filme sensível e forte, com reviravoltas surpreendentes.

DE VOLTA AO PARAÍSO
(Big Eden, EUA, 2000, Thomas Bezucha, 118 min.)

Henry Hart (Arye Gross) é um jovem artista plástico prestes expor seus trabalhos em Nova York. Porém, na véspera recebe a notícia de que seu avô sofreu um derrame em sua cidade natal, que tem o curioso nome de Big Eden (Grande Eden), título original do filme.

Decidido a cuidar do avô durante sua recuperação e com a intenção de rever a cidade e os amigos que deixara para trás, Henry volta para Big Eden e vê o local dessa vez com outros olhos.

Sem querer esconder sua sexualidade, resolve acertar as contas com um antigo colega de escola, Dean Stewart (Tim DeKay), por quem se apaixonou na época mas nunca foi correspondido. Aquele seria o momento de tirar a história a limpo.

Enquanto isso, Pike Dexter (Eric Schweig), rapaz com traços indígenas dono de um pequeno restaurante que fornece as refeições para o avô de Henry, começa a ter interesse no rapaz, conhecendo novos sentimentos.

Quando todos de Big Eden tomam conhecimento do interesse de Pike por Henry, se mobilizam para que os dois fiquem juntos e Henry desista do arrogante Dean.

Filme muito simpático, apesar do tom utópico de que uma cidade minúscula aceitaria gays em sua comunidade com toda essa facilidade. Só no cinema mesmo, por enquanto. Mas é um bom exercício de como o mundo poderia ser e de como isso seria bom. Um verdadeiro "paraíso".

DO COMEÇO AO FIM
(Do começo ao fim, Brasil, 2009, Aluizio Abranches, 100 min.)

Francisco (Lucas Cotrim) e Thomás (Gabriel Kaufmann) são meios-irmãos; o primeiro, filho de Julieta (Julia Lemmertz) com Pedro (o francês Jean-Pierre Noher); o segundo, com o arquiteto Alexandre (Fábio Assunção).

Desde pequenos, os dois são muito unidos. Francisco, seis anos mais velho, defende o irmão menor o tempo todo, inclusive do pai. Essa relação vai ficando cada vez mais íntima, despertando a atenção de Julieta, de Pedro e de todos que convivem com a família.

O filme dá então um salto de quinze anos, quando Francisco (agora João Gabriel Vasconcelos) e Thomás (Rafael Cardoso), já adultos, estão no enterro da mãe. Eles agora moram juntos e têm um relacionamento amoroso e sexual. Além da homossexualidade, portanto, o filme traz à tona um segundo assunto delicado: o incesto.

O público ficou dividido com relação aos dois temas do filme. Alguns julgaram a discussão pertinente; para outros, o incesto foi colocado de forma gratuita, apenas para chocar a plateia. Só assistindo para se posicionar.

DR. T E AS MULHERES
(Dr. T and the women, EUA/Alemanha, 2000, Robert Altman, 122 min.)

Dr. Sullivan Travis (Richard Gere), mais conhecido como Dr. T., é um famoso ginecologista de Dallas. Devido à sua profissão, obviamente, está sempre cercado de mulheres.

Mas não é apenas no consultório que ele é cercado de mulheres: casado com a desequilibrada Kate (Farrah Fawcett, uma das Panteras), recebe em casa a cunhada Peggy (Laura Dern) com as três filhas pequenas, que se somam a suas próprias filhas – a esquizofrênica Connie (Tara Reid) e Dee Dee (Kate Hudson).

É Dee Dee o nosso foco de interesse, pois, prestes a se casar com um homem, ela se revela uma lésbica enrustida, tem um estranho relacionamento com sua dama de honra Marilyn (Liv Tyler) e é constantemente vigiada pela irmã. Que segredo esse relacionamento guarda?

E SUA MÃE TAMBÉM
(Y tu mamá tambien, México, 2001, Alfonso Cuarón, 105 min.)

Tenoch (Diego Luna) e Julio (Gael García Bernal) são dois adolescentes insatisfeitos com sua vida monótona, e sempre à procura de garotas para satisfazer seus impulsos sexuais. Mas a vida ainda é muito chata. Em uma festa, encontram a liberal Luisa (Maribel Verdú), bem mais velha que eles e esposa de um primo de Tenoch.

Num acesso de liberdade, eles a convidam para conhecer uma praia; ela, também entediada com sua vida, resolve aceitar o convite, deixando tudo para trás e se envolvendo com os dois garotos ao mesmo tempo.

Os três conhecem lugares estranhos e pessoas igualmente diferentes, e vão descobrindo seus desejos e medos. Perdem a ingenuidade enquanto pensam ganhar a liberdade.

Mas o preço é alto; e as descobertas, nem sempre agradáveis, principalmente quando Julio descobre gostar de Tenoch mais do que como amigo. Destaque para as diversas cenas em que Diego Luna e Gael García Bernal aparecem nus.

ESCRITOR FANTASMA
(Suffering man's charity, EUA, 2007, Alan Cumming, 93 min.)

Sebastian St. Germain (David Boreanaz) é um jovem atraente que tem um sonho: tornar-se um escritor famoso. O talento ele já tem, só falta dinheiro para poder publicar sua obra – que será um sucesso, tem certeza – e uma boa indicação.

John Vandermark (Alan Cumming, também diretor do filme) é um músico muito rico, porém com a carreira em decadência. Numa saída noturna, John conhece Sebastian e fica encantado com sua beleza e juventude, além da inteligência. Sebastian conta seu desejo de se tornar escritor, e John decide ajudá-lo, é claro, em troca de muitas noites ao seu lado.

No início, Sebastian aceita o trato e começa a se relacionar com John enquanto vai escrevendo seu livro. Porém, vive se encontrando com garotas pelos bares da cidade. John descobre que está sendo usado e explorado, e que Sebastian não sente nada por ele.

Sua fúria é tanta, que sequestra o rapaz e começa a torturá-lo física e psicologicamente. John exagera na vingança e acaba matando o menino, livrando-se do corpo para ninguém descobrir o acidente.

Enquanto sua vida começa a voltar ao normal, ele encontra os manuscritos do livro de Sebastian. Com bons contatos, termina o livro e publica-o como sendo seu. O livro de John (que era de Sebastian) torna-se um sucesso, deixando seu falso autor rico e famoso.

Mas nem tudo são flores na vida de John, porque Sebastian resolve voltar dos mortos para atormentá-lo e cobrar os direitos autorais que lhe cabem. Comédia gay de humor negro.

EU TE AMO, CARA
(I love you, man, EUA, 2009, John Hamburg, 105 min.)

O corretor de imóveis Peter Klaven (Paul Rudd) está prestes a se casar com sua namorada Zooey (Rashida Jones). Peter parece ser o homem perfeito: romântico, atencioso, dedicado, sensível, culto, educado, até parece gay. Mas não é. Apenas um homem fora do comum.

Ao ser pedida em casamento por ele, Zooey começa a fazer planos para a cerimônia e para a festa, e corre para o telefone contar para suas amigas. Em meio aos preparativos, Zooey lembra o futuro marido de que ele precisa achar um padrinho de casamento. E quem chamar para ser o padrinho? É nesse instante que Peter se dá conta de que não tem amigos. Nenhum.

Sabe aquele cara com quem você sai para beber cerveja, ver futebol ou jogar pôquer? Para quem você liga nem que seja para jogar conversa fora? É o que Peter não possui: um bom amigo.

Desesperado, pois a data da cerimônia se aproxima, ele recorre ao irmão Robbie (Andy Samberg), assumidamente gay, para encontrar seu amigo. Afinal, Robbie conhece um monte de homens. Mas seria ele a pessoa mais indicada para essa missão?

As primeiras investidas de Peter não são as melhores, e por causa das indicações do irmão acaba levando até um beijo na boca de um gay que não entende suas intenções e acha que ele está procurando um namorado.

Eis que ele conhece Sydney Fife (Jason Segel). Bonachão, gente boa, daqueles que topa qualquer parada, é com ele que vai ter as suas primeiras experiências entre "heterossexuais machos". Enfim Peter tinha encontrado o amigo de que precisava. O problema do padrinho estava resolvido.

FANTASMA, O
(O fantasma, Portugal, 2000, João Pedro Rodrigues, 90 min.)

Sérgio (Ricardo Meneses, em uma atuação precisa) é um jovem sedento por sexo, um tanto depressivo, que vive num quarto de pensão decadente e trabalha de madrugada como lixeiro em Lisboa.

Durante o dia, diverte-se fazendo sexo em banheiros públicos da capital portuguesa ou levando rapazes para seu quarto. De noite, foge das investidas de sua colega de trabalho Fátima (Beatriz Torcato), da vigilância de um policial (Jorge Almeida) e do desejo que desperta em seu chefe Mário (Joaquim Oliveira) – afinal, o rapaz tem belos atributos.

Numa de suas noites de trabalho, esbarra com o rude João (André Barbosa), por quem fica completamente alucinado. Começa a perseguir o rapaz, revirar seu lixo em busca de peças de roupas jogadas, até que decide matar a vontade de ter o rapaz, independentemente de ele gostar de homens ou não: vai sequestrá-lo.

Um dos filmes mais fetichistas do cinema europeu, com temas pesados, mostrados de forma nua e crua, cenas de sexo explícito, com personalidade e filmagem obscura, características de muitos bons filmes europeus. O surpreendente é vir de um país tão conservador e moralista como Portugal, que nem tem uma amigável convivência com os gays. Imperdível na filmografia.

FAZ DE CONTA QUE NÃO ESTOU AQUI
(Faites comme si je n'étais pas là, França, 2000, Olivier Jahan, 101 min.)

Voyeurismo é a tônica do filme, e principal fetiche do adolescente Eric (Jérémie Renier). Ele está passando por aquela fase terrível em que não confia em ninguém, e quer ficar trancado em seu quarto, alheio do mundo. Uma de suas poucas diversões é espiar os vizinhos pela janela com o uso de um binóculo.

Rebelde, com baixa autoestima e muitas dúvidas sobre sua sexualidade, não faz outra coisa senão se desentender com a mãe e o padrasto, além de ficar de olho na vizinhança para passar o tempo.

A prática começa a ficar mais interessante quando o casal Fabienne (Alexia Stresi) e Tom (Sami Bouajila) se mudam para o apartamento da frente. Quando descobrem o rapaz por trás do binóculo, começam a entrar no jogo dele, se exibindo e alimentando sua imaginação. As festas e encontros no apartamento são frequentes, com situações eróticas que deixam Eric cada vez mais atiçado.

Um dia o casal se aproxima e resolve convidá-lo a entrar naquele apartamento onde tudo acontece e pode acontecer. Eric sai da posição de voyeur para ser ele o observado. E esse *ménage* terá um desfecho surpreendente.

FÉ DESVIADA
(Twist of faith, EUA, 2004, Kirby Dick, 87 min.)

Um garoto é abusado sexualmente durante anos por um padre católico. Com esse terrível segredo, o garoto cresce, casa-se, torna-se bombeiro, tem um bom emprego, gera filhos e mora numa casa confortável. Porém, Tony Comes jamais vai esquecer aqueles tempos.

As constantes notícias sobre casos idênticos de padres que abusam de garotos fazem que Tony relembre sua infância cada vez mais. Uma descoberta em sua vida pessoal traz as lembranças e sensações de volta à realidade, e obriga-o a se confrontar com a família, com a sociedade e com sua fé.

Documentário baseado em entrevistas com os próprios envolvidos.

FÉLIX DE BEM COM A VIDA
(Drôle de Félix, França, 2000, Olivier Ducastel/Jacques Martineau, 95 min.)

Félix (Sami Bouajila) é um homem de bem com a vida que tem um relacionamento estável e parece não se abalar com nada. Ao saber que contraiu o HIV, decide fazer algo diferente: sai em busca do pai, que ele não conhece.

Nessa caminhada, do norte ao sul da França, ele encontra novos personagens do cotidiano, formando uma verdadeira família em sua vida. Félix não se preocupa em acelerar a viagem, ao contrário, admira as belezas e peculiaridades de cada cidadezinha que encontra no caminho.

Conhece pessoas de várias idades, tem relacionamentos rápidos e intensos, e aproveita com todo o vigor essa nova fase da vida. Os diretores

Olivier Ducastel e Jacques Martineau vivem juntos na vida real e resolveram trabalhar em parceria também.

FEMME FATALE
(Femme fatale, EUA, 2002, Brian de Palma, 114 min.)

O título é um elogio à bela loira Laure Ash (Rebecca Romijn--Stamos). Logo de início, ela participa de um roubo de joias durante o Festival de Cannes de 2001, com a ajuda de uma bela modelo que seduz no banheiro feminino. Assim começa o intrigante filme de Brian de Palma.

Após conseguir tudo que quer, Laure decide abandonar a rotina de crimes e levar uma vida respeitável ao lado do embaixador americano na França.

Tudo estaria tranquilo se não fosse o fato de um fotógrafo *paparazzi*, Nicolas Bardo (Antonio Banderas), ficar atraído pela bela loira e resolver fotografá-la. Ao revelar as fotos, Nicolas descobre ser ela a mesma mulher responsável pelo roubo em Cannes, e decide desvendar seus mistérios.

Filme daqueles com reviravoltas estonteantes e final surpreendente. A atriz esbanja sensualidade se relacionando com todos os homens (e mulheres) que passam à sua frente.

FILHOTE
(Cachorro, Espanha, 2004, Miguel Albaladejo, 100 min.)

Pedro (Jose Luis Garcia-Perez) é um urso gay que leva uma vida de noitadas cercada de amigos. Sempre fica com um ou outro homem e encara tudo como uma grande festa. Um dia sua irmã Violeta (Elvira Lindo) pede que ele fique com o sobrinho Bernardo (David Castillo) de 9 anos em sua casa enquanto ela e o novo namorado fazem uma viagem longa.

Disposto a não chocar o menino com seu estilo de vida, Pedro começa a mudar seus hábitos. Porém, começa a se sentir muito mal com isso, além de ter por perto a implacável avó do menino, Teresa (Empar Ferrer), que não aprova que o neto fique na companhia do tio gay.

Mas a compreensão e o amor vão mostrar que aceitação cabe até mesmo na cabeça de quem ainda é tão jovem. Filme sensível que dá um show de tolerância.

FINGERSMITH - FALSAS APARÊNCIAS
(Fingersmith, Inglaterra, 2005, Aisling Walsh, 181 min.)

Susan "Sue" Trinder (Sally Hawkins) é uma "fingersmith" (adjetivo chulo britânico para ladra) que vive no subúrbio de Londres com sua tutora, a Sra. Sucksby (Imelda Stauton), desde que foi abandonada pelos pais. Obcecado por dinheiro, seu amigo Richard (Rupert Evans) a convence a entrar num plano para roubar uma outra menina órfã, que vive com o tio mas é muito rica: Maud Lily (Elaine Cassidy).

Para o plano começar, Sue se oferece para trabalhar como empregada na casa de Maud. O plano é aproximar-se de Maud e apresentar Richard, para que eles namorem e se casem. Depois, internar Maud num manicômio e ficar com toda a fortuna dela.

Sue entra na casa e começa a ficar cada vez mais próxima da frágil e carente Maud. Aos poucos, torna-se sua melhor amiga e desiste do plano. Um dia as duas se veem apaixonadas uma pela outra, e Sue precisa fazer de tudo para afastar Richard de sua amada, uma vez que ele já se infiltrou na casa e na vida de Maud. Baseado no aclamado livro de Sarah Waters.

FLUFFER - NOS BASTIDORES DO DESEJO
(The fluffer, EUA, 2001, Richard Glatzer/Wash Westmoreland, 95 min.)

Sean McGinnis (Michael Cunio), rapaz jovem e com sexualidade ainda não definida, vai até a locadora de vídeo com a intenção nobre de buscar o clássico de Orson Welles, *Cidadão Kane*. Porém, por um engano da loja e uma troca de fitas, leva para casa um filme pornô gay com um nome muito parecido.

Ao começar a assistir ao filme, Sean se encanta com o ator principal Johnny Rebel – grande, forte e bem-dotado – e descobre sua verdadeira orientação sexual: é gay e adora homens musculosos e bem-dotados. Essa obsessão leva Sean a tomar uma decisão inusitada: decide ir para Hollywood para encontrar Johnny e conhecê-lo pessoalmente. Tem certeza de que Johnny é gay e de que os dois vão ficar juntos.

E não é que o rapaz vai conseguindo seus objetivos? Ele descobre a produtora dos filmes de Johnny e começa a trabalhar como câmera. Aos poucos ganha a confiança do astro da casa até realizar seu desejo supremo: Sean se torna o *fluffer* de Johnny.

Na linguagem dos filmes pornôs, *fluffer* (espécie de "inflador", numa tradução livre), que dá origem ao nome do filme é quem faz o ator ficar excitado antes de começar a filmar.

Apesar de ser ator de filmes pornôs gays, Johnny se declara hétero e afirma que faz os filmes somente por dinheiro (alguém acredita nisso?); apresenta uma namorada, uma dançarina de boate de nome Babylon, que diz estar grávida dele.

Mas Sean é persistente, e vai batalhar para conseguir o rapaz por inteiro, não só da cintura pra baixo, criando situações engraçadíssimas.

Apesar de classificado como comédia, o filme mostra o submundo da indústria massacrante dos filmes pornôs, que constantemente esbarra na cultura das drogas e dos anabolizantes.

FOTOS PROIBIDAS
(Dirty pictures, EUA, 2000, Frank Pierson, 104 min.)

Baseado em acontecimentos reais, o filme acompanha a história do Diretor do Centro de Artes Contemporâneas de Cincinnati, Dennis Barrie (James Woods), que resolve expor no local fotos de Robert

Mapplethorpe, famoso fotógrafo gay especialista em tirar fotos de belos e jovens rapazes totalmente nus. A exposição havia sido rejeitada por outros centros culturais, porém Dennis acredita piamente que não haverá problema em colocá-la em seu centro, por imaginar que as pessoas do local são cultas e modernas. Além disso, o local enfrenta problemas financeiros, e ele julga que a exposição trará muito público. Afinal, estamos nos anos 1990. Ledo engano.

Antes de abrir a exposição, membros de um júri vão até o local e classificam as fotos como obscenas, assim como as demais autoridades locais, incluindo o policial maior do local, Simon Leis (Craig T. Nelson), que quer prender Dennis de qualquer maneira.

O motivo de tamanho alvoroço são fotos que mostram crianças nuas, dois homens praticando *fisting* (quando um enfia o punho no ânus de outro), um homem urinando em cima do outro, além de mais imagens de cunho sexual.

Dennis é levado a julgamento, enfrenta tentativas de suborno e ainda está prestes a romper com sua esposa, Dianne (Diana Scarwid), por causa de tais fotografias. Tudo por uma premissa muito simples. Dennis não quer abrir mão de algo garantido pela Constituição Norte-Americana: a liberdade de expressão pura e simples. Resta assistir ao filme para saber que fim terá a polêmica exposição.

GAROTO DOS SONHOS
(Dream boy, EUA, 2008, James Bolton, 90 min.)

Nathan (Stephan Bender) está passando pela adolescência e ainda tem de enfrentar uma nova realidade: mudar para uma cidade do interior, bem provinciana. Com a chegada da puberdade, ele começa a sentir o pulsar dos hormônios.

Logo conhece seu vizinho e colega de escola Roy (Maximillian Roeg, ator britânico), que dirige o ônibus escolar.

Com dificuldades de aprendizado, Roy pede ajuda a Nathan, inteligente e estudioso. Nesse momento percebem que algo mais forte está surgindo entre os dois. E estamos na década de 1970, numa cidade extremamente religiosa.

Durante as viagens de ônibus, Roy e Nathan trocam olhares pelo retrovisor, e as indiretas vão crescendo até que eles transam pela primeira vez; mais primeira vez ainda para Nathan, que era virgem.

Antes da experiência, Roy tinha namoradas e amigos. Porém, ao se apaixonar por Nathan, começa a se afastar de todos e a proteger e abrigar cada vez mais o novo amor. Transbordando de felicidade, Nathan se esquece de onde está e deixa cada vez mais transparecer seus sentimentos pelo amigo. Isso não vai ser bom nem dentro de sua casa nem entre a comunidade, conduzindo a um trágico desfecho. Baseado no livro de Jim Grimsley.

GAROTOS INCRÍVEIS
(Wonder boys, Inglaterra/Alemanha/EUA/Japão, 2000, Curtis Hanson, 111 min.)

Grady Tripp (Michael Douglas) é um professor universitário que tenta terminar um livro há sete anos. Em seu entusiasmo, escreveu uma obra que nem ele próprio tem paciência de ler. Sua esposa acaba de abandoná-lo. Um de seus melhores alunos, James Leer (Tobey Maguire, bem novinho), conta histórias terríveis sobre a própria vida, o que faz que Tripp se compadeça dele e o leve pra casa – sem saber que o garoto talvez seja apaixonado por ele. Hannah Green (Katie Holmes, de Dawson's Creek), uma de suas alunas, o ama. Sara Gaskell (Frances McDormand), que é casada, acaba de descobrir que está grávida de um filho seu. Terry Crabtree (Robert Downey Jr.), seu editor gay, vem buscar o livro inacabado acompanhado de um travesti, Miss Antonia Sloviak (Michael Cavadias), e se hospeda na casa de Grady. Precisa de mais alguma coisa?

Acrescente a essa trama, em uma mesma noite, um casaco que pode ter sido de Marilyn Monroe, um cachorro cego, um carro antigo, uma mochila e um revólver. Depois de muitos acontecimentos divertidos, o editor

Terry acaba se apaixonando por James e por seus escritos, largando o travesti na mão de Grady. Com muitas reviravoltas e final inesperado, é uma boa oportunidade de ver um grande elenco em ação. Downey Jr. e Maguire (que representaram posteriormente os heróis Homem-Aranha e Homem de Ferro) até dividem a mesma cama, mas sem beijos nem ousadias.

GOLPISTA DO ANO, O
(I love you Phillip Morris, França/EUA, 2009, Glenn Ficarra/John Requa, 102 min.)

Steven Russel (Jim Carrey) é um policial e pai de família que leva uma vida pacata. Após um acidente de carro, resolve mudar sua vida e realmente assumir que é gay! Começa a se relacionar abertamente com homens, um deles interpretado pelo ator brasileiro Rodrigo Santoro, e quer cada vez mais dinheiro para realizar suas vontades.

Um dia obtém o cargo de diretor financeiro de uma grande empresa. Cego pela ambição, aplica um golpe e é preso. Quando vai para a prisão, conhece o colega de cela, o também gay Phillip Morris (Ewan McGregor). Os dois começam a se relacionar, até que Steven é transferido para outra prisão. Os dois agora vão fazer de tudo para se reencontrar e continuar seu romance interrompido. Comédia divertidíssima com atuações impagáveis de Carrey e McGregor.

HEDWIG - ROCK, AMOR E TRAIÇÃO
(Hedwig and the Angry Inch, EUA, 2001, John Cameron Mitchell, 95 min.)

Em forma de *flashback*, o filme conta o início da vida de Hedwig, roqueira abusada e desbocada.

Alemanha Oriental. Nasce o menino Hansel (primeiro, Ben Mayer-Goodman; depois de adulto, John Cameron Mitchell, também diretor do filme). Enquanto crescia ao lado da amarga mãe (Alberta Watson), Hansel se distraía ouvindo a Rádio das Forças Armadas Americanas. Adorava as músicas daquele país.

Hansel cresce e descobre que há algo diferente com ele. Conhece o soldado americano Luther (Maurice Dean Wint), que se apaixona por ele. Eis a descoberta: Hansel era homossexual.

Luther quer se casar oficialmente com Hansel e levá-lo para a América. Para que isso seja possível, ele precisa se submeter a uma operação de mudança de sexo. Nesse momento nasce o mito Hedwig (peruca em inglês). A operação não dá muito certo; e sua ida para a América, muito menos.

Hedwig acaba num trailer no Kansas, trabalhando como baby-sitter, abandonada pelo seu soldado americano. Num acesso de fúria, ela resolve se dedicar àquilo de que sempre gostou: a música. Junta alguns amigos, um mais esquisito que o outro, e cria a banda The Angry Inch (que, em livre tradução, seria A Polegada Eufórica).

Na banda aparece Tommy (Michael Pitt), garoto de 19 anos que se torna seu namorado e protegido, a quem Hedwig ensina tudo que sabe. Em mais um revés, o garoto deixa-a, levando suas músicas.

Hedwig, mais uma vez, não se deixa abalar. Sobe ao palco de novo e decide se tornar ainda mais absurda, desbocada e ousada. Um dia, um dos integrantes da banda vê um anúncio de jornal com a oferta de vagas para o musical Rent. É a grande chance de todos.

Adaptação da aclamada peça homônima do circuito *off-Broadway*, que ficou dois anos em cartaz, o filme assinala a estreia na direção de John Cameron Mitchell, o ator principal, que, com o autor da trilha sonora, Stephen Trask, escreveu e estrelou a bem-sucedida montagem teatral.

HISTÓRIA DE LITTLE RICHARD, A
(Little Richard, EUA, 2000, Robert Townsend, 120 min.)

Little Richard foi um famoso cantor americano, negro e homossexual assumido, cujas músicas são sucesso até hoje. O filme mostra sua origem humilde, num bairro pobre da Geórgia, onde Richard (interpretado pelo cantor de nome Leon somente) trabalhava em pequenas funções, como era comum aos negros nos anos 1950.

Um dia, ao demonstrar seus talentos ao piano para um empresário, ele ganha a oportunidade de gravar um disco. Realiza seu sonho e se transforma num cantor de sucesso, sem abandonar suas raízes. Porém, sua homossexualidade vai lhe causar sempre problemas, e deixá-lo desconfortável consigo mesmo. Ao se tornar mais velho, fica entre idas e vindas de abandonar a música e se tornar um religioso, para tentar esquecer sua condição. Em vão.

HORAS, AS
(The hours, EUA/Inglaterra, 2002, Stephen Daldry, 114 min.)

Todo o filme gira em torno de três personagens interligadas pelo livro *Mrs. Dalloway*, de Virginia Woolf. A primeira é Clarissa Vaughn (Meryl Streep), que vive nos dias atuais em Nova York e decide dar uma festa de aniversário para seu ex-amante Richard (Ed Harris, em atuação sublime), que agora descobriu-se gay e está infectado pelo vírus da aids.

A segunda personagem é a mãe de Richard, Laura Brown (Julianne Moore), que cuida do filho em 1949 em Los Angeles e vive uma monótona rotina com o insosso marido (John C. Reilly). Laura acaba de comprar o livro *Mrs. Dalloway* e vê-se influenciada pelas ideias revolucionárias da autora. Na época com 8 anos, Richard (Jack Rovello), um menino extremamente expressivo, acompanha os devaneios da mãe, que começa a se sentir depressiva com sua vida, pensa em suicídio e apaixona-se pela melhor amiga.

E, por fim, a terceira personagem, a própria Virginia Woolf (Nicole Kidman, com um nariz falso que a caracteriza perfeitamente e lhe deu o Oscar de Melhor Atriz). A autora está escrevendo o livro *Mrs. Dalloway*. Numa pequena cidade inglesa em 1923, ela vive cercada de empregados e parentes. É tratada como doente, mas não passa de uma pessoa depressiva, com um possível quadro de esquizofrenia, acuada pelo fato de se saber lésbica, apesar de ter se casado, numa época em que nada disso era aceito e permitido.

O filme questiona a importância da família, a relação complicada entre mães, filhos e filhas, a eterna insatisfação do ser humano com a vida que tem, e como um livro pode afetar de forma diferente pessoas diversas. As atuações são magníficas e o filme é cheio de surpresas do começo ao fim. Imperdível!

HORROR NA PRAIA PSICODÉLICA
(Psycho beach party, Austrália/EUA, 2000, Robert Lee King, 95 min.)

Estamos em um verão dos anos 1960. E, para variar, vários grupos de jovens, garotos de um lado e garotas do outro, vão para a praia aproveitar o sol e paquerar. Tudo estaria perfeito se não fossem os assassinatos misteriosos que começam a acontecer no local. É para levar a sério? De jeito nenhum.

Essa comédia absurda satiriza os famosos filmes dos garotos e garotas em praias, o absurdo visual das roupas e cabelos dos anos 1960, e os filmes de carnificina, como *Sexta-feira 13* ou *A hora do pesadelo*.

A protagonista, Florence Forrest (Lauren Ambrose), a exemplo do também protagonista do filme *Psicose*, sofre de dupla personalidade. Quando os assassinatos começam a acontecer, ela se torna a principal suspeita.

Destaque para as cenas gays entre os rapazes, como as lutas com óleo, os desejos masoquistas, os enrustidos que se soltam, e para a policial durona que investiga os crimes, na verdade um travesti chamado Monica Stark (Charles Busch), que escreveu a peça de teatro na qual o filme é baseado e também o roteiro. Bobagem pura, mas divertidíssima, e cheia de corpos sarados.

IRMÃOS CONRAD, OS
(The Conrad boys, EUA, 2006, Justin Lo, 94 min.)

Charlie (Justin Lo) é um sonhador adolescente de 19 anos que quer fazer faculdade em Nova York. Sua vida caminha para isso, até que repentinamente sua mãe (Lauren Xerxes), de origem oriental, morre. Charlie tem um irmão de apenas 9 anos (BooBoo Stewart), agora o único parente que lhe restou.

Tendo de cuidar do irmão e sobreviver, Charlie esquece seus planos e inicia uma rotina exaustiva de trabalho e cuidados com o menino.

Conhece o misterioso Jordan (o lindo Nick Bartzen), com quem inicia um relacionamento, e o traz para dentro de casa. Seria mais um para cuidar do pequeno Ben.

Para complicar ainda mais, seu pai Doug (Barry Shay), até então desaparecido, resolve voltar. Ao ver o filho pequeno com o casal gay, o pai faz um estardalhaço, reivindicando a guarda do menino. Para isso, revira o passado de Jordan, o namorado de seu filho, para obter mais argumentos. Nesse momento Charlie descobre quem Jordan realmente é.

O diretor é também o ator principal, Justin Lo, que tinha mesmo 19 anos quando resolveu filmar essa narrativa que aborda, de forma muito bonita, assuntos complexos como família, sonhos, liberdade e amor, principalmente nessa fase adolescente da vida.

JARED PRICE DESCOBRE O SEXO
(The journey of Jared Price, EUA, 2000, Dustin Lance Black, 96 min.)

Jared Price (Corey Spears) sai de sua Geórgia natal para ganhar a vida em Los Angeles. Ele se hospeda num hotel vagabundo e arranja um emprego como acompanhante de uma senhora rica e cega.

Tudo vai bem até que Jared passa a ser assediado pelo filho da tal senhora, o *bon vivant* Matthew (Steve Tyler). Ao mesmo tempo, Jared se vê atraído e também assediado por Robert (Josh Jacobson), jovem gay bem resolvido e atirado.

A partir daí, o rapaz precisa decidir se entrega seu coração ao sedutor mais velho e experiente (e que ainda por cima tem um namorado que quer participar do romance) ou ao jovem impetuoso e apaixonado.

KRÁMPACK
(Krámpack, Espanha, 2000, Cesc Gay, 91 min.)

Dani (Fernando Ramallo) passa férias em sua bela casa na orla marítima espanhola. Coincidentemente, seus pais saem para viajar e ele resolve chamar seu melhor amigo de Barcelona, Nico (Jordi Vilches), para ficar alguns dias com ele na casa.

Nico chega todo animado, mais ainda quando é informado de que os dois estarão sozinhos. Começa então a desesperada busca adolescente por sexo, já que os dois garotos ainda são virgens e poucas experiências tiveram com as garotas. Elas, por sua vez, começam a se aproximar dos dois jovens rapazes.

Enquanto não atingem seu objetivo, os dois ainda fazem brincadeiras adolescentes. Dani ensina ao amigo uma nova técnica de masturbação: senta-se na própria mão e, após ela ficar dormente, masturba-se, parecendo estar sendo tocado por outra pessoa.

Aos poucos, Dani percebe que tem vontade de tocar em Nico; após algumas noites, as brincadeiras ficam mais constantes e próximas. Dani nota que sente mais do que amizade pelo amigo, e em alguns momentos é retribuído. Porém, Nico não sabe lidar com a situação e afasta o amigo quando percebe que a situação está ficando mais séria.

Para ter certeza do que gosta, Dani procura o escritor Julian (Chisco Amado), amigo de seu pai e gay. Com certeza, aquelas férias e sua vida não serão as mesmas dali para a frente.

A saber, Krámpack é o nome simpático que os amigos criaram para a ereção.

L.I.E.
(L.I.E., EUA, 2001, Michael Cuesta, 97 min.)

A vida do jovem Howie (Paul Franklin Dano), de apenas 15 anos, não está fácil. Sua mãe acaba de morrer, e seu pai não se importa com ele. Sem muito que esperar da vida, sem paciência para a escola, começa a vagar pelas ruas com uma turma, na qual está seu melhor amigo Gary (Billy Kay, lindo). Juntos, fazem todas as besteiras comuns a adolescentes sem muito o que perder: pichar, andar de skate, cometer vandalismos, usar drogas e, até mesmo, roubar.

Numa dessas aventuras, resolvem assaltar a casa de um ex-fuzileiro naval de nome Big John (Brian Cox). Porém, Howie começa a achar estranho o jeito de Gary falar com a vítima. E o segredo é revelado: seu amigo é um garoto de programa e mantém um longo relacionamento com o veterano de guerra.

Após a revelação, Howie começa a ver seu amigo de outra forma, até que se vê apaixonado por ele e pelo que representa na sua vida, sem saber se vai ser correspondido.

A saber, L.I.E. é a sigla para Long Island Expressway, rodovia onde, em grande parte, se passa a ação do filme. As três letras iniciais de cada palavra formam uma terceira que significa mentira (em inglês), que tem tudo que ver com o filme.

LA LEÓN

(La León, Argentina/França, 2007, Santiago Otheguy, 85 min.)

Em meio a árvores, água, riachos e rios, no extremo sul que une Brasil e Argentina, vive Álvaro (Jorge Román), homem sem ambições e muito recolhido. Sua rotina é ir pescar e colher junco nas margens do Rio Paraná.

Ele sabe que tem algo diferente dos demais homens rudes daquela região esquecida e parada no tempo: é homossexual, e tenta abafar suas preferências mergulhando em histórias e livros. Ser descoberto seria o pior que poderia lhe acontecer.

El Turu (Daniel Valenzuela) é o comandante da GR Leon, embarcação que faz a ligação entre essa região distante e a cidade grande, é quem permite que se atravesse o rio. Rude, grosseiro, violento, quase selvagem, ele começa a observar Álvaro constantemente, cada vez mais de perto.

Aos poucos quebra o silêncio das viagens, e se torna agressivo com o jovem conforme percebe seu diferencial. Mas essa agressividade esconde o verdadeiro sentimento: o desejo pelo corpo de Álvaro.

Concebido inicialmente como um curta-metragem em 2005, o filme é todo em preto e branco, e o primeiro do diretor argentino. Depois do material filmado, porém, Otheguy achou que havia história suficiente para um filme maior e convenceu os produtores a ampliar o projeto, que se transformou num longa. No ano seguinte, ele voltou para o delta do Rio Paraná para gravar as cenas que faltavam. Cinema bem alternativo e interessante, que foge de tudo que se já viu, tanto na imagem quanto no conteúdo.

LONGE DO PARAÍSO
(Far from Heaven, EUA/França, 2002, Todd Haynes, 107 min.)

Ano de 1957 na cidade de Hartford, Connecticut. Cathy Whitaker (Julianne Moore, em atuação de arrepiar) é aquela perfeita dona de casa cuja vida é cuidar dos filhos e do atencioso marido, Frank (Dennis Quaid). Ele trabalha numa importante empresa e está sempre em meio a eventos e festas sociais, pois quer ascender na sociedade local.

Numa das vezes em que decide ir até o escritório do marido levar o almoço, Cathy tem uma revelação: pega-o aos beijos com outro homem. Desnorteada, sem saber o que fazer, ela se apoia na pessoa com que mais se identifica, quem mais a vê como mulher: seu jardineiro, Raymond Deagan (Dennis Haysbert). Ele é um homem meigo e atencioso, além de ser negro. Tudo estaria certo, se não estivéssemos nos anos 1950 e numa cidade com uma sociedade extremamente preconceituosa.

Quanto mais se aproxima de Raymond, mais é rechaçada pela comunidade. Dentro de sua casa, Cathy tem de fingir que está tudo bem e esconder (além de engolir) a homossexualidade do marido. Ele, por sua vez, esforça-se cada vez menos para disfarçar, no melhor estilo "faça o que eu digo mas não faça o que eu faço". Chegam até a procurar um médico para ver se encontram "a cura" para o mal de Frank.

Cada vez mais sozinha (em todos os sentidos) e desamparada, Cathy se apaixona por Raymond e tenta procurar abrigo em seus braços. A pressão da sociedade, porém, não permite que o romance vigore, primeiro por ele ser negro, e segundo por ela ser casada – atitudes condenáveis para a sociedade da época. Cansada daquela hipocrisia, Cathy se revolta e toma importantes decisões para mudar tudo aquilo. Show de sensibilidade e interpretação acerca de todos os tipos de preconceito.

MADAME SATÃ
(Madame Satã, Brasil/França, 2002, Karim Aïnouz, 105 min.)

Cidade do Rio de Janeiro. Bairro da Lapa, 1932. João Francisco dos Santos (Lázaro Ramos, numa interpretação digna de prêmio) acaba de sair da prisão e decide voltar à vida de transformista que sempre teve, pois seu grande sonho é se tornar uma estrela dos palcos cariocas.

Ele mora com sua "família": a prostituta Laurita (Marcélia Cartaxo), a quem trata como "esposa", e seu amigo, também gay e confidente, de apelido Tabu (Flávio Bauraqui), que tem como a um irmão, além de seus sete filhos adotivos.

No plano amoroso, João está sempre às voltas com Renatinho (Fellipe Marques), garoto perdido e sem escrúpulos, que não sabe o que sente realmente por ele.

Seus momentos de maior prazer são suas apresentações no decadente bar Danúbio Azul, de propriedade do grosseiro Amador (Emiliano Queiroz). Para se diferenciar, João escolhe adotar o nome Madame Satã, título de um filme que acabara de assistir e do qual gostara muito (dirigido por Cecil B. DeMille em 1932).

Entre brigas e demonstrações de preconceito, tanto por sua etnia quanto por sua orientação sexual, Madame Satã se torna um mito, figura temida e ao mesmo tempo querida, aplaudida pelos que frequentam os bares da Lapa e sempre perseguida pela polícia. O próprio João se dava os adjetivos de elegante, célebre, valentão, artista, homossexual com orgulho, analfabeto inteligente, capoeirista e carnavalesco. Biografia imperdível.

MAIS BELO DIA DE NOSSAS VIDAS, O
(Il più bel giorno della mia vita, Itália/Inglaterra, 2002, Cristina Comencini, 102 min.)

v

Irene (Virna Lisi), a matriarca de uma família típica italiana, vive na sua velha mansão ligada às memórias do passado. Seu maior lamento é não ter sido capaz de transmitir aos três filhos o apego que tem àquela casa e à família.

Sara (Margherita Buy), a filha mais velha, após a morte do marido vive em absoluta solidão e passa as noites à espera do filho Marco (Francesco Scianna), com medo de que algo aconteça com ele também.

Rita (Sandra Ceccarelli), a filha do meio, aparentemente é feliz: tem uma bela casa, um marido fiel, Carlo (Marco Baliani), e duas filhas, Silvia (Francesca Perini) e Chiara (Maria Luisa de Crescenzo). Por dentro esconde o descontentamento de não ter mais relações sexuais com o marido.

Finalmente, Cláudio (Luigi Lo Cascio), o filho mais novo, é um jovem advogado que vive na clandestinidade com a sua homossexualidade.

Com esse vendaval de desejos reprimidos e insatisfações, a tensão é constante entre eles, principalmente pela vigilância opressiva dos pais.

Até que na vida de Sara aparece Sandro (Ricky Tognazzi); na de Rita, o veterinário Davide (Jean-Hugues Anglade); e na de Cláudio, Luca (Marco Quaglia). Luca impulsiona Cláudio a fazer suas próprias escolhas e a declarar sua homossexualidade, enquanto este fica dividido pela atração pelo próprio sobrinho Marco.

Ricky Tognazzi é filho de Ugo Tognazzi, famoso como protagonista da trilogia gay *A gaiola das loucas*, também citada neste livro.

MAL DOS TRÓPICOS
(Sud pralad, Tailândia/França/Alemanha/Itália, 2004, Apichatpong Weerasethakul, 120 min.)

v

Baseado numa lenda do folclore tailandês, que se parece muito com a nossa lenda do Lobisomem, o filme conta a história dos namorados Keng (Banlop Lomnoi) e Tong (Sakda Kaewbuadee). O primeiro é soldado do exército e tem uma vida estável e tranquila. O segundo é agricultor, mora com a família e trabalha nos campos de arroz.

Quando não estão trabalhando, desfrutam a noite da cidade, sempre em cima de sua motocicleta, os jogos de futebol e as reuniões na casa da família de Tong, que recebe Keng de forma cordial.

Um belo dia, as vacas da região começam a aparecer sem a cabeça. Todos atribuem o fato a algum animal selvagem. No mesmo período, Tong também desaparece.

A fim de reencontrar o namorado e resolver também o mistério da matança das vacas, Keng vai em direção à floresta tropical quente e úmida que existe na região nordeste da Tailândia, onde provavelmente se escondeu o animal selvagem.

Segundo os que acreditam, o animal selvagem pode se tratar do próprio Tong, transformado por força de uma lenda antiga do país. Keng conseguirá recuperar seu namorado?

MILK – A VOZ DA IGUALDADE
(Milk, EUA, 2008, Gus Van Sant, 128 min.)

Início dos anos 1970. Harvey Milk (Sean Penn, em atuação irretocável), cansado da vida agitada e repressiva de Nova York, resolve se mudar com o namorado Scott (James Franco, o melhor amigo do Homem-Aranha) para São Francisco, cidade menor e mais pacata. A cidade ainda não era o berço gay dos Estados Unidos. Verificando o comércio da Rua Castro, Milk percebe que não há uma loja de revelação fotográfica, apesar dos muitos turistas, e resolve abrir uma.

Julgando estar livre do preconceito, por ninguém conhecê-lo e por suas atitudes liberais, Milk começa no entanto a ser intimidado pelos demais comerciantes por ser gay. O país ainda vivia um período de repressão, quando policiais invadiam boates e bares gays, espancavam os frequentadores e prendiam todos, com direito a fotos em jornais e outras humilhações públicas.

Mas Milk começa a ficar cansado de tudo aquilo e resolve enfrentar aquelas atitudes em busca de seus direitos.

Com a colaboração de amigos, como Cleve Jones (Emile Hirsch, o Speed Racer, sendo que o verdadeiro Cleve Jones também participa do filme), outros namorados, como Jack (Diego Luna), e voluntários (não necessariamente gays), Milk se candidata ao cargo de supervisor do distrito de Castro – que viria a se tornar o endereço gay mais famoso do mundo até hoje.

Gritando o slogan "Eu estou aqui para recrutar vocês", como se chamasse soldados para uma guerra, Milk tem como principal adversária a homofóbica Anita Bryant, uma cantora que prega a "cura" dos homossexuais – e, antes disso, nenhum direito a eles.

Milk, após várias tentativas frustradas, consegue ser eleito para compor o Quadro de Supervisores da cidade de São Francisco em 1977, tornando-se o primeiro gay assumido a ocupar um cargo público de importância nos Estados Unidos.

Uma vez no cargo, enfrenta o preconceito (mal resolvido) do colega de prefeitura Dan White (Josh Brolin, o mais velho dos Goonies), que acaba matando Milk e o Prefeito de São Francisco dentro do próprio gabinete.

O filme, montado em *flashbacks*, é contado a partir do momento em que Milk grava um depoimento em casa, pois está com medo de ser morto por adversários. Seria realmente morto dias depois, mas não por quem imaginava. A gravação original pode ser encontrada na internet.

Sean Penn ganhou o Oscar de Melhor Ator e o filme, o de Melhor Roteiro Original, obra-prima do gênio Gus Van Sant. A narrativa mescla cenas reais da época com cenas de ficção, fazendo o espectador imergir nos acontecimentos, nesse filme que se tornou obrigatório para a filmografia LGBT por sua importância histórica. A saber, Anita Bryant tornou-se cantora evangélica e continua com o mesmo discurso até hoje.

Para assistir uma vez por ano, no mínimo, e não se esquecer de nada.

NA CAPTURA DOS FRIEDMANS
(Capturing the Friedmans, EUA, 2003, Andrew Jarecki, 107 min.)

Ganhador do Prêmio do Júri no Festival de Cinema de Sundance em 2003, esse documentário pungente volta ao ano de 1987, quando a casa da pacata e feliz família judia dos Friedman é invadida por policiais, que revistam tudo e levam presos o patriarca Arnold e seu filho mais novo, Jesse. A acusação: o abuso sexual de diversos garotos que vinham até sua casa ter aulas de informática e o recebimento de uma revista vinda da Holanda.

Tudo começou quando o diretor americano Andrew Jarecki resolveu começar a capturar a vida do palhaço mais conhecido de Nova York, David Friedman. Aos poucos, o filho mais velho da família Friedman revela a tristeza por trás do palhaço, por ter tido o pai e um irmão presos – por uma acusação segundo ele completamente absurda – e ter visto a família se desintegrar. Segundo ele, tudo não passou de histeria coletiva de uma pequena cidade que resolveu tomar a família como culpada pela pedofilia que acontece por todo o mundo o tempo todo. E já vimos histórias bem parecidas aqui no Brasil.

Estaria David falando a verdade? Estariam os Friedman falando a verdade? Ou seria a população de Great Neck, em Long Island, que estaria certa? Por meio de todos os filmes caseiros e familiares em Super-8 e em VHS guardados por anos pelo palhaço David, Andrew vai contar essa história. Se eles são culpados ou inocentes, que destino tiveram, só o final do filme vai desvendar. Não eu.

NOTAS SOBRE UM ESCÂNDALO
(Notes on a scandal, Inglaterra, 2006, Richard Eyre, 92 min.)

A rígida e amarga professora Barbara Covett (a sempre impecável Judi Dench) trabalha numa decadente escola pública de Londres. Por motivos desconhecidos, ela vive sempre sozinha, apenas na companhia de um gato. Não se sabe de amigos ou parentes seus.

Por força de uma substituição, a escola onde trabalha precisa contratar uma nova professora de artes. Entra para o quadro de funcionários a simpática e agradável Sheba Hart (Cate Blanchett). Barbara, num súbito, fica encantada com a nova aquisição, e as duas rapidamente se tornam amigas. Sheba parece ser a pessoa com que ela sempre sonhou para ter uma amizade. Seria mesmo só uma amizade?

Elas saem juntas, conversam, trocam experiências acadêmicas e pessoais. Tudo parece perfeito. Até o dia em que Barbara descobre que Sheba está se relacionando sexualmente com um dos alunos da escola, Steven Connolly (Andrew Simpson). Com dois agravantes: o aluno tem 15 anos de idade e Sheba é casada.

Num misto de ciúme, sentimento de posse e vingança, Barbara encosta a professora na parede e ameaça contar tudo para o marido da moça, Richard (Bill Nighy), para a escola toda e, quem sabe, para todo o bairro.

Sheba, dobrada pela chantagem, começa a ceder a todos os pedidos da "amiga", tornando-se cada vez mais manipulada. Suspense do melhor estilo, com cenas muito sensuais entre o aluno e a professora, e atuações de arrasar das duas protagonistas. E com o peso de todo bom filme inglês.

OITO MULHERES
(8 femmes, França/Itália, 2002, François Ozon, 111 min.)

Anos 1950. Numa casa distante, no interior da França, estão oito mulheres e um homem de uma mesma família reunidos para passar o Natal juntos. Uma nevasca cai lá fora. O carro está enguiçado e o telefone, mudo. Enfim, todos estão ilhados. Para completar o drama, o patriarca da família, Marcel (Dominique Lamure), amanhece morto com uma faca nas costas no dia seguinte. Quem é a assassina?

Nesse filme absurdo, que une comédia, drama, suspense, policial e números musicais, um desfile de atrizes francesas de primeiro escalão. Da família de Marcel, estão presentes: a esposa Gaby (Catherine Deneuve), as filhas, Suzon (Virginie Ledoyen) e Catherine (Ludivine Sagnier), a irmã Pierrette (Fanny Ardant), a cunhada Augustine (Isabelle Huppert), a sogra Mamy (Danielle Darrieux). E ainda na casa estão as empregadas Louise (Emmanuelle Béart) e a governanta Madame Chanel (Firmine Richard), completando as oito suspeitas.

Todas têm segredos que se revelam durante o filme. Ninguém é a inocente que parece ser. Destaque para a insaciável criada Emmanuelle Béart e para as cenas insinuantes entre Catherine Deneuve e Fanny Ardant, que nunca economizam nas interpretações. Sessão da tarde de muito nível.

ONDE TUDO ACONTECE
(Caffeine, EUA, 2006, John Cosgrove, 92 min.)

Essa divertida comédia vai contar o dia a dia de um café londrino (apesar de o filme ser americano) que tem o curioso nome de Black Cat Café (Café Gato Preto). Os funcionários não se entendem, principalmente a gerente Rachel (Marsha Thomason) com o seu namorado, o chefe de cozinha Charlie (Callum Blue), sempre dormindo ou pulando a cerca.

Os clientes não ficam atrás na excentricidade, pois aproveitam a hora do almoço para revelar seus mais secretos instintos. Dois amigos discutem sobre relacionamentos, enquanto em outra mesa está a ex-namorada; em outra, um homem que tem tara por roupas íntimas femininas; uma mulher louca que vê pervertidos por toda parte; e muita discussão sobre sexo, pênis, papéis e preferências sexuais. E o mais engraçado é que, a cada segredo revelado, as cenas se materializam imediatamente dentro do café.

Mas o melhor fica por conta do marido que gosta de se vestir com as roupas da mulher enquanto limpa a casa, ou então do cozinheiro gay Tom (Mark Pellegrino) que sabe fazer tudo, menos cozinhar. Destaque para as muitas cenas dos atores em roupas íntimas.

Comédia absurda e 100% politicamente incorreta.

PARTILHA, A
(A partilha, Brasil, 2001, Daniel Filho, 96 min.)

Quatro irmãs voltam a se reunir no apartamento da mãe, que acaba de falecer, para discutir a partilha dos bens que herdaram. Selma (Glória Pires) é a irmã certinha, casada com um militar neurótico que etiqueta a casa toda. Lúcia (Lília Cabral) é a descolada, que um dia largou tudo, marido e filho, e foi viver um grande amor em Paris, tornando-se uma pessoa fútil e completamente fora do contexto daquela família.

Regina (Andréa Beltrão) é a irmã zen, que vê sempre o lado positivo das coisas e está sempre pregando a paz, sempre solteira e em busca de um amor.

E, por fim, Laura (Paloma Duarte), que se descobriu lésbica e resolve naquele momento contar às irmãs suas preferências e apresentar a sua namorada Célia (Guta Stresser).

A bagunça está formada. Com perfis tão diferentes, elas vão, cada uma a seu modo, classificar e impor destino às bugigangas que a mãe deixou, incluindo o imóvel. Para justificar seus raciocínios, reviram o passado, as lembranças e a época em que eram ainda irmãs que conviviam juntas.

Filme belíssimo e divertido, baseado no enorme sucesso da peça teatral de Miguel Falabella, que ficou anos em cartaz pelo país com diversos elencos.

PARTY MONSTER
(Party monster, EUA, 2003, Fenton Bailey e Randy Barbato, 98 min.)

Dois amigos gays que vivem no meio-oeste dos Estados Unidos, Michael Alig (Macaulay Culkin, o eterno garoto de *Esqueceram de mim*) e James St. James (Seth Green), cansam-se da vida sem glamour e resolvem se mudar para Nova York a fim de agitar suas vidas. Organizando festas de arrebentar na cidade que não dorme, tornam-se famosos e procurados.

Michael é extremamente carismático e consegue tudo que quer: locais, amigos, homens lindos, e, principalmente, drogas.

Entre as décadas de 1980 e 1990, é um dos principais empresários da noite nova-iorquina, não apenas pelas excelentes festas que organiza, mas também pelos escândalos em que sempre se mete.

Estamos no auge do surgimento das drogas sintéticas, e Michael mergulha nelas, fornecidas pelo belo Angel (Wilson Cruz), seu traficante particular, amante e colírio.

Sua fama começa a desmoronar quando é acusado de assassinatos de pessoas que, na verdade, morrem de overdose na sua casa, e por estar sempre envolvido com drogas e seus traficantes.

Macaulay Culkin traz uma interpretação completamente diferente daquela que o consagrou, fazendo um gay *clubber* afetado e superproduzido o tempo todo. Seu personagem existiu na vida real e fez história na cidade de Nova York nos anos 1990. Macaulay fez questão de conhecê-lo pessoalmente para fazer o filme, que ainda conta com Chloë Sevigny, que interpreta uma amiga de Michael, e aparições do cantor Marilyn Manson, como uma *drag queen*.

PLATA QUEMADA
(Plata quemada, Argentina/Espanha/Uruguai, 2000, Marcelo Piñeyro, 125 min.)

Este filme intenso se baseia numa história real acontecida na Argentina nos anos 1960. Dois homens bonitos, fortes e másculos, após histórias de vida e infâncias difíceis, se conhecem num banheiro público. Após um sexo rápido, descobrem a paixão um pelo outro. E a convivência lhes mostra outras afinidades: a ganância, o prazer pelo perigo e a vontade de se dar bem pelo menos uma vez na vida.

Essa é a história de Angel (Eduardo Noriega) e Nene (Leonardo Sbaraglia), dois amantes que ficaram famosos em toda a América do Sul por serem o primeiro casal gay de bandidos, e por terem realizado um roubo a um carro forte que entrou para a história.

Após todo o roubo ter dado errado, eles fogem para o Uruguai com a ajuda de um amigo e se refugiam em um prédio abandonado. Porém, a polícia argentina está no seu encalço; e Angel está ferido, o que é um grande empecilho. Para auxiliar na fuga, está o amigo e comparsa El Cuervo (Pablo Echarri), que é amigo de Nene e se estranha com Angel o tempo todo.

Angel é atormentado, ora por culpas que adquiriu em sua criação, ora por vozes que ouve, sintomas claros de esquizofrenia. Sua sorte é ter Nene completamente apaixonado por ele: por vezes é tratado como amante; por outras, como filho, alguém que precisa ser protegido.

Filme forte, com cenas impactantes, no melhor estilo latino, sem moralismos nem pudores. Se eles são amantes, eles transam, dormem juntos e se beijam. Como todos os amantes deveriam fazer em todos os filmes. No Brasil, o título foi mantido em espanhol, até mesmo pelo peso das palavras.

POR CONTA DO DESTINO
(Heights, EUA, 2005, Chris Terrio, 98 min.)

No outono de Nova York, a vida de cinco pessoas se entrelaça. Diana (Glenn Close) é uma atriz de cinema que já foi famosa e agora está no ostracismo. No prédio em que mora sua filha Isabel (Elizabeth Banks), ela conhece o jovem e lindo Alec (Jesse Bradford). Este, que também quer ser ator, vê nela uma forma de ascender na carreira, já que há muito tempo batalha para aparecer.

Isabel, filha de Diana, é uma fotógrafa no estilo "cabeça", e agora se vê às voltas com o casamento com o advogado Jonathan (James Marsden).

O que Isabel não sabe é que Jonathan é bissexual e já teve um relacionamento com outro homem, o jornalista Peter (John Light). Este resolveu "entrar numas" com o ex-namorado e está disposto a divulgar todos os que foram seus amantes, agora que o advogado está ficando cada vez mais famoso.

Nessa cidade, essas cinco pessoas vão se conhecer, se relacionar e tentar se entender ou desentender de vez.

POSTER BOY
(Poster boy, EUA, 2004, Zak Tucker, 104 min.)

Jack Kray (Michael Lerner) está em plena campanha política. Ele é candidato à reeleição a uma vaga do Senado. Tendo o nada carinhoso apelido de "nazista da Carolina do Sul", é verticalmente contra os homossexuais, o que lhe garante muitos votos no conservador estado.

Com ele na campanha está a mulher Eunice (Karen Allen) e o filho adolescente Henry (Matt Newton), para angariar votos entre o eleitorado adolescente.

Até que o inesperado acontece. Henry se apaixona pelo ativista político Anthony (Jack Noseworthy) e, durante um comício político, assume-se gay. A notícia cai como uma bomba nos ouvidos do pai, que firma sua campanha nos valores familiares. Agora cabe a ele se entender com o filho, ou não, para conseguir ganhar a vaga no Senado. O que será mais importante?

Apesar do enredo muito interessante e instigante, pois política e sexualidade estão cada vez mais em voga, o filme peca pelas atuações não muito convincentes, e o enredo se perde do foco. Também, não é para menos: o filme teve três diretores. O primeiro, Herbert Ross, faleceu antes do início das filmagens. O segundo, Douglas Keeve, abandonou o projeto no meio. Coube ao editor Zak Tucker terminar o filme e ficar com o crédito de diretor. Assim não há enredo que resista.

PRIMEIRO VERÃO
(Presque rien, França, 2000, Sébastien Lifshitz, 100 min.)

O adolescente Mathieu (Jérémie Elkaïm) acabou de completar 18 anos e vai passar as férias de verão com sua mãe (Dominique Reymond) e sua irmã numa das praias da Riviera Francesa. Entediado com a companhia familiar, ele começa a procurar o que fazer até encontrar outro garoto de sua idade, o belo Cédric (Stéphane Rideau).

Os dois começam uma amizade que os manterá inseparáveis durante o tempo que vão passar na praia. Aos poucos, Mathieu descobre que não gosta de Cédric apenas como amigo, mas um pouco mais que isso.

Juntos eles descobrem o sexo, e o que era para ser mais um verão sem graça com a família acaba se transformando no cenário de um romance inesquecível.

PRINCESA
(Princesa, Espanha/Itália/França/Inglaterra/Alemanha, 2001, Henrique Goldman, 94 min.)

Fernanda (Ingrid de Souza) é mais conhecida nas ruas como Princesa, personagem que criou para si mesma, cheia de estilo, depois que começou a se travestir aos 19 anos de idade. Sem perspectivas interessantes em seu próprio país, o Brasil, ela resolve se aventurar numa ida à Itália, onde também vai se prostituir e juntar dinheiro para uma operação de mudança de sexo – quando, finalmente, poderá se tornar Fernanda em definitivo.

Seu sonho é o de muitas mulheres: encontrar um homem, casar-se e levar uma vida de dona de casa. Se conseguir fazer isso na Europa, sem precisar voltar ao Brasil, melhor ainda.

E é o que acaba acontecendo, por sorte do destino. Em mais uma noite de trabalho pelas ruas, acaba conhecendo Gianni (Cesare Bocci), empresário casado que fica doido por Fernanda. Apaixonado, promete fazer tudo que ela pedir, incluindo pagar a operação de mudança de sexo.

Baseado no livro de Fernanda Farias de Albuquerque, a própria travesti retratada no filme. Lamentável a ideia de colocar uma mulher no papel de um travesti, com tantos atores que podiam fazer o mesmo papel. A história e o diretor são brasileiros, porém a produção é de uma junção de países europeus.

PROCURA-SE UM MARIDO
(Miss Conception, Inglaterra/EUA/Alemanha, 2008, Eric Styles, 104 min.)

▼

Georgina Scott (Heather Graham) tem 33 anos, já não é nova, tem um namorado e um desejo: ter um filho. Ao propor isso ao companheiro Zak (Tom Ellis), ele vai embora, esperando que Georgina tire isso da cabeça e o chame de volta. Mas não é o que acontece. Ela realmente quer ter um filho, com ou sem ele.

Ao se consultar com um ginecologista para verificar suas condições para engravidar, Georgina recebe uma notícia catastrófica: por um fator genético, idêntico em toda a sua família, ela tem menopausa precoce, e sua última menstruação vai acontecer dali a duas semanas. Com a ajuda de sua inseparável (e louca) amiga Clem (Mia Kirshner), ela inicia um verdadeiro *rally* para conseguir um pai para seu filho em duas semanas.

E nessa guerra vale tudo. Internet, bares de solteiros, velórios, corredores de supermercados, construções, e até mesmo seus amigos gays, como o assumido Justin (Orlando Seale). Quanto mais o tempo passa, mais desesperada ela fica e mais absurdas se tornam suas opções. Será que ela vai conseguir achar um pai a tempo? Comédia divertidíssima.

RAINHAS
(Reinas, Espanha, 2005, Manuel Gómez Pereira, 107 min.)

▼

A Espanha vai realizar o primeiro casamento homossexual coletivo de sua história. Três casais masculinos oficializarão sua união ao mesmo tempo. E, como todo bom noivo, ou noiva, cada um deles tem uma mãe!

E imagine que elas vão abandonar os seus filhinhos queridos (e todos lindos) numa hora dessas. Dias antes da cerimônia, elas chegam à cidade de Madri para acompanhar de perto cada preparativo.

Ofélia (Betiana Blum) deixa para trás seus compromissos profissionais na Argentina, pega um avião e se instala na casa do filho gay, com o namorado. É o fim do sossego.

Reyes (Marisa Paredes) é uma famosa atriz, na verdade mais preocupada com os holofotes e com a carreira do que com o casamento do filho propriamente dito. Tudo não passa de mais um motivo para aparecer.

Nuria (Verónica Forqué) é uma daquelas mães que se recusa a envelhecer e a reconhecer que já é mãe. Sua maior diversão é paquerar e sassaricar, deixando o filho completamente constrangido.

Helena (Mercedes Sampietro) só pensa em sua carreira, e não se porta como mãe num dos momentos mais importantes da vida de seu filho.

Magda (Carmen Maura) é uma juíza severa, sempre fria e impassível.

Juntas, elas vão dar palpite em tudo: nos preparativos, na vida dos filhos e até mesmo na vida das outras. Afinal, a mãe de um é a sogra do outro. Não é preciso dizer mais nada. Várias das atrizes já estiveram presentes em filmes de Almodóvar, o que atesta a qualidade do elenco e da diversão.

SABOR DA PAIXÃO
(Woman on top, EUA, 2000, Fina Torres, 92 min.)

Uma bagunça meio brasileira (com diálogos em português), meio latina e meio americana. Isabella Oliveira (Penélope Cruz) mora em Salvador (isso mesmo, na Bahia) e é casada com o fogoso Toninho (nosso Murilo Benício). Toninho pega todas que vê pela frente, enquanto Isabella se mata na cozinha de um restaurante. Cansada dessa vida, ela apela para a macumba, para acabar com aquele amor. E a mandinga funciona.

Ela consegue se livrar de Toninho, faz as malas e parte para São Francisco, nos Estados Unidos, indo se encontrar com uma amiga de infância; na verdade, a transexual Mônica Jones (Harold Perrineau Jr.), um negro que usa esse nome por se parecer com a musa negra diva dos gays Grace Jones.

Mônica é toda agitada e promete agitar a vida da amiga também. Aos poucos, por seus dotes culinários e pela beleza, e também "por ter vindo do Brasil", Isabella começa a fazer sucesso, até conseguir um programa culinário na TV americana. Seu programa vai ficando famoso, encantando as mulheres pelas receitas e os homens pelo seu charme – e eles se tornam seus maiores fãs.

Cliff (Mark Feuerstein) é um loiro americano que resolve fazer de tudo para conquistar o coração da moça. Ao mesmo tempo, no Brasil, Toninho reconhece a ex-mulher na televisão e parte para os Estados Unidos para tentar reconquistá-la.

Uma bobagem que tenta puxar o saco do Brasil misturando informações. Mas vale pela sempre simpática participação de Penélope Cruz e pela excelente performance de Harold Perrineau, que é engraçadíssimo. Fica a divertida missão de encontrar outros atores brasileiros no meio do elenco.

SEGREDO DE BROKEBACK MOUNTAIN, O
(Brokeback Mountain, EUA, 2005, Ang Lee, 134 min.)

Dois vaqueiros, Ennis Del Mar (Heath Ledger) e Jack Twist (Jake Gyllenhaal) se conhecem num escritório de recrutamento de funcionários na década de 1960. Os dois são escalados para tomar conta de um rebanho de ovelhas que fica no topo das montanhas Brokeback.

Subindo para o trabalho, que duraria seis meses, atravessando o inverno, os dois ficam cada vez mais amigos. Até que a amizade se torna algo mais forte e que os dois não conseguem controlar.

Findo o trabalho, os dois voltam para suas vidas normais, Ennis para sua esposa e Jack para sua noiva, moça mimada e rica. Porém, continuam mantendo contato e, de tempos em tempos, marcam encontros amorosos na montanha Brokeback.

A esposa de Ennis descobre tudo, separando-se dele, e Jack leva uma vida falsa até o limite. Os dois cowboys continuam se encontrando, mas a relação já é fria, pois Jack quer que Ennis fique com ele para sempre e o cowboy não tem coragem de assumir um relacionamento, preferindo se isolar e viver sozinho num *trailer*.

Um dia, Jack conhece outro homem num jantar entre casais e descobre não ser o único a viver uma vida dupla. Seus encontros com Ennis acabam, e o final do filme só quem viu sabe.

Um dos filmes mais falados de 2005 pela abordagem explícita e sutil do diretor Ang Lee, com imagens belíssimas e uma forma narrativa lenta e minuciosa, com todo o estilo oriental de cinema. A história é baseada no conto de Annie Proulx.

Muitos rumores de bastidores deram conta de que a amizade de Heath e Jake também tinha ido além das telas, e a sexualidade dos dois foi posta à prova, como em todo bom filme sobre o tema. Infelizmente, num trágico incidente, Heath Ledger perderia sua vida três anos depois, ingerindo remédios para dormir.

O filme foi indicado a oito Oscar, mas só levou três (Diretor, Trilha Sonora e Roteiro Adaptado). Heath Ledger também foi indicado como Ator Principal, mas só ganharia um Oscar póstumo, em 2009, como Ator Coadjuvante, por sua atuação como Coringa em *Batman – O cavaleiro das trevas*.

SEGREDOS E CONFISSÕES
(Common ground, EUA, 2000, Donna Deitch, 105 min.)

Tudo se passa na interiorana cidade de Homer, onde Jhonny (Eric Stoltz) conta três histórias que têm como personagens principais gays e lésbicas e se passam em três épocas diferentes, porém com ligações de parentesco entre os envolvidos. O filme é um belo exercício de como a aceitação aos homossexuais evolui no tempo (estamos falando de Estados Unidos) e transforma a sociedade ao seu redor. E outro fator que espanta é o elenco de astros.

Escrita por Paula Vogel, "A amiga de Dorothy" é a primeira narrativa. Por morar numa cidade onde o ingresso nas Forças Armadas é algo relevante, Dorothy (Brittany Murphy) decide entrar para a Marinha, mesmo sob o olhar estranho de todos, afinal estamos na década de 1950. E é dentro do quartel e daqueles ensinamentos rígidos que Dorothy descobre sua preferência por garotas.

Na Marinha, ela vai descobrir que não está sozinha e conhece o também gay e lindo marinheiro Billy (Jason Priestley, o eterno Brandon de Barrados no baile). Juntos, eles compartilham as agruras de ser homossexual naquela época, naquela cidade e naquela escola. E as suas decisões causarão sérias polêmicas.

Terrence McNally escreve a segunda história, "Mr. Roberts". O Professor Gil Roberts (Steven Weber) é gay, tem um relacionamento estável, mas na escola em que trabalha ninguém sabe disso. Sua agonia começa quando identifica o também gay e adolescente aluno Tobby (Jonathan Taylor Thomas, também famoso por seriados americanos).

Tobby começa a descobrir que é gay e fica apavorado, sem saber como reagir perante uma classe de colegas intolerantes, violentos e preconceituosos, alguns até enrustidos. O professor Roberts tenta ajudar o garoto, mas com receio de ser descoberto, afinal, a tolerância ainda não é tão grande nos anos 1970.

Chegamos então aos modernos anos 1990, quando casamentos gays são aceitos (nos Estados Unidos) e até celebrados. Escrita com a participação de Harvey Fierstein (de *Essa estranha atração*), a narrativa acompanha o dilema do pai que se recusa a ir ao casamento de seu próprio filho Amos (James LeGros). Detalhe: o casamento é com outro homem.

Filme belíssimo, com atuações muito sutis e elenco de peso, que conta ainda com Mimi Rogers (ex-mulher de Tom Cruise), Margot Kidder (a eterna namorada do Super-Homem) e Brian Kerwin, também produtor, e namorado de Harvey Fierstein em *Essa estranha atração*. É referência gay e ponto.

SEGREDOS ÍNTIMOS
(Ha-sodot, França/Israel, 2007, Avi Nesher, 127 min.)

A séria e compenetrada Naomi (Ania Bukstein) está prometida para um homem com quem não deseja se casar. Tentando adiar a decisão, ela pede para o pai enviá-la à cidade de Safed, onde quer estudar mais sobre religião e sobretudo rituais cabalísticos.

Seu pai atende ao pedido e ela vai morar numa república com outras garotas. Lá conhece sua colega de quarto Michel (nas legendas às vezes identificada como Michelle, a atriz Michal Shtamler), que tem uma criação mais liberal, é ousada e independente, mas também está prometida em casamento. As duas se tornam muito amigas e Naomi se vê apaixonada por Michelle.

Michelle começa a achar que é errado, mas Naomi, muito estudiosa, pesquisa nos livros e descobre que não há nada que fale contra o lesbianismo, por isso elas podem continuar se amando sem culpa. Michelle parece não conseguir levar aquilo adiante, para tristeza de Naomi.

Nesse meio tempo surge Anouk (Fanny Ardant), francesa condenada à prisão por matar um homem, que recentemente descobriu estar com câncer. Disposta a tentar tudo para se curar, ela conhece as duas meninas e pede a elas que lhe permitam participar de um ritual cabalístico para curar sua doença. O problema é que o local e o ritual, chamado *Tikun* (equivalente ao *karma*), só são permitidos a judeus. E menos ainda para criminosas, como ela é tratada. Por isso, tudo deve ser às escondidas.

Naomi e Michelle sentem grande interesse e compaixão pela nova amiga e decidem ajudá-la, formando um triângulo de amizade e amor que vai combater e superar todo o universo machista e masculino da cultura judaica. Muitas reviravoltas e surpresas acontecem nessa pérola cinematográfica, com elenco convincente e uma história de suspense que prende o expectador até o fim.

SER COMO OS OUTROS
(Be like others, Canadá/Irã/Inglaterra/EUA, 2008, Tanaz Eshaghian, 74 min.)

Vindo da Ásia, mais precisamente do rígido Irã, esse documentário traz uma interpretação muito peculiar da homossexualidade. Para os iranianos, os homossexuais são pessoas que nasceram em corpos errados, por isso, ou devem ser "curados", "consertados", ou devem ser eliminados. Afinal, nesse país os homossexuais são condenados à morte.

Os que têm coragem, e muita, podem se submeter a uma operação de mudança de sexo, cirurgia financiada pelo Estado, por meio de seu sistema de saúde, para "consertar" o que está errado, e assim escapam da morte. Ou seja, é a mutilação ou a morte.

O Estado ainda fornece documentação com a identidade feminina ou masculina nova, de acordo com o caso, para que ninguém mais se lembre de quem a pessoa era antes da cirurgia.

A diretora, uma iraniana que mora nos Estados Unidos desde pequena, acompanha a recepção da clínica do Dr. Mir Jalili, especialista nessas operações de mudança de sexo. Também vai seguir a vida de homossexuais que decidem tomar essa difícil decisão, e verificar como isso tudo repercute na família, entre os amigos e em seus relacionamentos. Documentário pesadíssimo, mas necessário para lembrar que ainda existem homossexuais com mais dificuldades que as nossas.

Premiado com o Teddy no Festival de Berlim, prêmio especial dado aos filmes com temática homossexual.

SOBROU PRA VOCÊ
(The next best thing, EUA, 2000, John Schlesinger, 108 min.)

Muita viadagem nessa comédia gostosa de assistir, com uma história divertida que, ao mesmo tempo que não quer ser moralista, faz um retrato interessante das relações afetivas nos dias de hoje. Abbie (a diva gay Madonna) tem Robert (o ator gay Rupert Everett) como seu melhor amigo. Ela sempre se envolve em relacionamentos complicados, entre uma aula de ioga e outra. Ele tampouco se acerta com os namorados. Por isso, vivem consolando um ao outro.

Até que um dia o improvável acontece. Numa das noites de troca de ombros, os dois acabam ficando juntos. Algumas semanas depois, Abbie descobre que está grávida. De quem? Do amigo gay Robert!

Inicialmente assustado, Robert na mesma hora se oferece para cuidar dela e, posteriormente, da criança. Sam (Malcolm Stumpf) cresce, cada vez mais ligado ao pai, numa família fora do convencional, mas feliz.

Abbie conhece um novo amor, Ben (Benjamin Bratt), e os dois decidem se mudar para Nova York, levando Sam com eles. Aí começa a batalha para ver quem vai ficar com o menino: a mãe ou o pai gay? Muito acerto de contas, questionamentos sobre orientações sexuais e surpresas, nesse filme que diverte mas também faz refletir sobre os novos tempos. Destaque para a trilha sonora, com hits da própria diva Madonna. A saber, durante as filmagens Madonna estava realmente grávida de seu segundo filho, Rocco.

BEIJANDO O SOL
(Sun kissed, EUA, 2006, Patrick McGuinn, 92 min.)

Teddy (John Ort, rapaz lindo e sarado) é um jovem escritor que se hospeda em uma casa isolada no deserto da Califórnia, oferecida por seu professor, para terminar de escrever seu primeiro romance.

Lá ele conhece o misterioso caseiro Léo (Gregory Marcel, outro lindo e sarado). Léo mostra a Teddy como é aborrecido morar num lugar árido e deserto como aquele. Os dois começam uma amizade, até que Teddy consegue levar Léo para a cama, para quebrar a monotonia.

Após essa noite, Léo começa a revelar sua personalidade: um rapaz atormentado por sonhos e alucinações e que começa a sofrer com sua dupla preferência, afinal ele já foi casado – porém, sua esposa morreu em circunstâncias duvidosas.

No meio disso tudo ainda há o simpático gay Crispin (George Stoll), que toma conta da casa onde os dois se encontram. Muitos corpos nus, muitas cenas de sexo e banhos de água corrente pra refrescar todo esse calor.

TEMPESTADE DE VERÃO
(Sommersturm, Alemanha, 2004, Marco Kreuzpaintner, 98 min.)

Tobi (Robert Stadlober, aos 22 anos, ator em grande evidência na Europa) e Achim (Kostja Ullmann) têm muita coisa em comum. Além de ser amigos desde a infância, fazem parte do mesmo time de remadores, que viaja pela Alemanha participando de diversos campeonatos e vencendo muitos. Mais uma vez, eles estão juntos no mais importante deles: a grande regata nacional que acontece no litoral do país.

Durante os treinos, Achim começa a se interessar por Sandra (Miriam Morgenstern). Estranhamente, Tobi percebe que começa a ter ciúme da menina, mas não sabe exatamente se é por estar sozinho ou por ter perdido parte da atenção do amigo para ela.

A situação começa a complicar quando a bela Anke (Alicja Bachleda-Curus) resolve seguir os passos de Sandra e pede para namorar Tobi, pois assim seriam dois casais e poderiam ficar mais tempo juntos. Tobi aceita o relacionamento, mas continua enciumado pelo amigo, sem muito interesse pela garota.

Ele só vai ter certeza do que está acontecendo com seus sentimentos quando uma das equipes de remo tem de ser substituída, e chegam ao local os lindos remadores da equipe Queerstroke, formada só por homossexuais.

Ao ver aqueles rapazes bem resolvidos, Tobi começa a perceber do que realmente gosta, ao mesmo tempo que observa o preconceito por parte dos outros rapazes, incluindo seu amigo Achim.

Incentivado pela presença da equipe gay, ele se declara para o amigo, fazendo emergir os mais secretos sentimentos por parte de todos, fortes como a tempestade de verão que acontece no lago onde estão treinando, e que dá nome ao filme.

TESTEMUNHAS, AS
(Les Témoins, França, 2007, André Téchiné, 112 min.)

Paris, 1984. Manu tem 20 anos de idade (Johan Libéreau, lindo e cativante) e chega a Paris à procura de emprego. Ele divide com a irmã Julie (Julie Depardieu) um quarto de hotel. Ela se dedica a estudar música, mais especificamente canto lírico. Manu, enquanto não arruma o que fazer, sai para se divertir na animada noite gay da cidade.

Numa dessas saídas ele conhece Adrien (Michel Blanc), um homem bem mais velho (de 50 anos), médico e homossexual. Adrien se encanta com o rapaz e resolve levá-lo em seus passeios.

Um dia, vão a um passeio de barco no mar Mediterrâneo. Nesse passeio Manu conhece outro casal de amigos de Adrien: Mehdi (Sami Bouajila) e Sarah (Emmanuelle Béart). Ele trabalha como policial, é forte, corpulento e meio rude. Sarah é meiga e sonhadora, e trabalha como escritora. Os dois acabaram de ter um filho e ainda estão maravilhados com a descoberta.

Mas nesse passeio de barco sentimentos ocultos afloram. Mehdi fica fascinado com Manu e não consegue disfarçar a atração pelo rapaz. Cerca-o até que fiquem sozinhos, e acabam juntos.

Após o passeio ele insiste em continuar encontrando Manu – mesmo sabendo que este mantém um relacionamento com Adrien –, e às escondidas de sua esposa.

Em meio a tudo isso, a epidemia de aids assola e assusta o mundo, fazendo que todos questionem suas amizades, relacionamentos e aprendam a lidar com a morte. Sarah, como escritora, descobre os relacionamentos e resolve colocar num livro tudo que passou ao lado desses personagens complexos.

TIMECODE
(Timecode, EUA, 2000, Mike Figgis, 93 min.)

Numa empreitada ousada, o diretor inglês Mike Figgis pega a tela do cinema e a divide em quatro *frames* (quadros), e em cada um deles vai contar uma história diferente, alternando o áudio de uma e outra, e até deixando os quatro áudios ao mesmo tempo.

Estamos na cidade de Los Angeles, onde vamos acompanhar a vida do cineasta Alex Green (Stellan Skarsgård), que está fazendo testes para seu novo filme. Ele tem um romance com a pretensa atriz Rose (Salma Hayek), que por sua vez tem um caso com Lauren (Jeanne Tripplehorn), mulher decidida que muda o rumo de toda a história desses personagens.

As quatro histórias foram filmadas separadamente e sem cortes, em vários dias; cada história era feita de uma vez só. E os próprios atores cuidavam de suas roupas e maquiagens. Vale mais pela ousadia da proposta. A saber, *timecode* são os números que aparecem na fita de gravação para indicar em que trecho ela está.

TODAS AS CORES DO AMOR
(Goldfish memory, Irlanda, 2003, Elizabeth Gill, 85 min.)

Curiosidades da biologia: peixinhos dourados têm uma memória que dura apenas três segundos. Essa "qualidade" torna completamente nova cada experiência que têm, pois não gravam nada. E isso é o que forma o título original desse filme: a memória de peixinho dourado.

Tom (Sean Campion) usa esse canhestro exemplo dos peixinhos dourados para se aproximar das mulheres e conquistá-las, pois afirma que sua mente funciona como a dos peixes: cada namorada é uma experiência totalmente nova, e ele mergulha nesse amor como se fosse a primeira vez.

No momento ele tem uma namorada, Clara (Fiona O'Shaughnessy). Porém, não apenas ela. Seu argumento faz que conquiste várias mulheres ao mesmo tempo, até que Clara o pega beijando outra.

Desiludida com o amor, ela chora suas mágoas com a amiga Angie (Flora Montgomery). A amiga a consola tanto, lhe dá tanto ombro, que as duas acabam juntas. Porém não é disso que Clara exatamente gosta, e ela então termina com Angie.

Angie se consola com Red (Keith McErlean), seu melhor amigo, também gay. Red é apaixonado por David (Peter Gaynor), que se apaixona também perdidamente por um dos amigos do primeiro rapaz, Tom, ex-namorado de Clara. E esse círculo vicioso é o que vai fazer que esses personagens se relacionem na moderna Dublin (capital da Irlanda): continuam se apaixonando, se decepcionando, brigando, se esbofeteando, e depois começando tudo de novo. Afinal, será que nossa memória amorosa é igual à dos peixinhos dourados?

TRANSAMÉRICA
(Transamerica, EUA, 2005, Duncan Tucker, 103 min.)

Bree (Felicity Huffman, uma mulher de verdade, em excelente interpretação, que lhe rendeu até uma indicação ao Oscar de Melhor Atriz) é uma transexual prestes a fazer sua operação de mudança de sexo.

Eis que recebe um telefonema que altera seus planos. Quem está no outro lado do telefone é Toby (o lindo Kevin Zegers), que tem 17 anos e traz uma notícia: é filho de Stanley Chupak, o nome verdadeiro de Bree. O menino tem o costume de aprontar, e dessa vez foi preso e está numa carceragem de Nova York.

Toby é com certeza fruto de algum dos muitos rolos com mulheres que Stanley teve. Com o intuito de conhecer seu filho, Bree vai até Nova York para soltá-lo e se apresenta como sendo uma missionária do serviço social enviada por uma igreja.

Ao descobrir que Toby não tem ninguém no mundo – a mãe se suicidou e o padrasto ele não quer ver nem pintado – Bree resolve ir com ele para Los Angeles, cidade onde mora.

Pelo caminho os dois vão se conhecendo, com direito a paixões impossíveis, programas em busca de dinheiro, filmes pornôs gays e tudo que é possível para sobreviver nessa viagem.

Destaque para a beleza de Kevin Zegers, que não tem o menor pudor em tirar a roupa e fazer cenas ousadas.

TUDO EM FAMÍLIA
(The family Stone, EUA, 2005, Thomas Bezucha, 103 min.)

Os Stones são uma família eclética e animada, e, seguindo a tradição, passam o Natal juntos. A mãe Sybil (Diane Keaton) e o pai Kelly (Craig T. Nelson) estão à espera dos cinco filhos: o solteiro Ben (Luke Wilson), a grávida Susannah (Elizabeth Reaser), a falante Amy (Rachel McAdams), o certinho Everett (Dermot Mulroney) e o filho surdo e gay Thad (Ty Giordano), que tem um namorado negro.

Tudo vai bem até que Everett chega com sua mais nova namorada, a arrogante e metida Meredith (Sarah Jessica Parker, a eterna Carrie de *Sex and the city*). Ela não vai com a cara de ninguém daquela família, assim como eles também acabam não gostando dela. Para completar, Meredith chama sua irmã, a desastrada Julie (Claire Danes), para lhe fazer companhia. Está armada a confusão natalina.

VERDADE SOBRE JANE, A
(The truth about Jane, EUA, 2000, Lee Rose, 91 min.)

Jane (Ellen Muth) é a típica adolescente na fase "rebelde sem causa". Mora com o pai Robert (James Naughton) e a mãe Janice (Stockard Channing), e vive às turras com o irmão menor Ned (Noah Fleiss), como costuma acontecer aos 15 anos.

Estuda numa escola secundária, tem suas amigas, mas sempre está com aquela angústia de que algo não está bom, de que alguma coisa podia ser diferente. Um dia chega uma nova aluna, com o ambíguo nome Taylor (que pode ser tanto de homem quanto de mulher) (Alicia Lagano). As duas começam a andar juntas e aos poucos se tornam amigas inseparáveis. Nesse momento Jane descobre o que estava errado: ela não tinha tido um grande amor.

Por várias vezes Taylor vai à casa de Jane para estudarem juntas, e numa dessas noites as duas acabam se beijando.

Porém, Ned vê a cena, entre muitas outras, e começa a espalhar a novidade pela escola: ele tem uma irmã lésbica. A fofoca se espalha até que chega, por telefone, aos ouvidos dos pais de Jane. Eles terão de sentar com a garota e perguntar a verdade: eles têm uma filha lésbica?

O filme retrata com muita fidelidade a reação dos pais ao descobrir a homossexualidade da filha, e o não saber lidar com a informação nem dentro de casa e muito menos fora dela. Como curiosidade, participa da narrativa a famosa *drag queen* americana RuPaul.

VEREDA TROPICAL
(Vereda tropical, Argentina/Brasil, 2004, Javier Torre, 105 min.)

O filme conta a história do escritor gay Manuel Puig (Fabio Aste), autor de *O beijo da mulher-aranha*. Perseguido na Argentina durante a ditadura militar por causa de sua homossexualidade assumida, o escritor fixou residência no Rio de Janeiro entre as décadas de 1970 e 1980, mais precisamente por quatro anos.

Com um apartamento no Leblon, Puig começa a se embrenhar na excitante rotina das praias cariocas, cheias de corpos seminus e disponíveis, além da intensa vida noturna das boates gays de Copacabana, em que ele conquista vários amantes, mas nenhum que realmente se interesse por ele, numa superficial coleção de físicos. Puig continuava carente, solitário e cada vez mais mergulhado em sua ficção literária, recheada de musas de Hollywood, e num passado de glamour.

No campo das amizades, também vai se relacionar com interessantes mulheres, como uma diplomata, uma professora de Letras e uma vedete argentina. Recebeu o Kikito de Melhor Diretor e Melhor Ator (Fabio Aste) no Festival de Gramado de 2004. Coprodução brasileira.

VIDA É MESMO ASSIM, A
(Holiday Heart, EUA, 2000, Robert Townsend, 100 min.)

Holiday Heart (Ving Rhames, numa atuação memorável) é o nome da *drag queen* (e do personagem que dá o título original ao filme) encenada por um enorme negro com uma voz muito grave. Extremamente religioso, ele frequenta a igreja do bairro, onde dirige o coral. Tem muitos amigos, conhecidos, fãs, porém acaba sempre sozinho em seu apartamento.

Um belo dia cruza seu caminho a inconsequente Wanda (Alfre Woodard), que tem uma filha pequena, Niki (Jesika Reynolds). As duas estão vagando pelas ruas e fugindo do namorado de Wanda, Silas (Mykelti Williamson), que, além de drogado, espanca e abusa de ambas.

Comovido com a história, Holiday leva-as para sua casa e lhes dá abrigo. Os três começam então a se relacionar como uma família de verdade. Holiday ensina Niki, batiza-a na igreja do bairro, leva-a para a escola e começa a tratá-la como se fosse sua filha.

Um belo dia Silas reaparece e convence Wanda a fugir com ele, deixando Niki nas mãos de Holiday. Ele agora terá de abrir mão de sua vida para cuidar da menina, enquanto sua mãe continua errando ao lado do namorado drogado. Show de interpretações, nesse exemplo de que família é quem nos considera. Baseado na peça teatral de Cheryl L. West.

XXY

(XXY, Argentina/França/Espanha, 2007, Lucía Puenzo, 86 min.)

Filme forte que trata de um assunto igualmente pesado – o hermafroditismo – e conta a história de Alex (Inés Efron), menina de 15 anos que nasceu com características de ambos os sexos: masculino e feminino. Atormentados com os comentários e os problemas, seus pais Kraken (o excelente ator argentino Ricardo Darín) e Suli (Valeria Bertuccelli) fogem de Buenos Aires para uma pequena cidade litorânea do Uruguai.

Nem um nem outro sabem como lidar com o assunto e ambos buscam respostas. Suli convida o médico especialista em cirurgia plástica Ramiro (Germán Palacios), sua esposa Erika (Carolina Pelleritti) e seu filho Alvaro (Martín Piroyansky), também de 15 anos, para passar uns dias em sua casa e conhecerem Alex, sem o conhecimento de Kraken ou da menina.

Kraken, por sua vez, baseado em recortes de jornais, procura um hermafrodita que mora perto de sua cidade. O objetivo é saber como foi a cirurgia e como está o rapaz atualmente.

Nesse meio tempo, Alvaro começa a se interessar por Alex, e tal interesse aumenta quando o filho do médico descobre, de forma inusitada, o segredo da garota. E ele não está sozinho: terá que disputar o amor de Alex com outro garoto, o destemido Vando (Luciano Nóbile), que protege a menina de novos ataques e chacotas.

Filme excelente com atuações fortes, que não veio para trazer respostas, mas sim para colocar o assunto em pauta e fazer-nos pensar sobre como lidar com ele.

Menção honrosa

Menção honrosa

Durante minha pesquisa, assisti a diversos filmes cujos personagens principais não eram gays ou cuja trama não girava sobre o tema, mas que apesar disso fazia algumas citações a ele ou exibia um "clima" meio gay. Para não deixar tais filmes de fora, criei esta seção para citar rapidamente aqueles que apresentam uma "aura" rosa. Dividi-os em três categorias: "Os divertidos", que mostram gays alegres, bem-humorados e engraçados; "Os desajustados", que não foram tão bonzinhos conosco e mostraram gays perversos e desequilibrados; e "As pérolas cor-de-rosa", que não têm personagens gays mas não poderiam ser esquecidos neste livro.

Os divertidos

Em muitos filmes o personagem principal não é gay, mas tem sempre um amigo ou alguém próximo que é. Para homenagear esses personagens, escrevi esta seção. Rupert Everett nunca mais será o mesmo depois do papel do amigo simpático e compreensivo de Julia Roberts em *O casamento do meu melhor amigo*.

Quem pode esquecer do vizinho de Jack Nicholson em *Melhor é impossível?* Interpretado por Greg Kinnear, além de nos fazer dar boas gargalhadas ainda conquistou a mocinha do filme (Helen Hunt), num romance "meio esquisito". Mas o que vale é a atuação.

Nada mais fora do contexto tenso e high-tech do que o funcionário da Nasa interpretado por Harvey Fierstein em *Independence Day*. Na hora do pânico, ele se enfiou embaixo da mesa e ficou ligando para o analista para saber o que fazer. Mais uma brilhante atuação, apesar de pequena, do gênio de *Essa estranha atração*.

Indo para a Itália, no engraçadíssimo *Parente é serpente*, uma numerosa família de irmãos, sobrinhos e primos vive um impasse: os pais não podem mais morar sozinhos. Quem vai morar com eles, então? Começa o jogo de empurra-empurra. Um é casado, o outro não pode, até que se lembram do único solteiro: Alfredo (Alessandro Haber). Para se livrar do fardo, ele assume na frente dos irmãos: "Eu não vivo só. Vivo com o Mário!" Alfredo confessa que Mario é seu amante para não ter de carregar o fardo de cuidar dos pais. O mais engraçado é que a família está tão preocupada com o problema deles que nem dá muita bola para o assunto.

No Brasil, vale citar o ator Patrício Bisso, que se intitula transformista e já fez aparições inesquecíveis em diversos filmes. Fica o destaque para o personagem Juanita, empregada fictícia de Rita Lee em *Dias melhores virão*. O divertido da trama é que ambas são atrizes de uma famosa minissérie americana e a "atriz" que faz Juanita no seriado fica "grávida na vida real" e precisa ser substituída. Quem vai substituí-la é ninguém menos que Marília Pêra.

Os desajustados

Mas nem tudo é purpurina para os personagens gays do cinema. De vez em quando eles pegam pesado e se tornam assassinos, bandidos ou pessoas desajustadas, em conflito consigo mesmas – muitas vezes pela própria sexualidade mal resolvida.

É o caso do paciente do Dr. Hannibal Lecter (Anthony Hopkins), procurado pela nossa Jodie Foster em *O silêncio dos inocentes*. Costureiro, ele decide "despelar" várias mulheres para fazer uma roupa que o deixe com a pele igual à delas, após ter sido recusado em uma operação de mudança de sexo. Cheio de piercings e tatuagens, foi macabramente interpretado por Ted Levine.

Não menos neurótico é o dono do Motel Bates, responsável por várias mortes de garotas num hotel de beira de estrada. Com dupla personalidade, Norman Bates (Anthony Perkins) veste-se com a roupa e a peruca da mãe para justificar seus assassinatos. Dupla personalidade ou transexualidade mal resolvida? Assista a *Psicose* e tente decifrar. A Parte 4 da sequência (de péssimas continuações não feitas por Alfred Hitchcock) tenta explicar essa pseudo-homossexualidade com uma relação incestuosa da Sra. Bates com o filho. Haja Freud para tamanha bagunça!

Ainda com personagens pesados e distúrbios sexuais, o polêmico diretor Larry Clark e Edward Lachman apresentam em *Ken Park* a vida sem rumo dos adolescentes americanos, com suas relações familiares neuróticas – aparece até mesmo um pai alcoólatra que sente atração sexual pelo próprio filho adolescente.

Sob o comando do personagem Zach (Michael Douglas bem novo), o musical *Chorus line* conta a história de bailarinos lutando por uma vaga no corpo de baile de um grande teatro de Nova York. As seleções e eliminações vão sendo feitas, até que sobram 16 candidatos para oito vagas. Desses, vários são gays – alguns assumidos, outros mal resolvidos –, mas todos sofrem com sua sexualidade. Soluções estranhas e desnecessárias para justificar o gosto de homens pela dança.

Ainda no mundo da dança, o preconceito e o pré-conceito de que todos os garotos que querem fazer balé são gays aparece no simpático *Billy Elliot*. O menino (Jamie Bell) que faz o papel do protagonista que dá nome ao filme passa por sérios apuros com o pai preconceituoso, com os colegas de escola e leva boas cantadas no vestiário da escola de artes onde vai concorrer a uma vaga. Mas, segundo o filme, apesar de querer ser bailarino ele é hétero, viu?

Da safra de filmes brasileiros, *Terra estrangeira* traz Luís Mello num personagem sombrio. Trata-se de um gângster envolvido com o tráfico de pedras preciosas entre Brasil e Portugal. No início, parece galantear Paco (Fernando Alves Pinto) quando o conhece num bar do centro de São Paulo, e diz sorridente com a mão em seu ombro: "Pode beber quantos [whiskies] quiser". Mais tarde, percebe-se sua relação ambígua com o português Pedro (João Lagarto) quando afirma, passando a mão em seu rosto: "Há 30 anos que conheço cada centímetro deste rosto, cada contorno". O que se passa com esse gajo, ó raios?

As pérolas cor-de-rosa

Enquanto escrevia este livro, fui achando vários filmes que não tinham protagonista gay, temática gay ou personagens gays. Mas sabe quando existe algo gay implícito? Uma aura cor-de-rosa?

Por isso resolvi separar algumas "pérolas" para que não ficassem de fora. E tenho certeza de que depois de assistir aos filmes citados você vai concordar comigo.

Não houve nada mais gay do que a atmosfera de *Entrevista com o vampiro*. Com os megastars Tom Cruise, Brad Pitt, Antonio Banderas e Christian Slater, o filme caprichou nos figurinos, cheios de brilhos e babados, retratando um glamour de época com uma estética bem "pintosa". Quem leu o livro de Anne Rice conta que a atmosfera foi fielmente retratada no filme.

Tom Cruise loiro de cabelos compridos não enganou ninguém, e sua amizade com Brad Pitt, também cabeludo, tinha algo mais. Sem contar a cena em que Antonio Banderas – que faz o papel de uma espécie de "vampiro-chefe" também cabeludo e cheio das capas – pega Brad Pitt pelo queixo e o aproxima tanto de seu rosto que o cinema todo fica esperando o beijo (que não vem). E essa história de só sair à noite e morder pescoços, não importa de quem, é meio suspeita, não? Nem Christian Slater (que substituiu o lindo River Phoenix, falecido durante as filmagens) escapou de levar uma mordida bem gostosa de Tom Cruise. Imagina só esses bastidores...

Outro filme que entra nesse segmento é *Top Gun – Ases indomáveis*. Estrelado também por Tom Cruise aos 24 anos, num de seus primeiros filmes e no auge de sua forma física, o filme tem uma série de cenas (algumas até desnecessárias) que não sei a quem visavam atingir: ao público feminino ou ao gay. Conversas em vestiários, um jogo de vôlei onde todos estão sem camisa e uma série de diálogos dúbios fazem parte do roteiro.

O filme chegou a ser citado numa cena de *Vem dormir comigo* (Sleep with me, 1994, direção de Rory Kelly), no qual o diretor Quentin Tarantino faz uma participação especial. Ele é um rapaz que quer ser o centro das atenções numa festa e defende com fervor a tese de que *Ases indomáveis* é um filme gay, fazendo "interpretações" do que estaria oculto nos diálogos do filme e até mesmo deturpando alguns deles.

Se você já tinha achado o *Batman* de Michael Keaton meio afetado, não pode deixar de ver o Fantasma de Billy Zane. O figurino (aquele colante lilás) já não ajuda muito. E, além disso, o ator não estava querendo disfarçar muita coisa, tanto que assumiu sua homossexualidade publicamente logo após o filme estrear. Resultado? Um fracasso "fantasmagórico" de bilheteria. Mas o ator nem se abalou e foi afundar maravilhosamente em outras freguesias com *Titanic*. O que deve ter sido Zane perseguindo Leonardo DiCaprio debaixo de tanta água?

Em *Labirinto*, pela primeira David Bowie atua num papel mais próximo de si mesmo. Depois de soldados e policiais rígidos, em 1986 ele faz nesse musical um misto de mágico e bruxo. O filme, cuja direção de arte é espetacular, traz Mr. Bowie com cabelos à la Tina Turner e roupas cobertas de brocados e babados, ao melhor estilo Clóvis Bornay. A maquiagem (lembrando uma coruja) é outra nota. Mas vale dizer: Bowie está em cima no papel, e, pela primeira vez, parece atuar vestido e maquiado como gostaria, num papel que é a sua cara. Só vendo pra entender.

Fontes

SITES

› **Adorocinema.com:** www.adorocinema.com
› **Cine players:** www.cineplayers.com
› **Cinemateca brasileira:** www.cinemateca.org.br
› **E-pipoca:** http://epipoca.uol.com.br
› **Estranho encontro:** http://estranhoencontro.blogspot.com
› **Gayboy – Filmes com temática gay, lésbica e transgênera:** http://gayboy.sites.uol.com.br
› **GLS planet:** http://glsplanet.terra.com.br
› **Google:** www.google.com.br
› **G online:** http://gonline.uol.com.br
› **IMDb – The Internet Movie Database:** www.imdb.com
› **Mix Brasil:** http://mixbrasil.uol.com.br
› **70 Anos de Cinema:** www.65anosdecinema.pro.br
› **Webcine:** www.webcine.com.br
› **Yahoo! Cinema:** http://br.cinema.yahoo.com
› **YouTube:** www.youtube.com

LIVROS

BERGAN, Ronald. *Guia ilustrado Zahar de cinema.* Rio de Janeiro: Zahar, 2009.

FERRO, Marc. *Cinema e história.* Rio de Janeiro: Paz e Terra, 2010.

MALTIN, Leonard. *The chronicle of the movies.* Nova Jersey: Crescent Books, 1991.

MASCARELLO, Fernando. *História do cinema mundial.* Campinas: Papirus, 2006.

MIRANDA, Luiz Felipe. *Dicionário de cineastas brasileiros.* São Paulo: Art Editora, 1990.

MÜLLER, Jürgen. *Movies of the 80's.* Berlim: Taschen, 2002.

PAIVA, Salvyano Cavalcanti de. *História ilustrada dos filmes brasileiros – 1929-1988.* Rio de Janeiro: Francisco Alves, 1989.

SILVA NETO, Antônio Leão da. *Dicionário de filmes brasileiros.* São Paulo: Ed. do Autor, 2002.

SHIACH, Don. *Le livre du cinema.* Paris: MLP, 1999.

SOUZA, Carlos Roberto de. *Nossa aventura na tela.* São Paulo: Cultura Editores Associados, 1998.

Índice de filmes*

A

À moda da casa, 182
Acompanhante, O, 179
Adam & Steve, 180
Águas turvas, 181
Almas gêmeas, 135
Amarelo manga, 181
Amor de Swann, Um, 95
Amor diferente, Um, 136
Amor e restos humanos, 136
Amor maldito, 96
Amor não tem sexo, O, 97
Amor quase perfeito, Um, 184
Amores possíveis, 183
Anjos da noite, 98
Another gay movie, 185
Another gay sequel: Gays gone wild!, 186
Antes do anoitecer, 187
Apartamento zero, 99
Ardida como pimenta, 31
Asfalto selvagem, 43
Assim me diz a Bíblia, 187
Até as vaqueiras ficam tristes, 137
Até o fim, 188
Atrás das grades, 189

B

Baby Love, 189
Banquete de casamento, O, 137
Beco dos milagres, O, 138
Beijando Jéssica Stein, 190
Beijando o sol, 251
Beijo da mulher-aranha, O, 99
Beijo hollywoodiano de Billy, O, 139
Beijo no asfalto, O, 100
Beijos e tiros, 190
Bela do palco, A, 191
Bent, 139
Berlin affair, The, 101
Boy culture, 192
Brideshead desejo e poder, 192
Brüno, 193
Bubble, 193

C

Cabaret, 57
Calígula, 58
Canções de amor, 194
Carandiru, 195
Caravaggio, 102
Casa assassinada, A, 59
Casa do fim do mundo, A, 195

* Este índice foi composto exclusivamente com os filmes resenhados pelo autor.

Casamento, O, 60

Casanova, 61

Caso de amor, Um, 141

Cazuza – O tempo não para, 196

Celuloide secreto – O outro lado de
Hollywood, 141

Chá e simpatia, 31

Chris & Don, uma história de amor,
197

Chuck & Buck, 198

Cidade dos sonhos, 199

Cinema em sete cores, 199

Closet, O, 200

Clube dos corações partidos, O, 201

Coisas que você pode dizer só de
olhar para ela, 202

Comendo pelas bordas 2, 204

Comendo pelas bordas, 203

Conformista, O, 61

Confusão dos sexos, A, 204

Conta comigo, 103

Contos de Canterbury, Os, 62

Contos proibidos do Marquês de
Sade, Os, 205

Copacabana me engana, 43

Cor púrpura, A, 105

Cortiço, O, 63

Criado, O, 44

Cronicamente inviável, 206

Cruzeiro das loucas, 207

D

Damas de ferro 2 – Os primeiros
anos, As, 209

Damas de ferro, As, 207

Dança dos vampiros, A, 44

De repente, Califórnia, 209

De repente, no último verão, 32

De volta ao paraíso, 212

Decameron, 64

Delicada atração, 142

Delicada relação, 210

Delírio de amor, 65

Desejo proibido, 211

Despertar de uma adolescência, O,
212

Deuses e monstros, 143

Dia de cão, Um, 66

Dia muito especial, Um, 67

Diabólicos sedutores, 67

Do começo ao fim, 213

Dois perdidos numa noite suja, 68

Dois tiras meio suspeitos, 106

Domingo maldito, 69

Dr. T e as mulheres, 214

Duas faces de Zorro, As, 106

E

E sua mãe também, 214

Eclipse de uma paixão, 143

Engraçadinha, 107

Escritor fantasma, 215

Essa estranha atração, 108

Estranha compulsão, 33

Estranho triângulo, 70

Eu te amo, cara, 216

F

Falsa moral, 144

Fama, 109

Fantasma, O, 216

Faz de conta que não estou aqui, 217

Fé desviada, 218

Felicidade, 145

Félix de bem com a vida, 218

Felizes juntos, 146

Femme fatale, 219

Festim diabólico, 23

Filadélfia, 146

Filhos e amantes, 110

Filhote, 219

Fim de festa, 70

Fingersmith – Falsas aparências, 220

Fluffer – Nos bastidores do desejo, 220

Fome de viver, 111

Fotos proibidas, 221

Furyo – Em nome da honra, 112

G

Gaiola das loucas, A, 71

Gaiola das loucas, A (versão americana), 147

Gaiola das loucas – Parte 2, A, 112

Gaiola das loucas – Parte 3: O casamento, A, 113

Garotas selvagens, 148

Garoto dos sonhos, 222

Garotos de programa, 149

Garotos incríveis, 223

Gata em teto de zinco quente, 34

Giselle, 113

Glen ou Glenda?, 35

Golpista do ano, O, 224

H

Hair, 72

Hairspray – E éramos todos jovens, 114

Hedwig - Rock, amor e traição, 224

História de Christine Jorgensen, A, 73

História de Little Richard, A, 225

Homem mais que desejado, O, 150

Horas, As, 226

Horror na praia psicodélica, 227

I

Instinto selvagem, 151

Irmãos Conrad, Os, 227

J

Jared Price descobre o sexo, 228

Jeffrey – De caso com a vida, 151

Júlia, 73

K

Krámpack, 229

L

L.I.E., 229

La León, 230

Labirinto de paixões, 115

Lágrimas amargas de Petra von Kant, As, 74

Lei do desejo, A, 116

Ligadas pelo desejo, 152

Longe do paraíso, 231

Loucas noites de batom, 153

Ludwig, o último rei da Bavária, 75

M

Machões, os, 76

Madame Satã, 232

Mais belo dia de nossas vidas, O, 233

Making Love, 117
Mal dos trópicos, 233
Malvada, A, 36
Mamãe faz 100 anos, 76
Manhattan, 77
Marília e Marina, 78
Mata Hari, 25
Matou a família e foi ao cinema, 45, 153
Maurice, 118
Memórias de um espião, 118
Menino e o vento, O, 46
Meninos não choram, 154
Messalina, 25
Meu marido de batom, 119
Mil e uma noites, As, 79
Milk – A voz da igualdade, 234
Minha adorável lavanderia, 119
Minha vida em cor-de-rosa, 155
Morte em Veneza, 80
Mulher para sábado, Uma, 80
Mundo segundo Garp, O, 120

N
Na captura dos Friedmans, 236
Navalha na carne, 47, 155
Noite vazia, 48
Noites do sertão, 120
Noites felinas, 156
Nos embalos de Ipanema, 81
Notas sobre um escândalo, 236

O
Oito mulheres, 237
Onde tudo acontece, 238
Oposto do sexo, O, 157

Ou tudo ou nada, 157
Outra história de amor, 121

P
Padre, O, 158
Paixão selvagem, 82
Pantera nua, A, 83
Para Wong Foo, obrigado por tudo!
    Julie Newmar, 159
Parceiros da noite, 121
Partilha, A, 239
Party monster, 239
Pasolini – Um delito italiano, 160
Pecado de todos nós, O, 49
Pepi, Luci, Bom e outras garotas do
    quarteirão, 122
Perdidos na noite, 49
Pink flamingos, 84
Pixote: A lei do mais fraco, 123
Plata quemada, 240
Por conta do destino, 241
Por um corpo de mulher, 85
Poster boy, 242
Primeiro verão, 242
Princesa, 243
Procura-se Amy, 160
Procura-se um marido, 244

Q
Quando a noite acaba, 37
Quanto mais quente melhor, 37
Quatro casamentos e um funeral, 161
Querelle, 124
Quinto elemento, O, 162
R
Rainha Cristina, A, 26

Rainha Diaba, A, 86
Rainhas, 244
Rapazes da banda, Os, 86
Razão do meu afeto, A, 163
Rebecca, a mulher inesquecível, 26
Rock Hudson, 163
Rocky horror picture show, 88
Rompendo barreiras, 164
Rosas selvagens, 165

S
Sabor da paixão, 245
Saló ou os 120 dias de Sodoma, 89
Satyricon, 50
Segredo de Brokeback Mountain, O, 246
Segredos e confissões, 247
Segredos íntimos, 248
Segundas intenções, 165
Ser como os outros, 249
Será que ele é?, 167
Silkwood – O retrato de uma coragem, 125
Sobrou pra você, 250
Sociedade dos poetas mortos, 126
Solteirão, O, 168
Somente elas, 168
Spartacus, 51
Stonewall – O filme, 169

T
Talentoso Ripley, O, 170
Tempestade de verão, 251
Teorema, 52
Tessa, a gata, 127
Testemunhas, As, 252

Timecode, 253
Toda nudez será castigada, 90
Todas as cores do amor, 254
Tomates verdes fritos, 170
Tootsie, 127
Traídos pelo desejo, 171
Transamérica, 254
Truques da paquera, 172
Tudo em família, 255
Tudo sobre minha mãe, 173

U
Último imperador, O, 128

V
Vamos nessa, 174
Vera, 129
Verdade sobre Jane, A, 256
Vereda tropical, 256
Vida é mesmo assim, A, 257
Vítor ou Vitória?, 129
Viver de morrer, 53

X
XXY, 258

Y
Yentl, 131

Z
Zero de conduta, 27